# पंकज चतुर्वे

पंकज चतुर्वेदी का जन्म 24 अगस्त, 1971 को इटावा, उत्तर प्रदेश में हुआ। इटावा और कानपुर के गाँवों-क़स्बों में आरम्भिक शिक्षा प्राप्त करने के बाद सातवीं कक्षा से उ.प्र. सैनिक स्कूल, लखनऊ के छात्र हुए। वहाँ से 1989 में आई.एस.सी. और लखनऊ विश्वविद्यालय से 1992 में बी.ए. किया। जवाहरलाल नेहरू विश्वविद्यालय, नई दिल्ली से 1994 में एम.ए. (हिन्दी) और 1998 में एम.फ़िल. किया। 2007 में वहीं से पी-एच.डी. की।

उनकी प्रकाशित कृतियाँ हैं—*एक सम्पूर्णता के लिए, एक ही चेहरा, रक्तचाप और अन्य कविताएँ, आकाश में अर्द्धचन्द्र, काजू की रोटी* (कविता-संग्रह); *आत्मकथा की संस्कृति, निराशा में भी सामर्थ्य, रघुवीर सहाय* (साहित्य अकादेमी, नई दिल्ली के लिए विनिबन्ध), *जीने का उदात्त आशय* (आलोचना); *यही तुम थे* (वीरेन डंगवाल पर एकाग्र आलोचनात्मक संस्मरण); *प्रतिनिधि कविताएँ : मंगलेश डबराल, प्रतिनिधि कविताएँ : वीरेन डंगवाल* (सम्पादन)। इसके अतिरिक्त भर्तृहरि के इक्यावन श्लोकों की हिन्दी अनुरचनाएँ प्रकाशित।

उन्हें कविता के लिए वर्ष 1994 के *भारतभूषण अग्रवाल स्मृति पुरस्कार* और आलोचना के लिए 2003 के *देवीशंकर अवस्थी सम्मान* एवं उ.प्र. हिन्दी संस्थान के *रामचन्द्र शुक्ल पुरस्कार* से सम्मानित किया गया। *आकाश में अर्द्धचन्द्र* के लिए *कलिंग लिटररी फ़ेस्टिवल बुक अवार्ड,* 2022 से सम्मानित हुए।

सम्प्रति : प्रोफ़ेसर एवं अध्यक्ष, हिन्दी विभाग, वी.एस.एस.डी. कॉलेज, कानपुर (उ.प्र.)—208002

ई-मेल : pankajgauri2013@gmail.com

# आँसू और रौशनी

## आलोकधन्वा से संवाद

पंकज चतुर्वेदी

राजकमल पेपरबैक्स

राजकमल पेपरबैक्स में
**पहला संस्करण :** 2023



**राजकमल पेपरबैक्स :** उत्कृष्ट साहित्य के जनसुलभ संस्करण

राजकमल प्रकाशन प्रा. लि.
1-बी, नेताजी सुभाष मार्ग, दरियागंज
नई दिल्ली-110 002
द्वारा प्रकाशित

**शाखाएँ :** अशोक राजपथ, साइंस कॉलेज के सामने, पटना-800 006
पहली मंज़िल, दरबारी बिल्डिंग, महात्मा गांधी मार्ग, प्रयागराज-211 001
1, अनमोल सोराबजी सन्तुक लेन, धोबी तलाव, मरीन लाइंस, मुम्बई-400 002
वेबसाइट : www.rajkamalprakashan.com
ई-मेल : info@rajkamalprakashan.com

विकास कंप्यूटर एंड प्रिंटर्स
ट्रॉनिका सिटी-201 102
द्वारा मुद्रित

**मूल्य :** ₹299

AANSU AUR RAUSHANI : Alokdhanwa Se Samvad
*by* Pankaj Chaturvedi

ISBN : 978-81-19159-18-5

मंगलेश डबराल की स्मृति में
जो कहते थे :
*आलोक बड़ा कवि है*
और यह भी :
*वह हमारा ज़ख़्म है!*

## आलोकधन्वा

आलोकधन्वा का जन्म सन् 1948 में बिहार के मुंगेर जनपद में हुआ। उनकी पहली कविता 'जनता का आदमी' 1972 में 'वाम' पत्रिका में प्रकाशित हुई थी। उसी वर्ष 'फ़िलहाल' में 'गोली दागो पोस्टर' कविता छपी। ये दोनों कविताएँ देश के वामपंथी सांस्कृतिक आन्दोलन की प्रमुख कविताएँ बनीं और आलोकधन्वा बिहार, पश्चिम बंगाल, आन्ध्र प्रदेश और पंजाब के लेखक संगठनों से गहरे जुड़े। 1973 में पंजाबी के शहीद कवि अवतार सिंह 'पाश' के गाँव तलवंडी सलेम के नज़दीक सांस्कृतिक अभियान के लिए गिरफ़्तारी और जल्द ही रिहाई।

वे बीते चार-पाँच दशकों से देश के विभिन्न हिस्सों में सांस्कृतिक कार्यकर्ता के रूप में सक्रिय रहे हैं। उन्होंने छोटा नागपुर के औद्योगिक शहर जमशेदपुर में अध्ययन मंडलियों का संचालन किया और रंगकर्म और साहित्य पर कई राष्ट्रीय संस्थानों और विश्वविद्यालयों में अतिथि व्याख्याता के रूप में भागीदारी की। वे प्रगतिशील लेखक संघ, जनवादी लेखक संघ और जन संस्कृति मंच के आयोजनों में भी सक्रिय रहे हैं। महात्मा गांधी अन्तरराष्ट्रीय हिन्दी विश्वविद्यालय, वर्धा में राइटर-इन-रेज़िडेंस रहे। उन्होंने 2014 से 2017 तक 'बिहार संगीत नाटक अकादमी' के अध्यक्ष के रूप में अपना बहुमूल्य योगदान दिया।

उनका एक कविता-संग्रह 'दुनिया रोज़ बनती है' 1998 में राजकमल प्रकाशन से प्रकाशित हुआ, जिसके अब तक कई संस्करण आ चुके हैं। 'कपड़े के जूते', 'पतंग', 'भागी हुई लड़कियाँ', 'ब्रूनो की बेटियाँ' और 'सफ़ेद रात' जैसी लम्बी कविताएँ हिन्दी और दूसरी भाषाओं में व्यापक विमर्श का विषय बनीं।

उनकी कविताएँ अंग्रेज़ी और सभी भारतीय भाषाओं में अनूदित हुई हैं। प्रोफ़ेसर डेनियल वाइसबोर्ट और गिरधर राठी के सम्पादन में साहित्य अकादेमी द्वारा प्रकाशित हिन्दी कविताओं के अंग्रेज़ी संकलन 'सर्वाइवल' में उनकी कविताएँ संकलित हैं। इसके अलावा विख्यात अमेरिकी पत्रिका 'क्रिटिकल इनक्वायरी' में भी उनकी कविताओं के अनुवाद प्रकाशित हुए हैं।

उन्हें पहल सम्मान, नागार्जुन सम्मान, फ़िराक़ गोरखपुरी सम्मान, गिरिजा कुमार माथुर सम्मान, भवानीप्रसाद मिश्र स्मृति सम्मान, प्रकाश जैन स्मृति सम्मान, बनारसी प्रसाद भोजपुरी सम्मान, राहुल सम्मान और बिहार राष्ट्रभाषा परिषद का विशेष साहित्य सम्मान प्राप्त हुए हैं।

आलोकधन्वा पटना में रहते हैं।

# ओस से भीगा हुआ आँचल

आलोकधन्वा की कविता से मेरा पहला परिचय आज से लगभग तीन दशक पहले हुआ, जब मैं जेएनयू, नयी दिल्ली में एम.ए. का विद्यार्थी था। मेरे एक दोस्त ने उनके काव्य-पाठ के कैसेट को टेपरिकॉर्डर पर मुझे सुनाया। सुनते ही लगा : यह असाधारण कवि है, जिसकी रचना में शक्ति, शील और सौन्दर्य एक साथ है। मुझे कहने की इजाज़त हो कि इतना ओजस्वी, मार्मिक और उदात्त कविता-पाठ मैंने जीवन में किसी और का नहीं सुना है। उन्हें सुनकर रोमांच होता है, आत्मा आलोकित होती है, साथ ही ख़ून में कुछ होने लगता है। उनकी कविता सहसा हमारी दुनिया बदल देती है। वह प्रदत्त संसार के बरअक्स एक प्रति-संसार हमें मुहैया कराती है : स्वप्नहीनता के दौर में भी सपने से महरूम नहीं करती, बल्कि उसे हमारे भीतर जीवित रखती है। यह काम बड़ी कविता ही कर पाती है।

क्रान्ति के विरल जज़्बे के बावजूद आलोकधन्वा सौन्दर्यात्मक परिष्कार को अपनी रचनाशीलता में चरम बिन्दु पर ले जाते हैं। इस दुर्लभ संहति की बुनियाद में उनका यह मंतव्य है कि कविता में राज्य की आलोचना, व्यवस्था-परिवर्तन की जद्दोजेहद और प्रतिकार का सामर्थ्य होना चाहिए, मगर उतना ही रोमान, ख़ूबसूरती और प्यार भी; क्योंकि 'जो प्यार नहीं कर सकता, वह क्रान्तिकारी भी नहीं हो सकता।' आख़िर इन्हीं लक्ष्यों के लिए तो हम समाज को बदलना चाहते हैं और इनके अभाव में उसकी बेचैनी एकायामी और संदिग्ध है। आलोकधन्वा अपने रचनात्मक संघर्ष की थकान हमें नहीं सौंपते, उनकी कविता से जूझना नहीं पड़ता। उन्होंने जो साधना की है, उसके नतीजे में गढ़ी हुई कविता उपलब्ध नहीं कराई, बल्कि एक क़िस्म

की नैसर्गिकता में कलात्मक उत्कर्ष को सम्भव किया है।

मौजूदा दौर में आलोकधन्वा शायद अकेले हिन्दी कवि हैं, जिन्होंने कभी किसी की नौकरी नहीं की और प्राय: संस्थाओं के बाहर सार्वजनिक जीवन में सड़कों पर और जन-आन्दोलनों में सक्रिय रहे। इस मानी में वह पूरावक़्ती कवि हैं, मगर इसका मतलब उनके यहाँ हमेशा कविता लिखने के बजाय समूची ज़िन्दगी उन मूल्यों को समर्पित करना रहा, जिनकी रक्षा और अभ्युदय के लिए उन्होंने रचना-कर्म किया। ऐसे ही निर्मल, मूल्यनिष्ठ, गहन और उदात्त जीवन की बदौलत कविता में उन्होंने वह ऊँचाई हासिल की, जो चकित और अभिभूत करती है और जिससे अप्रतिम ढंग से वह प्रभु-वर्ग की मानसिकता पर सवाल उठाते और उसे 'चैलेंज' करते हैं। आत्मा की उदात्तता जीवन के औदात्य पर ही अवलम्बित है, उससे स्वायत्त नहीं। बेशक उन्होंने बहुत कम लिखा है, लेकिन तभी लिखा, जब कविता किसी झरने की तरह फूट पड़ी, अपने पूरे आवेग, कशिश और दर्द के साथ। ऐसा इसलिए कि वह अपरिहार्य ढंग से 'ऑर्गेनिक', यानी आवयविक कवि हैं।

ज़्यादा कविता उन्होंने नहीं लिखी, क्योंकि कभी साधारण लिखना नहीं चाहा। प्यार हो या कविता, उनके लिए कसौटियाँ दो ही रहीं कि हम उसमें कितना डूब सकते हैं और उसके लिए कितनी क़ीमत चुका सकते हैं! दूसरे, कितनी गहराई से और कितने व्यापक जन-समाज को उससे आंदोलित कर सकते हैं? अचरज नहीं कि उनकी कविता मानव सभ्यता के बड़े सवालों को लेकर हमें जितना विचलित करती है, उतना ही संसृति के आलोक से अनुप्राणित भी। उन्हें पढ़ना हर बार सौन्दर्य का एक नया आविष्कार है। उनकी रचना गोया *जॉन कीट्स* की इस पंक्ति का सत्यापन है : 'ए थिंग ऑफ़ ब्यूटी इज़ ए जॉय फ़ॉर एवर।' मसलन ऐसे ख़ूबसूरत बिम्ब समकालीन कविता में कहीं और नहीं मिलेंगे :

*वे इतनी सुबह काम पर आती थीं*
*उनके आँचल भीग जाते थे ओस से*
*और तुरत डूबे चाँद से*

कम लिखकर भी जो शीर्षस्थानीयता आलोकधन्वा ने हासिल की, वह अपने आप में इतिहास है। उन्हें 'क्लासिक समकालीन कवि' माना जाता है और जीते जी ऐसी गरिमा विरले कवियों को नसीब होती है। अगरचे सच्चे कवि व्यावहारिक या दुनियादार नहीं होते। इसलिए अक्सर उन्हें हारना पड़ता है। उनकी अगर कोई विफलता है, तो असाधारण प्रेम पाने और असाधारण कविता रचने की कोशिश में नाकामी ही होगी। महज़ इत्तिफ़ाक़ नहीं कि रौशनी के साथ-साथ आँसू से उनकी रचना का आँचल भीगा हुआ है और उनके ही शब्दों में कहें, तो वह 'भीगे वस्त्र-सी विकल कविता' है। उन्होंने जो बेनज़ीर कविताएँ लिखी हैं, वैसी एक कविता भी कोई कवि लिख ले, तो अपने होने को सार्थक मान सकता है। उनकी कविता का कैनवस इनसान तक महदूद नहीं, बल्कि प्रकृति की चिन्ता तक विस्तृत है, जिसके बग़ैर हम जीवन की कल्पना नहीं कर सकते :

*आदमी तो आदमी*
*मैं तो पानी के बारे में भी सोचता था*
*कि पानी को भारत में बसना सिखाऊँगा*

ऐसे कवि से किसे लगाव नहीं होगा! मुझे भी हमेशा रहा है और अलग-अलग अवसरों पर कानपुर, कोलकाता, नयी दिल्ली, बनारस, बरेली और पटना में आलोकधन्वा से मिलने का सौभाग्य मिला। वर्ष 2005 में जब कोलकाता में उन्हें 'पहल सम्मान' दिया गया, तो यशस्वी कथाकार और 'पहल' के सम्पादक ज्ञानरंजन ने उस समारोह में उनकी कविता पर वक्तव्य देने के लिए मुझे मंच पर उतारा। वह मेरी ज़िन्दगी का एक सुनहरा पल था। आलोक जी का व्यक्तित्व और वाणी मुझे उनकी कविता जितनी ही संजीदा, परिष्कृत और उदात्त लगती रही है। उसका एक जादू है, जो बाँध लेता है। उसके सान्निध्य में अनन्त की यात्रा सम्भव है। मुझे बिलकुल नहीं मालूम था कि उनसे रूबरू होने के दुर्लभ अनुभव को मैं कभी किताब के रूप में हिन्दी समाज को भेंट कर पाऊँगा, मगर यह सब कुछ बीते जाड़ों में एक स्वप्न की मानिंद घटित हुआ।

एक रात आलोकधन्वा का फ़ोन आया और मुझे उनकी बातें इतनी श्रेष्ठ, सुन्दर और मूल्यवान लगीं कि यह एहसास हुआ : इन्हें अपने तक सीमित रखना उस दुनिया से ज़रा नाइंसाफ़ी होगी, जो कवि आलोकधन्वा से प्यार करती है और जिससे मैं भी प्यार करता हूँ एवं जिसके प्रति मेरी एक नागरिक ज़िम्मेदारी है। इसी ग़रज़ से मैंने उनसे अपने संवाद को लिखना शुरू किया और यह सिलसिला 30 दिसम्बर, 2021 से 21 अप्रैल, 2022 तक कमोबेश लगातार चलता ही रहा। न जाने कितने रतजगों का हासिल है यह संवाद! एक स्वतःस्फूर्त और उद्दाम झरने की तरह कई-कई धाराओं में प्रवाहित हो रही आलोक जी की वाणी को सँजोना आसान न था, लेकिन प्यार असम्भव काम भी करवा लेता है। ज़ाहिर है : इसे प्रस्तुत करने में बहुत मेहनत थी और यह उतना अनायास नहीं था, जितना पढ़ने पर मालूम होगा; क्योंकि दोहराव और बिखराव के भय से इसे मैंने बराबर सम्पादित भी किया है, मग़र इस तरह कि उनके वक्तव्य की मौलिकता, ताज़गी और प्रवाह अक्षुण्ण रहे।

सब तरह की सामाजिक आलोचना के प्रति सर्वथा निष्कवच रहकर यह पूरा संवाद सोशल मीडिया पर नियमित तौर पर प्रस्तुत किया गया था, हालाँकि अब वहाँ नहीं है। स्वयं आलोकधन्वा इसके प्रत्येक शब्द से वाक़िफ़ हैं और इस समूची प्रस्तुति के गवाह रहे हैं। इसे साहित्यिक मित्रों का जो अपार प्यार मिला और आलोचना भी मिली, उसकी भी उन्हें जानकारी है। अन्ततः आत्मीय, निर्भय और पारदर्शी अन्दाज़ में इसे किताब के रूप में लाना मेरे लिए किसी सपने के सच होने जैसा है। संवाद के बीचोबीच जब लगने लगा था कि यह एक किताब हुई जा रही है, तो आलोक जी ने भावुक होकर मुझसे कहा था : 'तुम पहले मिले होते, दोस्त!...तो हम मिलकर और भी किताबें लिखते।' काश कि भविष्य में और भी ऐसा कुछ हम कर पाएँ, मगर ज़िन्दगी कहाँ इतनी उदार होती है?

इस साक्षात्कार में दोस्तों को कई विधाओं का संश्लेषण महसूस होगा : कविता, कहानी, आलोचना, जीवनी, आत्मकथा, संस्मरण वग़ैरह। इसमें जो भी जीवन्तता, सौन्दर्य और औदात्य हो, उस सबका श्रेय आलोकधन्वा को जाता है; लेकिन जो कमियाँ हों, वे सब मेरी हैं। मुझसे पूछें, तो सबसे बढ़कर

इस काम की अहमियत अपने प्रिय कवि के व्यक्तित्व, विचारशीलता और संवेदना के मुख़्तलिफ़ आयामों से सम्बोधित होने में है और यह जानने में कि कोई कवि बड़ा कैसे बनता है। विदा होते समय यह बता देना फ़र्ज़ समझता हूँ कि इस इंटरव्यू में आलोकधन्वा मुझसे जो कुछ कह रहे थे, वह सब शब्दश: लिख दिया जाए, ऐसी उनकी कोई चाहत या आग्रह नहीं था। बीच-बीच में वह मुझे दो हिदायतें देते : 'लिखना तभी, जब वह भास्वर हो!' और 'लिखना तभी, जब उसमें झंकार हो!' ग़ौर से देखिए, तो ये दोनों उनकी कविता की ही अनिवार्य विशेषताएँ हैं। उनकी कालजयी कविता 'ब्रूनो की बेटियाँ' के ये शब्द याद आते हैं :

*उनके सनम थे*
*उनमें झंकार थी*

शायद ऐसी यह किताब भी हो, मगर यह तय करना तो आपका अधिकार है!

अन्तत: मैं राजकमल प्रकाशन समूह के प्रबन्ध निदेशक अशोक महेश्वरी के प्रति कृतज्ञ हूँ, जिनकी अन्तर्दृष्टि-सम्पन्न उदारता की बदौलत इस संवाद का प्रकाशन सम्भव हो रहा है। मित्र कवि आर. चेतनक्रान्ति, मित्र एवं सम्पादक धर्मेन्द्र सुशान्त के प्रति भी, जिन्होंने इसकी निर्दोष, सुन्दर और गरिमामय प्रस्तुति को सुनिश्चित किया है।

साभिवादन!

कानपुर
05 जून, 2023

**पंकज चतुर्वेदी**

## आलोकधन्वा से

जब मेरी बातें हुईं तुमसे
मैंने पाया
तुम दो ही चीज़ों से बने हो :
आँसू और रौशनी

## प्रिय कवि की किताब

प्रिय कवि की किताब
साफ़-सुथरी, सजी-धजी
अलमारी में नहीं रहती

बाहर ही रहती है
धूल, धूप, हवा, पानी,
आसमान के आसपास

अक्सर उसकी
ज़रूरत पड़ती है
उसमें जगह-जगह
निशान लगे होते हैं
हाशियों पर कुछ अक्षर
लिखे हुए

धूमिल-सा कवर
पन्ने तुड़े-मुड़े
जर्जर
मगर सुन्दर

आँसुओं से भीगी
फिर भी किसी

सफ़र की तैयारी में
मुस्कराती
सिरहाने रखी कविता
गोया कहती हुई :
देखो, मैं जहाँ से आई हूँ
वहीं जाना है मुझे

*बहु-रस साहित्य विपुल यदि न पढ़ा—*
*मन्द सबों ने कहा,*
*मेरा काव्यानुमान यदि न बढ़ा—*
*ज्ञान, जहाँ का रहा,*
*रहे, समझ है मुझमें पूरी, तुम*
*कथा यदि कहो!*

**—निराला**

# आँसू और रौशनी

**1**

एक रात आलोकधन्वा ने मुझसे कहा :

*चाँदनी का वह असर है*
*कि वह पक्षियों को भी*
*ठीक से सोने नहीं देती*

*वे डैनों में चोंच डालते हैं*
*और नींद लेने की कोशिश करते हैं*
*फिर चोंच निकालकर देखते हैं :*
*अँधेरा तो अभी हुआ ही नहीं*

*पूर्णिमा की रात में पक्षी भी जगेंगे*
*कवि तो जगेंगे ही जगेंगे*
*अगर वे सचमुच कवि होंगे।*

**2**

आलोकधन्वा की कविता में बहुत-से ऐसे मक़ाम आते हैं, जहाँ लगता है कि इससे ख़ूबसूरत, उदात्त और परिष्कृत अभिव्यक्ति सम्भव न थी। यथार्थनिष्ठ होते हुए भी वह एक स्वप्निल ऊँचाई हासिल करती है, जिससे सर्वोत्तम की हमारी आकांक्षा का गोया समाधान होता है।

उनकी आलोचना में लोग एक ही बात कह पाते हैं कि उन्होंने और नहीं लिखा। यह शिकायत भी उनसे बेपनाह मुहब्बत का ही सबूत है। अपने प्रिय कवि से किसकी यह चाहत न होगी? फिर भी इतना कहा जाना ज़रूरी है कि उनकी कविता का औदात्य और लिखने पर मुन्हसिर नहीं है।

'पतंग', 'कपड़े के जूते', 'गोली दागो पोस्टर', 'जनता का आदमी', 'भागी हुई लड़कियाँ', 'ब्रूनो की बेटियाँ' और 'सफ़ेद रात' सरीखी ज़रा लम्बी कविताओं में एक क़िस्म की महाकाव्यात्मकता है। एक दुर्लभ उत्कर्ष, जो कई छोटे आकार की कविताओं में भी है, जिससे बेहतर की कल्पना न हम कर पाते हैं, न कवि को ही उसके आगे की राह मिल सकी; मगर जिसकी बदौलत वह हिन्दी कविता के एक लीजेंड हैं। 'दुनिया रोज़ बनती है' मुश्किल से सौ पृष्ठों का उनका एक ही कविता-संग्रह है, लेकिन न जाने कितने संग्रहों पर भारी है!

कहते हैं कि बड़े फ़ैसले लिखने के बाद जज क़लम तोड़ देते हैं। बड़ी कविता रचने के बाद कवि भी शायद ऐसा कुछ करते होंगे।

क़लम तोड़ देने के बाद और क्या लिखना!

इनसानी ज़िन्दगी में सुकून की ख़्वाहिश पर 'नींद' से बेहतर कविता मैंने नहीं पढ़ी है :

**नींद**

*रात के आवारा*
*मेरी आत्मा के पास भी रुको*
*मुझे दो ऐसी नींद*
*जिस पर एक तिनके का दबाव भी न हो*

*ऐसी नींद*
*जैसे चाँद में पानी की घास।*

## 3

एक श्रेष्ठ कवि उनके लिए भी सहृदय होता है, जो पढ़ नहीं पाए, अनाम रह गए। जीवन इतना उदार नहीं था कि उनकी प्रतिभा को विकसित होने देता।

सामर्थ्य का आदर तो सभी करते हैं; अभाव, गुमनामी और साधारणता से ममत्व, उनके सम्मान की तमीज़ हमें कविता ही सिखाती है। मौजूदा हिंस्र दौर में उसका यह मूल्य और बढ़ जाता है।

आलोकधन्वा की ये अनमोल पंक्तियाँ माँ के बहाने कविता के इसी वैशिष्ट्य का स्मरण कराती हैं :

*माँ थी अनपढ़*
*लेकिन उसके पास गीतों की कमी नहीं थी*
*कई बार नये गीत भी सुनाती*
*रही होगी एक अनाम ग्राम-कवि।*

## 4

सौभाग्य कि कवि आलोकधन्वा ने एक दिन फ़ोन किया। वह जब बोलते हैं तो मेरा मन करता है कि सृष्टि की सारी आवाज़ें थम जाएँ और मैं केवल उन्हें सुन सकूँ। वाणी भी उनकी कविता सी ही उदात्त और परिष्कृत है। जैसे आप कोई लम्बी कविता सुन रहे हों। वैसी ही एकाग्रता, मार्मिकता और सौन्दर्य और इनसे भी बढ़कर प्यार की एक कशिश, जो हमारे ज़माने में अप्राप्य होती जाती है।

बोले : "बड़ा कवि जो होता है, वह रूपक और उपमा जैसे अलंकारों या गुणों के कारण नहीं, बल्कि अपने मर्म और उस मर्म में छिपे नाटक की बदौलत होता है। जैसे कि ग़ालिब हैं। सुनने में यह बात चाहे जितनी अजीब लगे, मगर सच है कि उनके यहाँ जो पुकार है, वैसी या उस स्तर की पुकार हमें फिर मुक्तिबोध में सुनाई पड़ती है। मुक्तिबोध बड़े कवि हैं, क्योंकि उनके यहाँ करुणा का आयतन विशाल है। यह केवल विचारधारा से नहीं होता। दूसरी

बात है कि उनमें प्रगीतात्मकता है : जो भी बड़ा कवि होगा, उसमें यह गुण ज़रूर होगा।"

फिर कहा कि वीरेन डंगवाल के न रहने पर मुझे आघात लगा था, दूसरा तब लगा, जब पिछले वर्ष मंगलेश डबराल नहीं रहे। मेरा वज़न नौ किलो कम हो गया। अब वही कोई 45 किलो वज़न होगा। मैंने जवाब दिया : आप चिन्ता मत कीजिए! गांधी जी का वज़न तो ज़िन्दगी-भर पैंतालीस और सैंतालीस के बीच ही रहा। तब जैसे वह ज़रा ख़ुश हुए।

कहने लगे : "विष्णु खरे बड़े कवि थे। अच्छे मनुष्य भी थे, बीच-बीच में पागल हो जाते, तो ज़रूर सृष्टि को इधर से उधर कर देते थे। उनके मित्र चन्द्रकान्त देवताले भी अच्छे कवि थे। एक बार ज्ञानरंजन जी ने विष्णु खरे से कहा कि आपको हम 'पहल सम्मान' देना चाहते हैं। विष्णु जी स्वयं लेने से इनकार करते हुए बोले कि देवताले को दे दो! इसे कहते हैं मैत्री।"

## 5

आलोकधन्वा कहते हैं कि बड़े कवि आज़ादी के लिए संघर्ष के दौर में निर्मित होते हैं, चाहे वह आन्दोलन विदेशी हुकूमत के ख़िलाफ़ हो या देशी ताक़तों के।

"अगर हमारा देश आज़ाद नहीं रह जाएगा और इसमें आज़ादी धीरे-धीरे ख़त्म की जाएगी, जैसे नदियों को सूख जाने दिया गया और पेड़-पौधे नष्ट किए गए, तो हम रह नहीं पाएँगे, हमारी साँस टूट जाएगी।

तब आप कवियों से उम्मीद मत कीजिए कि वे फ़ैज़, मख़्दूम और पाश को गाएँगे या 'ब्रूनो की बेटियाँ' और 'सफ़ेद रात' जैसी कविताएँ लिखेंगे।"

मैं उन्हें सुनता हूँ और मेरे समक्ष उनकी एक कविता का सन्दर्भ जैसे खुल जाता है :

> *क्या एक ऐसी*
> *दुनिया आ रही है*

*जहाँ कवि और पक्षी*
*फिर आएँगे ही नहीं*

वह कह रहे हैं : "मॉब लिंचिंग जिस देश में होती हो, वह एक आज़ाद देश नहीं हो सकता, वह देश नहीं हो सकता, जिसमें पार्लियामेंट है।"

मुझे उनकी एक कविता याद आती है और लगता है कि जिस कविता को इन्होंने रचा है, उससे ये स्वयं भी रचे गए हैं : उसमें जितनी करुणा है, प्रतिगामी शक्तियों को प्रश्नांकित कर सकने की उतनी ही तेजस्विता भी :

*वह क्या था उनके होने में*
*जिसके चलते उन्हें ज़िन्दा जला दिया गया?*
*बीसवीं शताब्दी के आख़िरी वर्षों में*
*एक ऐसे देश के सामने*
*जहाँ संसद लगती है?*

*वह क्या था उनके होने में*
*जिसे ख़रीदा नहीं जा सका*
*जिसका इस्तेमाल नहीं किया जा सका*
*जिसे सिर्फ़ आग से जलाना पड़ा*
*वह भी आधी रात में कायरों की तरह*
*बन्दूक़ों के घेरे में?*

## 6

देश के मौजूदा हालात से आलोकधन्वा विचलित हैं। कहते हैं : "जो लोग गांधी को गालियाँ दे रहे, वे मूर्ख और क्रूर हैं। इनका धर्म से कोई लेना-देना नहीं। ये तुलसी की एक भी चौपाई का अर्थ नहीं बता पाएँगे। ये ड्रग एडिक्ट हैं।

इनसे तो गली का गुंडा बेहतर होता है, क्योंकि वह अच्छे और बुरे लोगों में फ़र्क़ कर लेता है, देश के भद्र नेताओं को पहचानता है।

पाब्लो नेरुदा की एक कविता को याद कीजिए, तो ये दरअसल विषैले चूहे हैं, जो क्रांति के झंडे को कुतर रहे हैं।"

## 7

आलोकधन्वा बता रहे हैं कि एक बार वह जेएनयू गए, तो समाजवादी प्रोफ़ेसर आनन्द कुमार ने उनसे कहा : 'हम यहाँ आपका एक लेक्चर कराना चाहते हैं।'

आलोक पूछते हैं : 'मेरा ही लेक्चर क्यों?'

आनन्द जी का जवाब था : 'बीकॉज़ यू आर ए रेस्टलेस सोल!' (क्योंकि आप एक बेचैन आत्मा हैं!)

आलोक जैसे अपने तब के उत्तर को दोहरा रहे हैं : "हिन्दी में रेस्टलेस सोल तो प्रेमचन्द थे, हजारी प्रसाद द्विवेदी थे।" फिर कुछ ठहरकर कहते हैं : "निराला थे रेस्टलेस सोल, जिन्होंने लिखा :

*दुख ही जीवन की कथा रही*
*क्या कहूँ आज जो नहीं कही!"*

## 8

अजब आलम है। चारों ओर से डीजे पर असहनीय गीत-संगीत सुनाया जा रहा है, आधी रात होते ही आतशबाज़ी भी शुरू हो गई। नए साल (2022) का जश्न मना रहे हैं लोग। मोहम्मद अज़ीज़ की आवाज़ में एक गाना ज़ोर-शोर से बज रहा, जिसका मुखड़ा है : 'ये दुनिया पागलख़ाना है...।'

कौन कह सकता है कि इसी साल कोरोना की भयावह महामारी में लाखों लोगों की मौत हुई थी और अब ओमिक्रोन लगभग हर दूसरे दरवाज़े पर दस्तक दे रहा है। एयर क्वालिटी इंडेक्स लगातार चिन्ताजनक बना हुआ है।

भूमंडलीकरण के लगभग तीन दशकों में एक ऐसा मध्यवर्ग निर्मित हुआ है, जो जनसाधारण के दुखों से बेपरवाह तो है ही, उसे अपने उल्लास से कुचलने में विजय भी मानता है।

इसके अलावा भी मशहूर शाइर फ़ैज़ अहमद फ़ैज़ ने एक नज़्म में पूछा था कि नए साल के आने से दुनिया में सबकी उम्र घट गई है, फिर इस मौक़े पर ख़ुशी मनाने का सबब क्या है? हालात बदले नहीं हैं, तो महज़ एक संख्या के बदल जाने में कौन-सा अनूठापन है :

*ऐ नए साल बता, तुझमें नयापन क्या है*
*हर तरफ़ ख़ल्क़ ने क्यूँ शोर मचा रक्खा है*

*रौशनी दिन की वही, तारों भरी रात वही*
*आज हमको नज़र आती है हर इक बात वही*

*आसमाँ बदला है, अफ़सोस, ना बदली है ज़मीं*
*एक हिंदसे का बदलना कोई जिद्दत तो नहीं*

प्रसंगवश, आठवें दशक की दिल्ली को याद करते हुए आलोकधन्वा कहते हैं : "वो कोई और ही दिल्ली थी, जिसकी सड़कों पर कई किलोमीटर मैं, मंगलेश डबराल, वीरेन डंगवाल और त्रिनेत्र जोशी जैसे मित्र पैदल चले जाते थे। लेकिन अब तो वहाँ जाते हुए डर लगता है। यह कैसी सभ्यता हमने बनाई है, जिसमें सड़कों पर निश्चिन्त चल सकना मुश्किल है? कमोबेश वही हाल लखनऊ, बनारस, इलाहाबाद जैसे शहरों का है। कितने ख़ूबसूरत शहर थे ये, मगर इन्हें कितना ज़ख़्मी और लाचार कर दिया गया है!"

फिर वह इस आशय की अपनी एक कविता याद करने लगते हैं : "क्या हुआ मेरी उस छोटी-सी कविता का, कहीं वह छपी थी या नहीं?" बाद में मैं खोजता हूँ, तो मुझे वह कविता मिल जाती है, जिसकी इन पंक्तियों का वे ज़िक्र कर रहे थे :

*पुराने शहर उड़ना*
*चाहते हैं*
*लेकिन पंख उनके डूबते हैं*
*अक्सर ख़ून के कीचड़ में!*

## 9

आलोकधन्वा कह रहे हैं : "गाजर कितनी स्वादिष्ट होती है और मूली और इलाहाबादी अमरूद। हरी मिर्च भी कितनी स्वादिष्ट है : तोते को न मिले खाने को, तो वह मर जाएगा।"

तोते का ज़िक्र आते ही उन्हें पिंजरों की याद आती है और वह कहते हैं : "पक्षियों के लिए दुनिया में पिंजरे नहीं होने चाहिए। यह मैक्सिम गोर्की कहते थे। यही सलीम अली कहते थे। गोर्की की नानी बहुत अच्छी थीं, वह पक्षियों को पालती थीं। वहाँ उन्होंने तोता देखा पिंजरे में, तो उन्हें लगा कि 'इसमें बहुत दर्द है' और उन्होंने पिंजरा खोलकर तोता उड़ा दिया।...कभी किसी तोते को देखो, कितने लालित्य से वह खाता है हरी मिर्च को और अमरूद को।"

## 10

आलोकधन्वा ने कहा : "पटना में भी ओमिक्रोन फैल गया है मेरे चारों ओर, लेकिन मुझे अभी नहीं है।...हम मरेंगे, तो किसी और ही बीमारी से मरेंगे, जिसका बीमारियों की सूची में नाम नहीं होगा। बीमारी क्या, आन्दोलन के दिनों में मैं तो गोलियों से बचा हूँ।"

फिर कुछ रुककर बोले : "...हम सन्ताप से ही मरेंगे। भारत में सच का जो विनाश किया जा रहा है, बच्चों के भविष्य का, स्त्रियों की और ज्ञान की गरिमा का विनाश, इसके सन्ताप से।"

## 11

आलोकधन्वा के शब्दों में : "अब वे कहते हैं कि हम वामपन्थी हैं। तो वामपन्थी कौन नहीं है? बुद्ध वामपन्थी थे। कबीर थे। गांधी भी वामपन्थी थे।"

थोड़ा रुककर—जैसे कि पूछा जा रहा हो, इसका आधार क्या है—हँसकर कहते हैं : "हर सही आदमी वामपन्थी होता है और ग़लत आदमी दक्षिणपन्थी।"

## 12

आलोकधन्वा कहते हैं : "प्यार ही कला को सबसे ज़्यादा महानता देने वाली चीज़ है।"

और फिर इसके समर्थन में यह वाक़या सुनाते हैं : "मैक्सिम गोर्की जो थे, समाजवादी थे और बहुत संघर्ष किया उन्होंने। मालगाड़ी के डिब्बों में बैठकर घूमे—पूरे रूस के जीवन को अपनी आँखों से देखा। मालगाड़ी के गार्ड उनसे कहते थे—हमारे जानवरों को खाना खिलाओ, डिब्बे साफ़ करो, तो हम तुम्हें घूमने देंगे। उन्होंने बेकरी में भी काम किया—दो मन आटा गूँधते थे और उसे पकाते थे तन्दूर में।

तोल्स्तोय उस तरह थे वहाँ, जैसे हमारे यहाँ तथागत बुद्ध थे। गोर्की से उनकी असहमति रही। पूरी दुनिया के लोग उनसे मिलने आते थे। गांधी से भी उनका पत्र-व्यवहार रहा। मगर अन्त समय में उन्होंने सिर्फ़ एक आदमी, गोर्की को तार दिया और लिखा : 'जैसे-जैसे मैं मृत्यु के निकट जा रहा हूँ, वैसे-वैसे मुझे लगता है कि तुम प्यार में मुझसे बड़े हो और त्याग में भी बड़े हो। अपनी रोटी तुमने ख़ुद कमाई और ख़ुद पकाई भी।'"

तोल्स्तोय मृत्यु को क़रीब जानकर अपना घर छोड़कर दूर एक छोटे-से रेलवे स्टेशन पर चले गए थे। वह एक अज्ञात जगह पर जीवन से विदा लेना चाहते थे, जहाँ उन्हें कोई न जानता हो। आलोक जी के अनुसार : "तोल्स्तोय उसी ऊँचाई के लेखक हैं, जिस ऊँचाई के हमारे यहाँ निराला हैं...और मृत्यु की आशंका से उनके घर छोड़कर चले जाने से निराला के ही शब्द याद आते हैं :

*मैं रहूँगा न गृह के भीतर*
*जीवन में रे मृत्यु के विवर।"*

## 13

कोरोना का ज़िक्र छिड़ने पर आलोकधन्वा कहते हैं : "इस दौर में हमने अपने बहुत मूल्यवान साथियों को खो दिया। फिर भी कोरोना तो एक महामारी है, आई है, चली जाएगी, जैसे प्लेग चला गया। लेकिन अहं कहाँ जाएगा? अभी जो लोग कोरोना के कारण बिखरे हुए हैं, पहले अहं के चलते बिखरे हुए थे। इस अहं का क्या मतलब है? क्या वह बड़े कवियों में होता है? मुक्तिबोध में तो मानवीय संसर्ग का सबसे बेचैन, सबसे कोमल रूप मिलता है। जो महान मित्रता होती है, उसमें जिस भाषा का जन्म होता है, उसकी परिणति एक कविता में ही होगी। जैसे :

*मुख है कि मात्र आँखें हैं वे आलोक-भरी,*
*जो सतत तुम्हारी थाह लिये होतीं गहरी,*
*इतनी गहरी*
*कि तुम्हारी थाहों में अजीब हलचल,*
*मानो अनजाने रत्नों की अनपहचानी-सी चोरी में*
*धर लिये गए,*
*निज में बसने, कस लिये गए।*

मगर किसी कवि-लेखक के व्यवहार में क्षुद्रता हो, तो वह ख़ुद छोटा बनता है और अपने मित्रों को भी छोटा बना देता है। दुनिया का कोई पुरस्कार नहीं है, जो एक अच्छी कविता लिख दे। पुरस्कार के लिए जो तिकड़म करते हैं, उससे आह्लादित होते हैं, वह एक तरह का पिछड़ापन है। सार्त्र ने ठुकरा दिया था नोबेल को।"

## 14

आलोकधन्वा के शब्द हैं : "कविता में हमने दूर तक जाने की कोशिश की। कहाँ तक जा सका, नहीं मालूम, लेकिन दूर तक जाने की कोशिश करना भी बड़ी बात होती है। जो विह्वलता भीमसेन जोशी की आत्मा में थी, उनके

गायन में थी, जब वह गाते थे : *'जो भजे हरि को सदा, सोई परम पद पावेगा'*, सवाल है कि इस विह्वलता को आप कहाँ तक अपनी कविता में रख पाते हैं और यह विह्वलता कोई निजी चीज़ नहीं होती। उसे आप जुटाते हैं—जैसे मधुमक्खियाँ शहद जुटाती हैं—अपने समाज से और सबसे ज़्यादा प्रकृति से, जिसे लगातार नष्ट किया जा रहा है।"

## 15

शिक्षक का ज़िक्र आने पर आलोकधन्वा रवीन्द्रनाथ ठाकुर को याद करते हैं कि वह गाते हुए कविता लिखते थे और विद्यार्थी सब उनके साथ रहते : "शिक्षक अगर पिता नहीं होगा, भ्राता नहीं होगा, तो वह क्या शिक्षक होगा! क्या वह सिर्फ़ किताब पढ़ाता है? वह तो पूरे जीवन की कला सिखाता है।... लेकिन अब जो पूरा बुर्जुआ मार्केट है, इसमें तो जो जितना ज्ञानी, वह उतना उपेक्षित है। यहाँ मीडियॉकर्स के लिए जगह है।"

## 16

वीरेन डंगवाल ने एक कविता लिखी थी आलोकधन्वा के लिए : 'काबुलीवाला'। उसे याद करते हुए आलोक जी ने कहा : "वीरेन ने उसमें एक पंक्ति लिखी है : 'मुझे प्रेम करने की आदत पड़ चुकी है।' मैंने कहा उनसे : 'आदत' शब्द तुम्हें नहीं लिखना चाहिए था। 'आदत' लिखकर तुमने छोटा कर दिया प्यार को। लोग आदत छोड़ सकते हैं, मगर प्यार तो ऐसी चीज़ है, जिसके बिना वे जी नहीं सकते।"

मैंने पूछा : "आदत नहीं है प्यार, तो आप उसे क्या कहना चाहेंगे?"

उन्होंने जवाब दिया : "प्यार वजूद है हमारा। दुनिया में इश्क़ के ख़िलाफ़ तो सत्ता ही जाती है। जिनके पास ताक़त है, एकाधिपत्य है, जो सत्ता के लोग हैं,

ऐसे लोग नहीं जानते कि एक छोटी बेटी के लिए उसके पिता का दिल कैसे नम होता है, ग़मगीन होता है। कोई प्रवासी अपने वतन के लिए कैसे बेचैन होता है। 'काबुलीवाला' कहानी है रवीन्द्रनाथ की। उस पर फ़िल्म भी बनी है कितनी अच्छी, जिसमें बलराज साहनी काबुलीवाला के रोल में हैं और एक गीत है—*'ऐ मेरे प्यारे वतन, ऐ मेरे बिछड़े चमन, तुझ पे दिल क़ुरबान...',* जिसमें वतन के लिए कहा गया है कि जो हवाएँ तुमसे होकर आ रही हैं, वे भी हमें राहत पहुँचा रही हैं।

फ़िल्मों में अद्भुत गीत लिखने वाले दो रचनाकार हुए और दोनों ही अनन्य हैं—शैलेन्द्र और साहिर लुधियानवी। मुहब्बत की शाइरी हमेशा आधिपत्य के ख़िलाफ़ रही है। साहिर ने जो लिखा : *'ये दुनिया अगर मिल भी जाए, तो क्या है!'*—यह तो बड़ा शाइर ही कह सकता है। उनकी शाइरी में एक गहरी पुकार है, जो बड़े कवियों में होती है :

*बस्ती-बस्ती पर्वत-पर्वत*
*गाता जाए बंजारा*
*लेके दिल का इकतारा*

यह साधारण शाइरी नहीं है। मगर पुरस्कारों की होड़ और यश-लिप्सा में डूबे हुए जो लोग हैं, उनकी समझ में यह नहीं आएगी।

मुहब्बत के ऐसे-ऐसे गीत लिखे इन दोनों ने, जिनकी कल्पना भी हम लोग नहीं कर पाते थे। हिन्दी में बच्चन ने भी अच्छे-अच्छे गीत लिखे, लेकिन हमारे सबसे बड़े गीतकार निराला हैं।"

मैंने प्रश्न किया : "इसकी क्या वजह है कि निराला के गीत दूसरों से ज़्यादा सान्द्र हैं?"

आलोक जी बोले : "ऐसा इसलिए है कि वे बहुत गहन हैं। निराला की वेदना उन्हें सघन बनाती है। वह युगद्रष्टा थे। उनकी निगाह तो कायनात से जुड़ी थी। सृष्टि के ज़र्रे-ज़र्रे को निराला लाते हैं अपने गीतों में। उनके गीतों में और कविता में भी अन्तर्धाराएँ हैं—एक धारा नहीं है। कई धाराएँ कई धाराओं से मिलती हैं—अनुगूँजें हैं बहुत सारी। जैसे सितार बजाते थे पं. रविशंकर और सरोद बजाते हैं अली अकबर ख़ाँ—दोनों मैहर के उस्ताद अलाउद्दीन ख़ाँ के शिष्य थे।...वे जब तार को छेड़ते हैं, तो उसकी पूरी आवाज़ को हम कहाँ

आत्मसात कर पाते हैं। जितने हम लायक़ हैं, उतना ही सुन पाते हैं।...और जब कम सुन पाते हैं, तो इतना जीवन पाते हैं। पूरा सुन पाते, तो कितना जीवन पाते!

हम जंजालों से घिरे हैं, यानी एक क़िस्म के सपाट और निकृष्ट 'कंस्यूमरिज़्म' से। हम सबके भीतर जो सुरीलापन है, उसको सत्ता तबाह करती रहती है।"

मैंने सवाल किया : "यह सुरीलापन आता कहाँ से है?"

आलोक जी कहते हैं : "हम जो काम करते हैं, उससे समय का बोध होता है। इसलिए सुरीलापन हमारे कर्म से आता है और हमारे पुरखों से, क्योंकि हमारे पुरखे इतने अच्छे थे। आततायी तो कभी हमारे पुरखे नहीं थे, नहीं हो सकते। हमारे पुरखे तो बुद्ध हैं, मध्यकालीन सन्त कवि हैं। लोग समझते हैं कि 'हम कर रहे हैं सृजन।' लेकिन नहीं। केवल हम इसे नहीं कर रहे हैं। इसके लिए हमारे पुरखों ने क़ुरबानियाँ दी हैं। अभिनेत्रियों के अभिनय से श्रृंगार की, प्रेम की, वेदना की एक नयी भाषा तैयार हुई। गायकों-वादकों ने हमारे मन को सुन्दर बनाया है, उनमें बड़े कवि भी शामिल हैं। निराला गाते भी थे हारमोनियम लेकर। उनके ऐसे गीत हैं, जो दुनिया में कहीं भी प्यार करने वाले जो लोग होंगे, उन्हें पढ़ेंगे और सुनेंगे। जैसे :

*बाँधो न नाव इस ठाँव बन्धु*<br>*पूछेगा सारा गाँव बन्धु।*

यह केवल हिन्दी का गीत नहीं है, पूरी दुनिया का गीत है।"

## 17

शाम ढलते-ढलते आलोकधन्वा ज़रूर कुछ उदास हो जाते हैं, लेकिन दिन के पहले प्रहर में उनकी वाणी में ओज रहता है, उत्साह छलकता है और एक तरह के मार्मिक आवेग से वह आप्लावित होती है। बोले : "इनसान कभी बुज़ुर्ग नहीं होता। उम्र ऐसे लोगों की आदत है, जो भयभीत रहते हैं, पोथी-पत्रा देखते हैं। मुहब्बत तो नहीं जानती उम्र को।

नई पीढ़ी के बच्चे मुझसे पूछते हैं कि 'ज़िन्दगी के बारे में आप क्या सोचते हैं?' मैं उनसे कहता हूँ : ठीक से पढ़ो और अपने वतन को देखो, जिसके लिए हज़ारों लोग शहीद हुए। अगर वतन से लगाव नहीं होता है, तो उसे अपने अन्दर तलाशो! हमारे जो महान शहीद थे, शाइरी उनके ख़ून में थी। अशफ़ाक़ उल्ला ख़ाँ ने कहा था : एक ही ख़्वाहिश है कि कोई वतन की थोड़ी-सी मिट्टी हमारे कफ़न में रख दे :

*कुछ आरज़ू नहीं है, है आरज़ू तो ये है*
*रख दे कोई ज़रा सी ख़ाके-वतन कफ़न में*

तुम लोग अमेरिका जाने के लिए बेचैन रहते हो कि वहाँ जाकर 'करियर' बनेगा; लेकिन हमारे यहाँ महापंडित राहुल सांकृत्यायन और नेहरू जैसे बड़े विद्वान हुए, उन्होंने तो नहीं कहा कि हम वहीं रह जाएँगे। शहीदेआज़म भगत सिंह जैसे जितने जाँबाज़ थे, वे सब अपना 'करियर' बना सकते थे। वे कैसे लोग थे?

खुदीराम बोस की इतनी कम उम्र थी कि जैसे उनका एक पैर 'टीन एज' में हो और एक आगे निकल गया हो। उन्नीस साल से भी कम उम्र में उन्होंने मुज़फ़्फ़रपुर में एक बग्घी पर बम फेंका, जिसमें उन्हें ब्रिटिश मजिस्ट्रेट डगलस किंग्सफ़ोर्ड के होने का शक था, मगर वह एक अलग गाड़ी में बैठा था और बम फेंकने के नतीजे में दो ब्रिटिश महिलाओं की मौत हो गई। खुदीराम बोस चाहते, तो भागकर बंगाल जा सकते थे। मगर उन्हें लगा : यह मुझसे अपराध हो गया। उन्हें पश्चात्ताप हुआ, वह जेल में रहे और फाँसी पर चढ़े। अरुण सिंह ने उनकी जीवनी लिखी। 'पटना : खोया हुआ शहर' भी उनकी अच्छी किताब है। पटना हमारे लिए 'होम' है, दिल्ली भी 'होम' है, कोलकाता भी—ये पूरा पूरब हमारे लिए घर है।

बुद्ध जैसे लोग यहाँ हुए, जिन्होंने ज्ञान को बढ़ाने के लिए अपना पूरा जीवन दे दिया। ज्ञान-पिपासा के विशाल पट पर ऐसे लोग चले—हममें जितनी अच्छाइयाँ हैं, हम जो थोड़े-बहुत इनसान बने हैं, उसमें—इनका बहुत अवदान है। ये नहीं होते, तो हम कैसे इनसान होते? कहाँ 'करियर' होता है, क्या सफलता होती है, क्या असफलता होती है—उन्होंने नहीं जाना। उनका कठिन रास्ता था, बहुत कठिन था, लेकिन सबसे ज़्यादा रौशनी उसी रास्ते पर थी।"

## 18

आलोकधन्वा की एक कविता है 'उड़ानें', जिसमें एक अलग तरह की उदासी और अकेलापन है, जो बहुत आकृष्ट करता है। मैंने उनसे पूछा : "ये पंक्तियाँ आपने क्या सोचकर लिखी थीं :

*कवि मरते हैं*
*जैसे पक्षी मरते हैं*
*गोधूलि में ओझल होते हुए!...सिर्फ़ उड़ानें बची*
*रह जाती हैं...क्या एक ऐसी*
*दुनिया आ रही है*
*जहाँ कवि और पक्षी*
*फिर आएँगे ही नहीं!"*

उन्होंने जवाब दिया : "यह कविता मैंने कोई ग्यारह साल पहले लिखी थी। एकान्त श्रीवास्तव ने 'वागर्थ' के जून, 2011 अंक में इसे प्रकाशित किया। मैं देख रहा था इस चीज़ को—एक ऐसा तंत्र आएगा, ऐसी 'मोनोपॉली' आएगी, राज्य इतना ताक़तवर हो जाएगा कि वह कवियों और कलात्मक अभिव्यक्ति से जुड़े दूसरे लोगों के प्रतिरोध को बर्दाश्त नहीं करेगा, जैसा कि अब हम पिछले कुछ वर्षों से देख रहे हैं और हम उसकी पहुँच के भीतर हैं। राज्य को क्या मतलब है नदियों और पक्षियों से कि वे कहाँ से आते हैं? उसको क्या मतलब है एक विशाल और अनन्त नैसर्गिक सुषमा से? एक ऐसी ताक़त हमारे बीच आ गई है, जिसने संसद को बहुत कमज़ोर कर दिया, सुप्रीम कोर्ट को बहुत कमज़ोर कर दिया।

रघुवीर सहाय इसलिए बड़े कवि हैं कि वह इस आतंक को दिखाते हैं : *'उसे बता यह दिया गया था उसकी हत्या होगी'*—'रामदास को बता दिया गया था कि उसकी हत्या होगी!' लेनिन ने कहा था कि ऐसा तब होता है, जब 'एक्टिव हीरोज़ ऐंड पैसिव मास', यानी नायक सक्रिय होते हैं और समाज निष्क्रिय। इससे यह हुआ है कि सत्ता ज़्यादा हिंस्र हुई है, इसमें 'कोल्ड मर्डर' करने वाले 'किलर्स' हैं। राजेश जोशी ने 1987 के आसपास जो कविता लिखी थी 'मारे जाएँगे', वह एक तरह का भविष्य-कथन है :

*कटघरे में खड़े कर दिए जाएँगे, जो विरोध में बोलेंगे*

*जो सच-सच बोलेंगे, मारे जाएँगे।*

कवियों को मैं बहुत इज़्ज़त देता हूँ। मानव-सभ्यता के विकास में हमेशा जो कवि, लेखक और कलाकार हैं, उनकी अग्रणी भूमिका होती है। लेकिन साठ-सत्तर करोड़ हिन्दी बोलने वाले लोगों में आज हमारे पास हिन्दी-उर्दू, दोनों को मिलाकर जो अच्छे कवि होंगे, वे सौ-डेढ़ सौ होंगे। इतने कम कवि हैं और उनमें भी एक रचना-विरोधी विवाद होता रहता है। नहीं होना चाहिए ऐसा। अगर आप एक विचार को महत्त्व दे रहे हैं, तो विचार भी यह चाहता है कि आप कहाँ तक उसके लिए लड़ सकते हैं। लेकिन लोकतांत्रिक शक्तियाँ एकजुट नहीं हो पा रही हैं, होंगी तो राज्य को पीछे हटना पड़ेगा।"

मैंने फिर आलोक जी से प्रश्न किया : "यह आपने क्यों लिखा है कि

*कवि मरते हैं*
*जैसे पक्षी मरते हैं*
*गोधूलि में ओझल होते हुए?"*

बोले : "पक्षी जो होते हैं, वे इस तरह से मरते हैं कि लोग उसको कम-से-कम 'फ़ील' कर पाते हैं। एक ऐसा समय आया है अभी कि दोनों की मृत्यु एक अज्ञात जगह में होगी। पता नहीं चलेगा कि कहाँ कैसे ख़त्म हुए ये। दमन इतना ज़्यादा देखा नहीं भारत ने। बहुत दिनों बाद देखा है। इमरजेंसी जो थी इन्दिरा गांधी की, वह कुछ नहीं थी इसके सामने। इन्होंने सारे तंत्र को 'पैसिव' कर दिया, बल्कि उसे अपनी मुट्ठी में ले लिया है।"

## 19

आलोकधन्वा ने कहा : "प्रेम के लिए जो विकल होगा, वही अच्छा कवि होगा। मज़दूरों से, किसानों से, स्त्री या बच्चे से प्रेम कीजिए, वह न्याय का रास्ता है। यह देखना होगा कि इनका जो 'सर्वाइवल' या जीवन-संघर्ष है, उसमें आप कितने शामिल हैं?

प्रेम और करुणा की जो उदात्तता है दुनिया में, वह सिर्फ़ किताबों से पैदा नहीं

हुई, बल्कि न्याय के रास्ते पर चलने वाले सेनानियों ने उन मूल्यों को पैदा किया। हमारी किताबों, विचारों और दिमाग़ों को उन्होंने रौशन किया। प्रेम और करुणा की बातें की जाती हैं, लेकिन यह सोचना चाहिए कि ये मूल्य आए कहाँ से? पूरी दुनिया में अच्छे लोग वही हुए, जो अन्याय के ख़िलाफ़ लड़े, उनसे ख़ूबसूरत कोई नहीं है।

अन्याय का विरोध अगर आप करते हैं, तो ऐसी कृतियों का भी अध्ययन करना होगा, जो दुनिया पर छा गईं—मैक्सिम गोर्की की 'माँ' का दुनिया की हर भाषा में अनुवाद हुआ। ज़ारशाही में लोगों को ग़ुलामों की तरह खटाया जाता था। पावेल इसका प्रतिरोध करता है, इसलिए उसे निर्वासित करके साइबेरिया भेज दिया जाता है। उसकी माँ सिर पर टोकरी लेकर पावरोटी बेच रही है, जिसमें वह अदालत में दिए गए अपने बेटे के आख़िरी भाषण के पर्चे छिपाकर रखती है, जिनमें मज़दूरों से लड़ने का आह्वान किया गया है। जब पुलिस उसे पकड़ लेती और पीटती है और उसके चेहरे से ख़ून बहने लगता है, तो वह कहती है : 'तुम ख़ून के समुद्रों में सच को डुबो नहीं पाओगे।'

दुनिया में किसी एक आदमी को बताया जाए, जिसने माँ पर नहीं लिखा, जो अपनी माँ से प्यार न करता हो। 'महाभारत' में सबसे ज़्यादा जो दिखाई देती हैं, वे स्त्रियाँ हैं, धनुर्धर नहीं हैं, धनुर्धर भी उन्हीं स्त्रियों के बच्चे हैं।...

स्वाधीनता की इच्छा जहाँ से शुरू हुई, उसके सारे पथ रक्तरंजित हैं। उसके लिए पूरी दुनिया में शहादतें हुईं। जो लड़कियाँ चित्र बनाती हैं, कविताएँ लिखती हैं, हॉकी और फ़ुटबॉल खेलती हैं, सेना के मोर्चों पर लड़ती हैं, जो घर के बाहर की दुनिया से अपने को जोड़ती हैं, उनका शबाब कभी ख़त्म नहीं होगा। हमारी स्मृति के क्षितिज पर वे सारी स्त्रियाँ छाई हुई हैं, जो दूसरे विश्वयुद्ध में फ़ासीवाद के ख़िलाफ़ लड़ीं—हिटलर, मुसोलिनी, फ्रैंको और तोजो के ख़िलाफ़—जब सेनानी ज़ख़्मी होते, तो वे उनकी चिकित्सा और देखभाल करती थीं। उस लड़ाई में करोड़ों लोग मारे गए, देश के देश वीरान हो गए।

दुनिया की सबसे अच्छी इच्छा है स्वाधीनता—सबसे अहिंसक इच्छा—उसका मुक़ाबला अराजकता और आतंकवाद नहीं कर सकता। कोई किसी को दबाए नहीं, कोई किसी से घृणा न करे, कोई किसी को ग़ुलाम न बनाए, उत्पीड़ित न करे—आपका वह ज्ञान तुच्छ है, क्षुद्र है, जो किसी भी मनुष्य का अपमान करता है।

गौतम बुद्ध का रास्ता भी स्वाधीनता और अहिंसा का था। उन्होंने देखा कि मनुष्यता के हाथों में ज़ंजीरें हैं और वह ख़ून से भीग रही है। इसलिए वह लड़े आधिपत्य की हवस के ख़िलाफ़। सम्राटों ने ख़ून से भीगी अपनी तलवारें उनके पैरों में रख दीं और अपने सिर झुका दिए। उन्होंने अपने बेटे-बेटियों को उनके विचारों के प्रचार के लिए भेजा। सम्राट अशोक उनके शिष्य हो गए। उन्होंने कहा : 'आदमी की हत्या करते-करते मैं थक चुका हूँ, मेरी आत्मा थक चुकी है। हे बुद्ध, मुझे रास्ता दिखाइए!'

भारत में तो अधिकांश लोगों पर—राहुल सांकृत्यायन, डी.डी. कोसम्बी, डॉ. आम्बेडकर—जिन्होंने स्वाधीनता की लड़ाई लड़ी, बुद्ध का सबसे ज़्यादा प्रभाव पड़ा। जिसको प्रेम कहते हैं लोग, वह स्वाधीनता का ही रास्ता है।"

## 20

एक दिन आलोकधन्वा ने नाविकों के बारे में बोलना पसन्द किया : "यह दुनिया बहुत बड़ी है और उसमें एक अनन्त नहीं, कई अनन्त हैं, जबकि हमारी उम्र बहुत छोटी है—इतनी कम कि हम उनमें जा नहीं सकते। जैसे हमने तरह-तरह के कलाकारों को नहीं समझा, हम उन्हें नहीं जानते। रूसी चित्रकार इसाक लेवितन की ख़ूबसूरत पेंटिंग्स में नदियों के किनारे नावें देखकर याद आता है कि हमारे यहाँ गंगा किनारे निषाद नाव तैयार करते हैं, लकड़ी काटते हैं, कौन-सी लकड़ी लगेगी, कहाँ कितना वज़न देना है, पाल, पतवार वग़ैरह कैसी हो—ये सब तय करते हैं। इंजीनियरिंग की डिग्री उन्हें भले न मिलती हो, लेकिन उनकी बनाई नाव डूबेगी नहीं। वे नाव को ही नहीं जानते, जल को भी उतना ही जानते हैं और हवाओं को भी। वे जानते हैं कि नदी कैसे बहेगी, हवाएँ कैसे चलेंगी!

निषाद जाल बनाते हैं—जाल बुनना बहुत कठिन कला है। धारा में तब जाएँगे, जब वह उत्ताल नहीं हो, धीमी हो और उसमें नाव को नियंत्रण में रखकर जाल फेंका जा सके। नाविकों के सबसे अच्छे गीत शायद बंगाल में लिखे गए—राग भटियाली इसी से आता है। महज़ संयोग नहीं कि शैलेन्द्र के 'बंदिनी' फ़िल्म

के लिए लिखे जिस गीत को एस.डी. बर्मन ने ख़ुद गाना पसन्द किया, वह माँझी का ही गीत है :

*ओ रे माँझी, ओ रे माँझी, ओ ओ मेरे माँझी*
*मेरे साजन हैं उस पार, मैं मन मार, हूँ इस पार*
*ओ मेरे माँझी, अबकी बार, ले चल पार, ले चल पार*
*मेरे साजन हैं उस पार...*

*मन की किताब से तू, मेरा नाम ही मिटा देना*
*गुन तो न था कोई भी, अवगुन मेरे भुला देना...!*

एस.डी. बर्मन त्रिपुरा के राजपरिवार से थे, मगर उनका जन्म बंगाल के उस हिस्से में हुआ, जो अब बांग्लादेश है। माणिक बंद्योपाध्याय का प्रसिद्ध उपन्यास है 'पद्मा नदीर मांझी' (पद्मा नदी का माँझी), जिस पर इसी नाम से एक अच्छी और गम्भीर फ़िल्म का निर्देशन किया गौतम घोष ने। माँझी के गीत हमारे सबसे प्राचीन गीत हैं।"

मैंने पूछा : "यह किस आधार पर आप कह रहे हैं?"

आलोक जी का जवाब है : "...क्योंकि दुनिया में तीन हिस्सा पानी है, एक ही हिस्सा ज़मीन है। जहाँ-जहाँ नदियाँ मिलीं लोगों को, वे बसते चले गए। प्राचीन विश्व से आज तक जो सबसे मधुर गीत हुए, उनमें माँझी के गीत आते हैं—उनसे बहुत राहत मिलती है। हरिवंशराय बच्चन का भी ऐसा एक मशहूर गीत है :

*इस पार प्रिये, मधु है तुम हो,*
*उस पार न जाने क्या होगा!*

उसी नदी को पार करते हुए हम जीवन में पहुँचे और आज उसी नदी के कारण जीवन को खो रहे हैं। उसकी जिस बाढ़ के साथ पूर्वज बढ़े थे, उससे निपटने की कोई तैयारी हमारे पास नहीं होती। नेताओं और योजनाकारों ने इस घमंड से कि प्रकृति को हम जीत लेंगे, बाढ़ को विनाशकारी होने दिया है। नतीजतन, जैसा कि पर्यावरणविद अनुपम मिश्र ने कहा था : 'तैरने वाला समाज डूब रहा है।'

मेधा पाटकर ने तीस-चालीस साल दे दिए अपने जीवन के, सैकड़ों स्त्रियाँ

पानी में खड़ी रहीं कि बाँधों की ऊँचाई मत बढ़ाओ, नहीं तो हमारे इलाक़े डूब जाएँगे; लेकिन सुप्रीम कोर्ट ने भी उनके पक्ष में फ़ैसला नहीं सुनाया। आदिवासियों के साथ कोई नहीं है। आपने उनकी बात नहीं मानी, इसका मतलब है कि आप मनुष्य नहीं समझते उन्हें, धीमी मौत की ओर धकेलते हैं या एक 'एथनिक' संघर्ष की ओर।"

मैंने आलोक जी को याद दिलाया : "आपने पद्मा नदी का ज़िक्र किया, जो विभाजन के कारण अब बांग्लादेश में बहती है। उसका बहुत मार्मिक प्रसंग बलराज साहनी पर लिखी आपकी कविता में आया है :

*कहते हैं कि*
*एक बार जब*
*सत्यजित राय और ऋत्विक घटक*
*हवाई जहाज़ से*
*कलकत्ता से ढाका जा रहे थे*

*हवाई जहाज़ की खिड़की से नीचे देखा*
*ऋत्विक घटक ने*
*बहती हुई पद्मा को*
*डबडबाई आँखों और भारी गले से*
*उन्होंने कहा पास बैठे*
*सत्यजित राय से*
*माणिक, वह देखो*
*बह रही है*
*हमारी पद्मा*

*दोनों आगे कुछ बोल नहीं पाए*
*सिर्फ़ देखा दोनों ने*
*बहती पद्मा को*
*बंगाल के विभाजन को*
*कभी क़बूल नहीं किया दोनों ने।"*

वह कहते हैं : "विभाजन को किसी संवेदनशील हिन्दुस्तानी बुद्धिजीवी या

नागरिक ने नहीं माना। आज तक नहीं माना। हमने भी नहीं माना। फ़ैज़ इस दुख को कभी भूल नहीं पाए और बलराज साहनी भारत में रहते हुए अक्सर पाकिस्तान में छूट गए अपने घर के बारे में सोचते रहते और एक बार गए भी थे वहाँ। मेरा मानना है कि बलराज साहनी इसी वेदना के कारण असमय मरे। उनकी आख़िरी फ़िल्म 'गरम हवा' विभाजन की ही ट्रेजेडी पर केन्द्रित थी, जिसे वह ख़ुद नहीं देख सके। एक जो हिन्दुस्तानी क़ौम थी हमारी, उसे बाँट दिया गया। इसकी सबसे ज़्यादा क़ीमत पंजाब और बंगाल ने चुकाई। मेरी इस कविता की अन्तिम पंक्तियाँ हैं :

*स्वाधीनता की लड़ाई से*
*हमारी क़ौम ने जो हासिल किया*
*उसे विभाजन में कितना खोया*
*यह हिसाब*
*बेहद तकलीफ़देह है*
*जो आज भी जारी है।"*

## 21

मैंने आलोकधन्वा से पूछा : "प्रसंगवश, आपकी एक कविता है :

*जहाँ नदियाँ समुद्र से मिलती हैं*
*वहाँ मेरा क्या है*
*मैं नहीं जानता*
*लेकिन एक दिन जाना है उधर*

*उस ओर किसी को जाते हुए देखते*
*कैसी हसरत भड़कती है!*

इसमें आप क्या कहना चाहते हैं?"

बोले : "यह वही चीज़ है—एक दिन जाना है वहाँ, उस ओर—अन्तरतम

से पुकार उठती है, वेदना उठती है, क्योंकि हम नदियों को पार करते, तैरते हुए आए हैं, नावों से आए हैं, नाविकों के गीत हमारे 'सर्वाइवल' के गीतों को जगाते हैं।"

मैंने सवाल किया : "क्या यह अस्तित्व के अन्त या मृत्यु का 'मेटाफ़र' है, जैसा कि मिर्ज़ा ग़ालिब ने बयान किया : नदी या समुद्र में मिल जाना बूँद का ऐश्वर्य है :

*इशरत-ए-क़तरा है दरिया में फ़ना हो जाना*
*दर्द का हद से गुज़रना है दवा हो जाना?"*

आलोक जी कहते हैं : "नहीं, यह अन्त या मृत्यु का रूपक नहीं है। नदी सागर में जाती है, एक असीम विस्तार में। यह असीम विस्तार हमारे भीतर है, लेकिन वह तब जगेगा, जब हम उसके क़रीब जाएँगे। ज्वार-भाटे में इतनी आवाज़ होती है कि वह चीज़ जग जाएगी हमारे अन्दर। हम 'सिन्थेटिक' दुनिया में पड़े हुए हैं। कावेरी, गोदावरी, हुगली नदियों के घाट हों या कन्याकुमारी और मुम्बई में जुहू के समुद्र-तट—ये हमेशा मुझे खींचते हैं, क्योंकि ये प्राचीन की ओर ले जाते हैं। नैसर्गिक सौन्दर्य की ओर।

जुहू के तट पर जाइए, ऐसी भावनाएँ जगेंगी कि आपका जीवन जिस स्रोत से पैदा हुआ है, उस उदात्तता की ओर ले जाएँगी—महानगर में, मुम्बई में लौट आने की आपकी इच्छा नहीं होगी। आधुनिक सभ्यता ने सब कुछ छीन लिया हमसे और दिया क्या : कीचड़ से भरी गलियाँ, मारकाट, सूदख़ोरी, वेश्यावृत्ति और भुखमरी! इसने कई करोड़ लोगों को 'स्लम्स' में डाल दिया। उनके रहने की कोई जगह नहीं है, जैसे वे किसी देश के नागरिक नहीं। उनकी ज़िन्दगी ख़ानाबदोशी की यातनाओं से भरी हुई है। कौन लौटना चाहेगा ऐसी दुनिया में, जो नरक ही है! मैंने 'समुद्र और चाँद' शीर्षक कविता में यही द्वंद्व और पीड़ा व्यक्त की है :

*समुद्र उठ रहा था चाँद की ओर*
*उस तरह सिर्फ़ घोड़े ही उठ सकते हैं*
*जैसे वे दिखते ही तब हैं*
*जब वे दौड़ते हैं*

*समुद्र उठ रहा था चाँद की ओर*
*मैं बिलकुल पास ही खड़ा था*
*एक ऐसा अकेलापन एक ऐसा तनाव*
*रोने की भी इच्छा हुई*
*लेकिन रुलाई फूटी नहीं*

जितने भी वाद्य हैं संगीत के—जलतरंग, सरोद, वीणा, सितार, बाँसुरी, शहनाई—इतनी गहराई तक जाकर हमें क्यों छूते हैं; क्योंकि वे हमारे भीतर संगीत के तत्त्वों को पुनर्गठित करते हैं, जो आधुनिकता की आपाधापी में हमने खो दिया, उस आत्म-तत्त्व से हमारा पुनर्मिलन कराते हैं। इस सभ्यता ने क्या दिया हमें : युद्ध सबसे ज़्यादा दिया, प्रेम सबसे कम।

पन्नालाल घोष या हरिप्रसाद चौरसिया जब बाँसुरी टेरते हैं, तो हमारे भीतर क्या जगता है—वही काल जगता है, जब हम जंगल में गड़रिए थे—सबसे अच्छे बाँसुरी-वादक तो वही रहे होंगे।

बारिश के बिना हमारा जीवन नहीं चल सकता—मेघ मल्हार उसी से निकला। महज़ अपने से कोई संगीत के 'नोटेशंस' नहीं बना सकता। प्रकृति बहुत समृद्ध है, लेकिन हम उसका विनाश कर रहे हैं, उसे मार देना चाहते हैं। हमें न हाथी प्रिय हैं, न हिरन, न पक्षी। न जंगल प्रिय हैं, न नदियाँ।

विनाशकारी ताक़तों को ज़मीन, सड़कें और दैत्याकार कारख़ाने चाहिए। वे हथियार और ग़ुलाम बनाते हैं, क्योंकि दोनों का एक-दूसरे से रिश्ता है। बुद्ध ने कोशिश की कि हम युद्ध को ख़त्म कर दें; मगर इन लोगों ने उन्हें किनारे कर दिया, संग्रहालय में बैठा दिया और बाहर हथियार बना रहे हैं।

हमें अच्छी कविता लिखने का बहुत कम वक़्त मिला। कहानी, उपन्यास, नाटक, सिनेमा, संगीत, नृत्य और अन्य कलाओं में जो दुनिया की बड़ी चीज़ें थीं और बड़े कलाकार थे, उन्हें हम कितना कम समय दे पाए, कितना कम जान सके! मनुष्य-द्रोही ताक़तों से लड़ने में लोग मरे। हमारा ज़्यादातर वक़्त या तो 'सर्वाइवल' की जद्दोजेहद में ख़त्म हुआ या आधिपत्य क़ायम करने में, शत्रुता में, दूसरों को ग़ुलाम बनाने में। राजा कहाँ से आए? इसी प्रवृत्ति से आए।

एक राजाओं की दुनिया थी, जिसके बरअक्स विद्वानों की दुनिया बनी, जिसने धीरे-धीरे राजाओं की दुनिया को तोड़ा। आधुनिक काल में सामन्तवाद के ख़िलाफ़

एक लम्बी लड़ाई लड़ी गई। विद्वानों से मेरा मतलब सभी स्वाधीनता संग्राम सेनानियों, क्रान्तिकारियों, वैज्ञानिकों, मनीषियों, साहित्यकारों और कलाकारों से है, जिन्होंने 'रिपब्लिक' का स्वप्न साकार किया।

दो विश्वयुद्धों के बाद भी वैमनस्य और हिंसा की वह आग अभी बुझी नहीं है। धरती को अपने फ़ायदे के लिए हम अनुर्वर बना रहे हैं। एक तरफ़ हथियारों की होड़ चल रही है, दूसरी ओर भयावह भुखमरी और बेरोज़गारी है। चारों ओर भयावह घटनाएँ हैं और एक अदृश्य कारागार, जिसमें हमारे बच्चे, स्त्रियाँ, बूढ़े, मज़दूर और किसान मर जाते हैं।

मैक्सिम गोर्की की 'माँ' पढ़ेंगे, तो पता लगेगा कि उस ज़माने में लोग कितना काम करते थे और कितना कम आराम मिलता था उन्हें। अब फिर वही ज़माना लाया जा रहा है। श्रमिकों के काम करने के घंटे बढ़ा दिए गए हैं, उन्हें जब चाहें, कॉर्पोरेट्स नौकरी से निकाल सकते हैं। 'हायर ऐंड फ़ायर' लागू है। विकल्प क्या है : या तो हम राजाओं के चारण बन जाएँ या स्वाधीनता सेनानियों के दिखाए रास्ते पर चलें!

मौजूदा निज़ाम में मुट्ठी-भर लोगों को सुख है, सुख भी कहाँ है, भोग है वह। सुख तो तब होगा न, जब आपके भीतर ज्ञान का प्रकाश आएगा; लेकिन हमारी शिक्षा 'कंस्यूमर' बना रही है, क्रान्तिकारी नहीं। आपको नौकरी मिल जाएगी और इसलिए कि आप कॉर्पोरेट घरानों का मुनाफ़ा बढ़ाइए!"

## 22

आलोकधन्वा से मैंने पूछा : "आपकी कविता 'ब्रूनो की बेटियाँ' का एक अंश है :

*वह क्या था उनके होने में*
*जिसके चलते उन्हें ज़िन्दा जला दिया गया?*
*बीसवीं शताब्दी के आख़िरी वर्षों में*
*एक ऐसे देश के सामने*
*जहाँ संसद लगती है?*

इसमें संसदीय लोकतंत्र से मोहभंग के बावजूद एक क़िस्म का यक़ीन या इसरार भी है कि जहाँ संसद लगती हो, वहाँ मज़दूर स्त्रियों को ज़िन्दा जलाने की बर्बरता नहीं होनी चाहिए?"

बोले : "यह सिर्फ़ हम पर निर्भर नहीं करता कि हम अहिंसा के रास्ते पर चलें, यह सबसे ज़्यादा निर्भर करता है शासक-वर्ग पर। हिंसा तो राज्य की चीज़ है, वह बग़ैर हिंसा के शासन नहीं कर सकता। 1904 में रूस में एक पादरी कहता था : 'हम हस्ताक्षर अभियान चलाएँगे', लेकिन ज़ार की सेना ने ताबड़तोड़ गोलियाँ चलाकर उसकी हत्या की।

अर्नेस्ट हेमिंग्वे के उपन्यास 'ए फ़ेयरवेल टु आर्म्स' में भयावह ख़ून-ख़राबे के बीच एक लड़की कहती है : 'यह जो हो रहा है, ग़लत है। संवाद होना चाहिए।' आधिपत्य की लड़ाई में हम क्यों शामिल होंगे, हम तो सामान्य मानवीय जीवन से प्रेम करते हैं न! बदलाव सामूहिक सक्रियता से ही आ सकता है। बिहार नरसंहार पर मैंने 'ब्रूनो की बेटियाँ' लिखी, जिस पर भारतीय कम्युनिस्ट पार्टी (माले) के महासचिव विनोद मिश्र ने किताब लिखी। उन्होंने सत्ता से भूमिगत संघर्ष के बजाय संसदीय लोकतंत्र का रास्ता अपनाया। यह तो तय मानिए कि लड़ना ग़लत है, युद्ध मानव-द्रोही है। हमें इसके लिए लड़ना चाहिए कि हम संसदीय लोकतंत्र को सच्चे अर्थों में कैसे क़ायम करें?

यह दुनिया बहुत तरह की यातनाओं से भरी है, दुखान्त हमारा पीछा नहीं छोड़ते। बुद्ध ने ठीक कहा है कि अन्ततः यह दुख की जगह है। सुख तो बहुत थोड़े-से हैं और वे भी किस तरह हासिल होते हैं! आदमी लगातार आदमी का ख़ून बहाता है। जब से होश सँभाला, तब से सीमा पर फ़ौज देखी—यह किसका कारोबार है? यह कैसा लोकतंत्र है, जिसके अन्दर अभी भी इतना भय है? आग का आविष्कार जब हुआ, न्याय की लड़ाई तब से चल रही है—हमारे इतने लम्बे जीवन से आख़िर कैसे मूल्य पैदा हुए? निकानोर पार्रा अपनी एक कविता में युवा कवियों को इसी सचाई से आगाह करते हैं :

*पुल के नीचे बहुत सारा रक्त*
*बह चुका है*
*सिर्फ़ यह साबित करता हुआ*
*कि एक ही रास्ता सही है*

मैं अपने बांग्ला कवि-मित्र विद्युत पाल से कहता था कि एक ही रास्ते को सच मानने का मतलब यह नहीं कि हमने एक ही रास्ते पर अपना सब कुछ निछावर किया, बल्कि यह है कि एक ही रास्ते को सच मानने के कारण इतना ख़ून बहा है। मेरा मानना है कि मानव-मुक्ति का जो स्वप्न है, उसका रास्ता लोकतांत्रिक होना चाहिए। मैं कोई लोकप्रियतावादी कवि नहीं हूँ, किसी तरह की लोकप्रियता की चाहत में कविता नहीं लिखता, बल्कि अपनी वेदना के बारे में दूसरों से संवाद करना चाहता हूँ।

...और यह दुनिया भी क्या है : एक 'अल्टीमेट पार्लियामेंट' है। फ़ैज़ अहमद फ़ैज़ इसे दरबार-ए-वतन कहते और अवाम के आन्दोलन से ही परिवर्तन की उम्मीद करते हैं :

*दरबार-ए-वतन में जब इक दिन सब जाने वाले जाएँगे*
*कुछ अपनी सज़ा को पहुँचेंगे, कुछ अपनी जज़ा[1] ले जाएँगे*

*ऐ ख़ाकनशीनो[2] उठ बैठो, वो वक़्त क़रीब आ पहुँचा है*
*जब तख़्त गिराए जाएँगे, जब ताज उछाले जाएँगे"*

## 23

आलोकधन्वा से मैंने पूछा : "आपकी कविता 'गोली दागो पोस्टर' में पंक्तियाँ हैं :

*यहाँ सिर्फ़ दाँत और पेट हैं*
*मिट्टी में धँसे हुए हाथ हैं*
*आदमी कहीं नहीं है*
*केवल एक नीला खोखल है*
*जो केवल अनाज माँगता रहता है—*
*एक मूसलाधार बारिश से*
*दूसरी मूसलाधार बारिश तक*

---

1. प्रतिकार, बदला, प्रत्युपकार। 2. दीन, दुखी, लाचार।

ऐसा लगता है कि इनके नेपथ्य में एक 'नैरेटिव' है—क्या उसके बारे में बताना चाहेंगे?"

बोले : "बिहार में जब बाढ़ आती है और वह हर साल आती है, तो हज़ारों गाँवों को डुबो देती है, पुलों को उखाड़ फेंकती है, खेतों की मेड़ें तोड़ देती है, उनकी मिट्टी उठाकर कहीं और ले जाती है, फिर बीज रोपने के लिए मिट्टी कहाँ से लाएँ? जो फ़सलें हमने उपजाई होती हैं, पूरी तरह बरबाद हो जाती हैं। डेढ़-दो महीनों तक इतना पानी भरा रहता है कि जानवरों को खिलाने के लिए कुछ नहीं रह जाता। घास भी पानी में डूबी हुई रहती है। जानवर भी भूखे रहेंगे और हम भी भूखे रहेंगे।

किसानों की जिन तकलीफ़ों के बारे में रेणु, नागार्जुन, रामवृक्ष बेनीपुरी और दिनकर ने लिखा; वे अभी भी मौजूद हैं। हमारे बच्चों की मौत और स्त्रियों की दुर्दशा से सरकारों को कुछ लेना-देना नहीं। हमने फिरंगियों का ज़माना नहीं देखा, लेकिन जो सुना, उसके पैमाने से सरकारें उतनी ही काहिल हैं। बर्टोल्ट ब्रेष्ट की कविता-पंक्तियाँ याद आती हैं :

*सचमुच मैं अँधेरे युग में जीता हूँ!...*
*जिस इनसान के माथे पर शिकन नहीं*
*ज़रूर वह पत्थरदिल है। कोई आदमी हँसता है तो*
*जान लो कि उस तक अभी पहुँची नहीं है*
*बुरी ख़बर।*

इस हाल से हमें आज़ाद करवाने के लिए लाखों लोग शहीद हुए, मगर जो भूख है—शरीर की और दिमाग़ की भी—मिटती नहीं है। हम उस आज़ादी को बहुत कम जान पाए, जिसमें मनुष्य और मनुष्य के बीच बराबरी का रिश्ता हो। सरकार को कोई परवाह नहीं है उसकी। वह हर चीज़ को निजी करना चाहती है—रेलवे, बैंकिंग, डाक, संचार, सब कुछ—इसके पीछे सिर्फ़ मुनाफ़ाख़ोरी है। सरकार अपने ख़ज़ाने भर रही, लेकिन हमें हर तरह से दरिद्र और कातर बना रही है। भारतेन्दु हरिश्चन्द्र ने यह सवाल उठाया था कि जो पैसा है, वह कहाँ जा रहा है? आप उसे शिक्षा और स्वास्थ्य के सेक्टर में क्यों नहीं लगाते? बच्चों के लिए क्यों इतने मार्मिक शब्द लिखने पड़े दिनकर को :

*'दूध-दूध!' ओ वत्स! मन्दिरों में बहरे पाषाण यहाँ हैं,*
*'दूध-दूध!' तारे, बोलो, इन बच्चों के भगवान् कहाँ हैं?*

मुझसे लोग कहते हैं : "आप कम कविता क्यों लिखते हैं?" मैं लिखना चाहता हूँ, जैसे जीवनानन्द दास ने 'सोनाली चील' पर कविता लिखी—सफ़ेद और सोने का रंग मिला हुआ है चील का।"

मैंने अचरज ज़ाहिर किया : "कितना ख़ूबसूरत और दुर्लभ बिम्ब है!"

आलोक जी ख़ुश होते हैं : "यह जो कायनात है, इस पर हमेशा लिखने की इच्छा होती है, मगर मैं तो हमेशा जद्दोजेहद में पड़ा रहा—'वी आर ऑलवेज़ फ़ेसिंग सब-ह्यूमन ट्रीटमेंट।' हमें मनुष्य का दरजा कहाँ प्राप्त हुआ है, आज़ादी के पचहत्तर वर्ष बाद भी? अस्पताल कम-से-कम हैं और जो हैं भी, वह सिर्फ़ ढाँचा है। बूढ़े, बच्चे और स्त्रियाँ सबसे ज़्यादा मरते हैं हमारे यहाँ। क्या मतलब है इस पढ़ाई का? पूछिए उनसे, जो लोग अपने को बहुत क़ाबिल समझते हैं। ज़िन्दगी के ऐसे हालात में याद आते हैं तुलसीदास :

*कठिन भूमि कोमल पद गामी। कवन हेतु बिचरहु बन स्वामी॥*
*मृदुल मनोहर सुन्दर गाता। सहत दुसह बन आतप बाता॥*

आप भी आश्चर्य करते होंगे कि आलोकधन्वा जब बहुत फँस जाते हैं, तो सूर और तुलसी के पास जाते हैं। दरअसल, एक बहुत गहरा नाटक है रामायण और महाभारत में। धर्मग्रन्थों से अगर कोई बाँटने वाली बातें निकालता है, तो वे उन्हें समझना नहीं चाहते। 'वसुधैव कुटुम्बकम्' वाले आदर्श से उन लोगों का कोई रिश्ता नहीं। धर्म और साम्प्रदायिकता के बीच ज़मीन-आसमान का अन्तर है। वे धर्म को जानते नहीं। कबीर जानते थे उसे, सूरदास, रैदास और मीरां जानते थे। आधुनिक काल में गांधी, नेहरू, प्रेमचन्द और हजारीप्रसाद द्विवेदी ने जाना उसे।

नेहरू और प्रेमचन्द ईश्वर को नहीं मानते थे, लोक के अलावा किसी दूसरी ताक़त को और पुनर्जन्म को नहीं मानते थे। हम भी यही मानते हैं कि यह सब एक धोखा है। जो मेहनतकश जनता है, अपने हाड़ तोड़ती है, उसे मन्दिरों-मस्जिदों-चर्चों में बुलाकर वे ठगते हैं, बरगलाते हैं।

सोवियत संघ एक कोशिश थी कि लोगों को इस धोखे के बजाय ब्रेड मिले, अच्छे स्कूल और विश्वविद्यालय मिलें, सुन्दर हो यह दुनिया। दुनिया के जो 'रिपब्लिक्स' हैं, उन्हें यह भरोसा था कि सोवियत संघ अकाल और हमलों में हमारी मदद करेगा। संसदीय लोकतंत्र को बचाए रखने की भी ताक़त थी

उसमें। प्रयोग किए गए। अगर आप प्रयोग नहीं करेंगे, सिर्फ़ कविता लिखेंगे—तो नरक से कैसे मुक्त होंगे? मुक्तिबोध व्यथित थे इन सब बातों से। सोवियत संघ से जिन लोगों का माथा गरम हो जाता है, उनका माथा मुक्तिबोध की कविता से भी गरम हो जाएगा। रही बात बल-प्रयोग की, तो हमारे एक मित्र कहते हैं कि बोल्शेविक क्रान्ति में उतनी भी हिंसा नहीं हुई थी, जितनी हमारे यहाँ एक पंचायत चुनाव में होती है।

सोवियत संघ क्यों नहीं चला, यह सोचना चाहिए हमें, क्योंकि बड़े लेखक और कवि स्वप्न को लिखते हैं। स्वाधीनता की इच्छा ही सपनों को पैदा करती है, बाक़ी सारे सपने निरर्थक हैं। कितनी बड़ी ट्रेजेडी है कि आज़ादी के साथ विश्वासघात उन्हीं ने किया, जिन पर इसकी ज़िम्मेदारी थी। गोपाल सिंह नेपाली ने यह हक़ीक़त उसी दौर में पहचान ली थी :

*बदनाम रहे बटमार मगर, घर तो रखवालों ने लूटा*
*मेरी दुल्हन-सी रातों को, नौलाख सितारों ने लूटा"*

## 24

आलोकधन्वा ने कहा : "एक बार अपने भाषण में नामवर जी ने टी. एस. एलियट के हवाले से 'पोएट' और 'नॉन-पोएट' का सवाल उठाया। मैंने उनसे निवेदन किया : मैं सहमत नहीं हूँ इस विभाजन से और आप भी इसे मत मानिए! हम लोगों को 'जेनुइन' और 'इनजेनुइन' कवियों में फ़र्क़ करना चाहिए। जब आप किसी को 'नॉन-पोएट' कहते हैं, तब तो बात ही ख़त्म हो गई। फिर वह क्यों आएगा, कविता के दरवाज़े पर दस्तक देने?

'जेनुइन पोएट' मैं उसे कह रहा हूँ, जो आज अच्छा लिख रहा है, मगर कल वह गर्दिश में हो सकता है। अच्छाई का अनुपात तो रचनाओं में बदलता रहता है। इसलिए रूढ़ विभाजनों से भरसक बचते हुए आलोचक को इन्तिज़ार करना आना चाहिए। सच्चा आलोचक वही है, जो कवि के 'ग्रो' करने को लेकर धैर्य रख सके, उसे 'साइलेंट' तरीक़े से 'वाच' करे। अगर किसी विधा को बहुत आगे ले जाना है, तो हमें बेहतर 'टॉलरेंस' रखना होगा। 'कॉमर्शियल' रिश्ता

नहीं बनाना चाहिए, वह तो बाज़ार में होता है। कवि से रिश्ता 'डेलीकेट' रखना चाहिए। रचनाकार, आलोचक और पाठक अलग-अलग नहीं, 'क्रिएटिव एक्सचेंज' के ज़रिए मिलकर ही सक्षम बन सकते हैं।

एक मुल्क में कोई बड़ा कवि आता है, तो वह धीरे-धीरे 'ग्रो' करता है। किसी देश में एक बड़े कवि, लेखक, फ़िल्मकार, कलाकार या संगीतकार का आना एक बड़ी घटना है, क्योंकि वह हज़ारों लोगों की धड़कनों में चला जाता है—जो जीवन वे जी रहे हैं, उसमें एक चुनौती पैदा होती है। इसलिए मनुष्यता का सबसे बड़ा विकास है वह।

यह ख़याल रखिए कि चमन में हमेशा बहार नहीं आती। एक साल फूल नहीं खिला, दूसरे साल खिलेगा। अगर अकाल के चलते एक साल उपज नहीं हुई, तो क्या हम धरती को ही छोड़ देंगे? किसान का धैर्य देखिए—हमारे पुराने कवियों को देखिए—कितना धैर्य था उनमें, कितना कठिन जीवन जिया उन्होंने! जितने भी बड़े कवि हुए, उनका सम विकास नहीं हुआ, उसमें उतार-चढ़ाव आते रहे। हमेशा सफल तो वही कविता हो सकती है, जो साँचेबन्द होगी, कॉमर्शियल होगी।

ये बातें सबको मालूम हैं, लेकिन आज हम अपनी क्षमता के अनुसार गलियों में नहीं जा पा रहे हैं, बिखर गया है सब, ख़ौफ़ है एक—किस बात का ख़ौफ़ है? जब भी जन-आन्दोलन हुए, सत्ता ने ज़ुल्म ढाए, पाश और फ़ैज़ जैसे कवियों ने जेल में रहते हुए भी शाइरी की, जो सारे देशों में गई—कोई ऐसा रास्ता तो है कि मुश्किलों और पाबन्दियों के बावजूद आपकी कविता सारी दुनिया में जा सकती है।

हमारी तो क़ौम का नाम ही हिन्दी है—'हिन्दी हैं हम, वतन है हिन्दोस्ताँ हमारा।' इसलिए हिन्दी-उर्दू का बँटवारा मत कीजिए! मीर, ग़ालिब, फ़िराक़, फ़ैज़, मजाज़ और मख़्दूम जैसे शाइरों को कैसे 'सेलेब्रेट' करेंगे आप? जिसे आप हिन्दी कविता कहते हैं, उसमें भी मैथिलीशरण गुप्त, सियारामशरण गुप्त, माखनलाल चतुर्वेदी, दिनकर, बालकृष्ण शर्मा 'नवीन' और इनके साथ के रचनाकारों को आलोचना में वह स्थान नहीं दिया गया, जो ये 'डिज़र्व' करते थे।

मैं उन तथाकथित आधुनिक कवियों में नहीं हूँ, जो जानकीवल्लभ शास्त्री, अज्ञेय, गिरिजा कुमार माथुर, भवानी प्रसाद मिश्र, बच्चन, धर्मवीर भारती, शिवमंगल

सिंह 'सुमन', ठाकुर प्रसाद सिंह, दुष्यन्त कुमार, नीरज, गोपाल सिंह नेपाली, गोरख पाण्डेय, अदम गोंडवी जैसे कवियों को हिन्दी कविता की मुख्यधारा से बाहर रखना चाहते हैं। सत्तर करोड़ हिन्दी बोलने वालों का काम क्या सिर्फ़ चार-पाँच कवियों से चलेगा?"

मैंने पूछा : "मगर जिन कवियों का नाम आपने लिया, ये तो काफ़ी मशहूर रहे हैं। उपेक्षा कैसी?"

आलोक जी बोले : "हमारे यहाँ कुछ अवाँगार्द लोग हैं, जो प्रेमचन्द को भी नहीं मानते, जबकि वर्ल्ड क्लासिक्स में आएँगे वह। बीते चालीस-पचास सालों में एक ऐसी अराजकता आई है कि आप अपनी परम्परा के प्रमुख कवियों को भी भूलना चाहते हैं, जैसे कि जयशंकर प्रसाद को ही।

एक ऐसा गुट आया हिन्दी में, जो अपनी समझ को ही सर्वोपरि मानने लगा। यह नहीं होना चाहिए था। आपका फ़र्ज़ तो यह था कि जिन्होंने किसी भी रूप में कविता को समृद्ध किया है, थोड़ी-सी भी अच्छी कविता लिखी है, उसे आगे बढ़ाया है, उन्हें भी आप शामिल करते, हिन्दी के पाठक-संसार को विस्तार देते। दुष्यन्त कुमार, गोरख पाण्डेय, अदम गोंडवी जैसे कवियों ने सत्ता का ज़बरदस्त प्रतिकार किया और उन्हें पढ़कर एक बड़े समुदाय में नयी संवेदना आई। उनको कोई दरजा न देकर आप हिन्दी को कहाँ ले जाना चाहते हैं?

यह उदारता होनी चाहिए कि अगर हममें वैचारिक मतभेद भी हैं, तो हम साझा मुद्दों को 'एक्सप्लोर' करें और फ़ासीवाद के ख़िलाफ़ एक व्यापक मोर्चा बनाएँ। पुरानी बातों का पिटारा न खोलें, एक-दूसरे की भर्त्सना न करें, बल्कि जो हमारा मुख्य दुश्मन है, उसके विरुद्ध गोलबन्द हों। इतिहास में जब भी ऐसे दौर आए, जब सत्ता हमें कुचलना चाहती है; तो अपने तात्कालिक 'रिज़र्वेशंस' को 'ड्रॉप' करके अच्छे, प्रतिभाशाली और बड़े कवि-लेखक एकजुट होते हैं।

सबकी कविताएँ सबको पसन्द नहीं होतीं। अच्छी कविता के आप कुछ 'नॉर्म्स' बनाएँगे और अपने विरोधियों का नाम नहीं लेंगे। पसन्द या नापसन्द करना आपका अधिकार है, लेकिन कविता के इतिहास से किसी को बाहर करने का अधिकार आपको नहीं है।

किसी की इजाज़त से कोई कवि दुनिया में नहीं आता और जो लोग किसी कवि की उपेक्षा करते हैं, उन्हें गम्भीरता से सोचना चाहिए कि हिन्दी काव्य-

संसार को वे कैसे समृद्ध करेंगे—कितनी तरह के कवियों और कविताओं से?

साहित्य के लोकतंत्र में आलोचना का अधिकार सभी को है, मगर आलोचना संसदीय चीज़ है। उसकी एक ज़बान और तहज़ीब है। किसी कवि के बारे में इस लहजे में बात नहीं हो सकती : 'बेकार है, फ़ालतू है, यह कौन आदमी है, हटाओ इसको!' वजह यह है कि 'इफ़ यू क्रॉस द पार्लियामेंट्री लिमिट, यू विल बी रिडिक्युलस।'

हमारे लिए सफलता-असफलता क्या है? हमारा आदर्श तो फ़ैज़ अहमद फ़ैज़ की मशहूर नज़्म *'हम जो तारीक राहों पे मारे गए'* के ये अल्फ़ाज़ रहे :

*जब घुली तेरी राहों में शाम-ए-सितम*
*हम चले आए लाए जहाँ तक क़दम*
*लब पे हर्फ़-ए-ग़ज़ल, दिल में क़ंदील-ए-ग़म*
*अपना ग़म था गवाही तिरे हुस्न की*
*देख क़ायम रहे इस गवाही पे हम*
*हम जो तारीक[1] राहों पे मारे गए*

*ना-रसाई[2] अगर अपनी तक़दीर थी*
*तेरी उल्फ़त[3] तो अपनी ही तदबीर[4] थी*
*किसको शिकवा है गर शौक़[5] के सिलसिले*
*हिज्र की क़त्लगाहों से सब जा मिले"*

## 25

आलोकधन्वा से मैंने पूछा : "भारत में इस समय सबसे बड़ी समस्या आपको क्या लगती है?"

बोले : "वही, जो मैंने वर्षों पहले हैदराबाद में एक खुली चाँदनी रात में महात्मा गांधी के पौत्र एवं विचारक राजमोहन गांधी, अंग्रेज़ी कवि अरविन्द

1. अन्धकारमय, अँधियारी। 2. विफलता। 3. प्यार, मुहब्बत। 4. उपाय, कोशिश। 5. अभिलाषा, उत्कंठा, लगन।

कृष्ण मेहरोत्रा और हिन्दी कवि वेणुगोपाल के साथ टहलते हुए कही थी कि जनता आपके साथ नहीं है, तो आप कोई बड़ा परिवर्तन नहीं कर सकते। करेंगे, तो वह तात्कालिक होगा। ज्योति बसु इतने वर्ष बंगाल के मुख्यमंत्री रहे, तो इसलिए कि जनता मानती थी, वह हमारे सुख-दुख के साथी हैं। जिस किसी विचारधारा के जो भी हेडक्वार्टर्स हैं, वे अगर 'मोनोपॉली' (एकाधिपत्य) लाते हैं—बहुमत की भी 'मोनोपॉली' होती है—तो वह एक ऐसी चीज़ है कि ख़तरनाक है मनुष्य के लिए। फिर तो वही हो गया कि जहाँ से हम चले थे, वहीं पहुँच गए—क़बीलाई, मध्ययुगीन या सामन्ती बर्बरता के समय में।

'मोनोपॉली' हमारे लोकतांत्रिक अधिकारों का हनन है। वह ऐसी जगह हमें खड़ा करेगी, जहाँ हम सहज मानवीय जीवन नहीं जी सकते, वह हमें ऐसी जगह ले जाकर फेंकेगी, जहाँ हम घास भी नहीं उगा सकते। वह रेगिस्तान में फेंकेगी, जेल में डाल देगी, ज़ंजीरों से जकड़ेगी, साइबेरिया भेजेगी, जहाँ चाहेगी, 'एनकाउंटर' में मारेगी—आप कितना भी कहें कि हम एक आज़ाद देश के नागरिक हैं, लेकिन वह आपसे अठारह घंटे काम करवाएगी, आपस में लड़वाएगी, नफ़रत और क्रूरता फैलाएगी—उसे नफ़रत और हिंसा ही सबसे प्रिय है—जनवादी ताक़तों को छिन्न-भिन्न करेगी, मनुष्य के हृदय की संवेदनशीलता और मस्तिष्क की कल्पनाशीलता को कुचल देगी। आपको वह कीचड़, बाढ़, अकाल और महामारी के बीच ही रखेगी।

मैं नहीं मानता कि कोरोना वायरस जैसी चीज़ें अपने आप पैदा होती हैं। ये महामारियाँ पर्यावरण के विनाश, आबादी के विस्फोट और विश्व बाज़ारों की शत्रुता का नतीजा हैं। जेलों में भयावह यातनाएँ दी गईं और आज भी दी जा रही हैं। बुद्ध और तोल्स्तोय क्या कह सकते थे किसी के लिए कि इन्हें 'हैंग' कर दो! बुद्ध तो नहीं चाहते थे कि किसी का नाख़ून भी उखड़े, लेकिन सिनेमा में आप देखते हैं कि वे किस-किस तरह से हमें मारना चाहते हैं। 'स्पेस' घट रहा है और जो नैसर्गिक सुन्दरता है, वह सामने नहीं आ पा रही। कभी हमारा एक ही स्वप्न था समाजवाद और हम सोचते थे कि मुठभेड़ के लिए हमारे पास एक स्थायी शक्ति है। अब हाल यह है कि हम खोते जा रहे हैं उस दुनिया को, जिसे हमने चाहा था।"

मैंने सवाल किया : "आपकी निगाह में सोवियत संघ के टूटने की क्या वजह रही?"

आलोक जी कहते हैं : “मेरी समझ से सत्ता और आम जनता के बीच प्रगाढ़ सकारात्मक सम्बन्ध नहीं रह गए थे, लोगों के दूसरे देशों में आने-जाने और अभिव्यक्ति की आज़ादी पर प्रतिबन्ध लगाए गए और जिन उद्देश्यों से सोवियत संघ बना, उनकी पूर्ति नहीं हो पा रही थी।”

मेरा प्रश्न : “कुछ लोग इल्ज़ाम लगाते हैं कि स्टालिन की तानाशाही से इस सबकी शुरुआत हुई थी?”

उनका जवाब है : “यह बिलकुल ग़लत बात है। जो लोग स्टालिन का चरित्र-हनन करते रहते हैं, वे दुनिया-भर की सारी पूँजीवादी, साम्प्रदायिक और ‘फ़ंडामेंटलिस्ट’ शक्तियाँ, युद्ध उद्योग से जुड़े हुए लोग, अन्तरराष्ट्रीय अपराधी, आतंकवादी, पूँजीवादी अख़बार और चैनल्स हैं। इनके अलावा मध्यवर्गीय सुख-सुविधा में जीने वाले वे लोग हैं, जिन्हें सोवियत संघ से कोई लगाव नहीं था। भारतीय समाजवादी धारा के लोग भी आरोप मढ़ते थे कि स्टालिन ने चालीस हज़ार लोगों को मरवा दिया। मैं उनसे पूछता था कि आप कोई आँकड़ा और सबूत देंगे या बेबुनियाद इल्ज़ाम ही लगाते रहेंगे? इन सबको स्टालिन से सबसे ज़्यादा तकलीफ़ है, क्योंकि दूसरे विश्वयुद्ध के दौरान उनके ही नेतृत्व में लाल सेना ने फ़ासीवादियों को खदेड़ा और पराजित किया था। यह अमेरिका की ‘मोनोपॉली’ का समर्थन है।

स्टालिन तानाशाह नहीं, सख़्त ज़रूर थे और यह लाज़िम था, क्योंकि वह तमाम प्रतिक्रियावादी, ‘फ़ंडामेंटलिस्ट’ ताक़तों और ‘व्हाइट गार्ड्स’ से घिरे थे, जो किसानों की फ़सलें जला देते। आप मशहूर अमेरिकी पत्रकार अन्ना लुईस स्ट्रॉन्ग की किताब ‘द स्टालिन एरा’ पढ़िए, तो मालूम होगा कि उनके नेतृत्व में स्त्री-पुरुष मिलकर फ़ासीवादी ताक़तों के ख़िलाफ़ लड़े और सोवियत संघ में बहुत बड़े पैमाने पर ‘कोऑपरेटिव फ़ार्मिंग’ हुई।

हमें तो आभारी होना चाहिए कि आज़ादी के बाद आधुनिक भारत के शिल्पी जवाहरलाल नेहरू ने सोवियत संघ की मदद से पब्लिक सेक्टर को खड़ा किया और उसने सच्चे दोस्त की तरह साथ दिया; इसलिए नहीं कि यहाँ की सम्पदा लूटे, जो आजकल विकास के नाम पर मल्टीनेशनल कम्पनियाँ कर रही हैं।

विचारों की उदात्तता और मानववादी दृष्टिकोण के सन्दर्भ में भी भारत की तुलना सबसे ज़्यादा रूस से ही हो सकती है; क्योंकि ये चीज़ें हमारे चिन्तकों, दार्शनिकों,

कवि-लेखकों और इतिहासकारों ने एक गहरी गुलामी के बावजूद मार्क्सवाद के आगमन के पहले ही अर्जित कर ली थीं। हमारे यहाँ बुद्ध, कबीर, पेरियार, ज्योतिबा फुले, फ़ातिमा शेख़ और आम्बेडकर जैसे व्यक्तित्व हुए। इसी तरह रूस में मार्क्सवादी क्रान्ति के पहले पुश्किन, तोल्स्तोय, गोगोल, दोस्तोयेव्स्की, चेखव, गोर्की, तुर्गनेव, कोरोलेंको जैसे बड़े कवि-लेखक आ चुके थे।

बुद्ध और मार्क्स में करुणा की समानता है। मार्क्स में करुणा नहीं होती, तो सबसे शोषित और प्रताड़ित वर्गों के बारे में सोच नहीं पाते। उनके वैज्ञानिक चिन्तन और उससे वाबस्ता जन-आन्दोलनों में ज़िन्दगी के पचास साल लगा देने के बाद हम अब भी यही मानते हैं कि आत्मरक्षा में ही ख़ून बहाएँगे, उस रास्ते को 'एडॉप्ट' नहीं करेंगे।"

मैंने कहा : "आपकी बातों के समर्थन में साहिर लुधियानवी की एक नज़्म का यह हिस्सा याद आता है :

*जंग तो ख़ुद ही एक मसअला है*
*जंग क्या मसअलों का हल देगी*
*आग और ख़ून आज बख़्शेगी*
*भूक और एहतियाज[1] कल देगी*

*इसलिए ऐ शरीफ़ इनसानो*
*जंग टलती रहे तो बेहतर है*
*आप और हम सभी के आँगन में*
*शम्अ' जलती रहे तो बेहतर है।"*

आलोक जी का उत्तर है : "तानाशाही जब भी आएगी, युद्ध को अवश्यम्भावी बनाएगी। युद्ध पूँजीवाद की ख़ुराक है। 'वार इंडस्ट्री' से पूँजीपतियों को सबसे ज़्यादा मुनाफ़ा होता है, मगर युद्ध आता है, तो क्या करता है? वह हमारे जीवन को निरर्थक बनाता है। बर्टोल्ट ब्रेष्ट ने फ़ासीवादी हिंसा को बहुत क़रीब से देखा, इसलिए दो-दो विश्वयुद्धों का संताप उनके ज़ेहन में था। एक कविता है उनकी, जो बड़ी रचना है, क्योंकि उसमें वह अपना सारा 'कंसर्न', दर्द और करुणा थोड़े-से शब्दों में बयान कर देते हैं :

1. कंगाली, मोहताजी।

**देवदार**

*सुबह-सुबह*
*ताम्बई रंग के हैं देवदार*
*जैसे कि मैं उन्हें देख रहा होऊँ*
*आधी सदी पहले*
*दो विश्वयुद्धों के पहले*
*नौजवान आँखों से।"*

## 26

आलोकधन्वा से मैंने पूछा : "आपकी नज़र में सृजन का रास्ता क्या है? कोई किस तरह गहन और प्रभावशाली रचना में समर्थ होता है?"

बोले : "साहित्य के पास मैं हमेशा जाता रहा, इसलिए नहीं कि विद्वान हूँ, इसलिए कि मुझमें ज्ञान-पिपासा है। अगर आप एक गहरी प्यास लेकर पानी पीने जाते हैं, तो वह मीठा लगेगा आपको। अगर प्यास नहीं है, ऐसे ही पानी पी लेते हैं, तो 'सरप्लस' का स्वाद होगा। अमरूद की महक से विचलित होकर खाएँगे, तो दुर्लभ मिठास महसूस होगी। आप जब पूरी चेतना और बेचैनी के साथ अपना हिस्सा लेते हैं, तो उसमें सुख मिलता है; लेकिन बेगार करवाने, लालच से पैसा जुटाने में अय्याशी है।"

मैंने सवाल किया : "सरप्लस का स्वाद कैसा होता है?"

आलोक जी कहते हैं : "बेकार होगा वह और आपके 'सिस्टम' को भी ख़राब कर देगा। रचना के लिए पहले आपको वस्तु की सत्ता को जानना होगा—रूप-रस-गन्ध-स्पर्श को जानना होगा पहले। सिर्फ़ पढ़ाई से तो आप नहीं जान जाइएगा! साहित्यिक सृजन एक ऐसी जगह है, जहाँ अनुभव के बिना ज्ञान हासिल नहीं किया जा सकता। ज्ञान आसमान से नहीं टपकता, बल्कि 'कॉग्निशन', यानी अनुभूति की प्रक्रिया से आता है।

प्रेमचन्द का साहित्य इतना आगे गया, तो उसके पीछे उनका यथार्थ-बोध

है, 'क्रिटिकल रियलिज़्म' है। जैसा था, वैसा लिख दिया—मैं नहीं मानता इसे—बल्कि जितने अन्तर्विरोध थे तत्कालीन समाज के, उनको दिखा दिया उन्होंने और यह कि जो हमारा तंत्र है, वह आदमी के भीतर की आत्मा को भी कुचल देने वाला है। प्रेमचन्द ने सबसे पहले 'सामाजिक न्याय' का उपन्यास सम्भव किया।

एक बार विद्यानिवास मिश्र आए थे हमारे शहर पटना में, तो किसी ने पूछा : 'कैसे आदमी हैं?' मैंने कहा : 'विद्वान हैं, ज्ञानी आदमी हैं, लेकिन ज्ञान की परख इस बात से होती है कि आप किन ताक़तों का साथ देते हैं!' मुक्तिबोध इसीलिए पूछते थे : 'पार्टनर, तुम्हारी पॉलिटिक्स क्या है?'

'कैपिटलिज़्म' के बरअक्स हम लोगों के बीच सबसे बड़ी बहस यह रही है कि सच के लिए, अच्छे इनसान के लिए, किसान, मज़दूर या ज्ञानी मनुष्य की आत्मा को बचाने के लिए आप कितना उत्सर्ग कर सकते हैं? यही 'रेशनलिटी' है। तभी तोल्स्तोय को भी लड़ने के लिए युद्ध में जाना पड़ा था।

एक बार वोल्गा के किनारे अभियान में किसी ने सलाह दी : 'जनता को साक्षर करो, तब वह क्रान्ति करेगी।' लेनिन हँसे, बोले : 'जो अठारह घंटे काम कर रहा है, वह नहीं जानेगा कि थकान क्या होती है, तकलीफ़ क्या होती है? जब वे उत्पादन के यंत्र चलाना जानते हैं, तो और कौन-सी साक्षरता आपको चाहिए?'

ज्ञान सिर्फ़ किताबें पढ़ने से नहीं आता, बल्कि वह एक सामाजिक और सहकारी प्रक्रिया की चरम परिणति है। आप पढ़ते हैं, लिखते हैं, मगर 'फ़ील्ड' में जाए बग़ैर कोई सिद्धान्त नहीं समझ सकते! पूरी दुनिया में जितने बड़े चिन्तक-लेखक और दार्शनिक हुए, उनमें कहीं-कहीं अहंकारी दिखते हैं, लेकिन जनता ने उनसे कुर्सी छीन ली। जनता के सामने किसी का अहंकार नहीं चलता।

रूस में त्रात्स्की के समूह का मानना था कि हमें वर्ग-संघर्ष का बहुत इन्तज़ार नहीं करना चाहिए; जबकि लेनिन का कहना था कि संघर्ष से ही सर्वहारा वर्ग शिक्षित होते हैं और उनमें एक नए मनुष्य का जन्म होता है।

एक बार लेनिन नाविकों की विशाल जनसभा को सम्बोधित करने जा रहे थे। स्टालिन ने चुपके-से उनके ड्राइवर को रिवॉल्वर दे दिया। जब वह गाड़ी से उतरकर मंच की ओर जाने लगे, तो त्रात्स्की की समर्थक एक लड़की ने उन पर गोली चला दी, जो उनके कन्धे में लगी। तब ड्राइवर ने रिवॉल्वर से

मुक़ाबला न किया होता, तो लेनिन उसी दिन मारे जाते। वह बचा लिये गए, उनका इलाज हुआ; मगर उसके बाद बहुत स्वस्थ तो वह नहीं रह पाए। पूरी तरह ज़ख़्म सूखा नहीं।

लेनिन ऐसे कॉमरेड थे कि मायकोव्स्की जैसे बड़े कवि ने उनके बारे में लिखा है : 'ही वाज़ ऐज़ सिम्पल ऐज़ ट्रुथ।' (वह सच की तरह सादा थे।) लोग इल्ज़ाम लगाते हैं कि स्टालिन ने चालीस हज़ार लोगों को मरवा दिया; लेकिन सवाल है कि लेनिन के जीवन से जिस आदमी को इतना प्रेम था, वह क्यों आख़िर इतने लोगों को 'शूट' करवा देगा?"

मैंने विषय बदला : "मायकोव्स्की की कौन-सी कविता आपको सबसे ज़्यादा पसन्द है?"

आलोक जी जवाब देते हैं : "एक अकेले आदमी के बारे में उन्होंने जो लिखा है, बेहद 'सेंसिटिव' है। अकेले आदमी की आवाज़ कौन सुनेगा? उसके गिरने की आवाज़ तो सुई के गिरने की आवाज़ से भी कम होती है। उसके गिरने की आवाज़ सिर्फ़ उसकी पत्नी सुनेगी और वह भी तब, जब वह कोई सौदा लेने बाज़ार न गई हो।

एक और कविता उनकी याद आती है, जिसमें वह कहते हैं :

*मैं तुम्हें प्यार करता हूँ*
*जैसे घायल सैनिक*
*अपनी बची हुई एक टाँग को प्यार करता है।"*

## 27

आलोकधन्वा जब अपने बचपन में जाते हैं, तो उनका बयान इतना कोमल, संवेदनशील और सुन्दर होता है कि गोया आप भी उस दौर को जीने लगते हैं : "आज ठंड काफ़ी है। धूप खिली है, पर उसका कोई असर नहीं होता है। बच्चे—कितनी भी ठंड हो, बदली छायी हो, माँ कितना भी रोके—ऐसा रास्ता तैयार कर लेते हैं कि माँ की हिदायतों के पार चले जाएँ। मैं भी ऐसा करता

था, लेकिन मेरी माँ इतनी सहृदय थी कि डाँटती नहीं थी। वह इतना ही कहती : 'अरे, ठीक से कपड़े पहन लेते!' गुनगुने पानी से बदन पोंछती और मुँह धो देती। किसी को बोलती : 'इसके बाल सँवार दो!' वह मुझे काजल नहीं लगाती, कहती थी : 'लड़कियाँ काजल लगाएँगी, लड़का क्या काजल लगाएगा!'

माँ मेरे बाल नहीं काटने देती थी। इसी वजह से लम्बे बाल रखने का मुझे शौक़ पड़ा। देवघर में मेरा मुंडन हुआ था। माँ ने कहा : 'यह हमारा सबसे दुलारा बच्चा है। ये सिर हिला देगा, तो इसको ख़ून आ जाएगा। इसलिए उस्तरा नहीं चलेगा। यह धर्म-वर्म अपने पास रखो! थोड़े-से बाल काट लो, जहाँ चढ़ाना हो, चढ़ा दो!' वह मुझे बारह साल की उम्र तक एक बड़ी चारपाई पर अपने साथ सुलाती थी। बाबूजी नाराज़ होते : 'यह क्या बाल बढ़ाए रहता है? यह बेकार हो जाएगा, पढ़ता कम है, तुम्हारे प्रेम में ज़्यादा घूमता है।' माँ जवाब देती : 'पढ़ता नहीं है, तो क्या हुआ? किसी का नुक़सान तो नहीं कर रहा है।'

मुंगेर ज़िले में मेरे गाँव बेलबिहमा के चारों ओर नदियाँ बहती थीं। आसपास के पहाड़ों की चट्टानें हलकी लाली लिये हुए थीं। बारिश होती, तो बालू के चलते नदियों में लाल पानी आ जाता। स्कूल के लिए नदी पार करके जाना पड़ता। माँ कहती : 'यह नदी में पैठकर स्कूल नहीं जाएगा।' बाबूजी बोलते : 'सब जाते हैं। क्या सिर्फ़ इसी के लिए बाढ़ आएगी?' माँ अपनी बात पर क़ायम रहती : 'ये यहीं पढ़ेगा। नहीं पढ़ेगा, तो क्या फ़र्क़ पड़ेगा!'

बाद में बाबूजी ने नदी पर छोटा पुल बनवा दिया, तो मैं स्कूल जाने लगा। पुल पर जब जाते, तो साथ में लड़कियाँ पढ़ने जातीं, जो मुझसे बड़ी थीं। बरसात में कीचड़ और काँटों से बचाने के लिए बड़ी लड़की मुझे गोद में उठा लेती। लड़के और लड़कियों का मेल असाधारण था, नैसर्गिक था। 'को-एड्यूकेशन' से हमने एक-दूसरे के सुख-दुख में हिस्सा लेना सीखा। मेरा जो बचपन था, उसमें किसी भी मामले में अवरोध या मनाही जैसी कोई चीज़ नहीं थी। हम कहीं भी खाने के लिए जाएँ, तो माँ बिलकुल चिन्तित नहीं होती। हाईस्कूल में जब मैं आया, तो अपने मुस्लिम दोस्तों के गाँव चला जाता। बाबूजी के चलते मुझे प्रेम और सम्मान मिलता था। आज भी उन गाँवों में जाऊँ, तो लोग कहेंगे : बेनी बाबू का लड़का है।

मेरे बाबूजी का नाम बेनीमाधव सिंह था। वह 2003 में नहीं रहे। बहुत सुदर्शन थे, गोरे और लम्बे। उजली टोपी और खादी के कपड़े पहनते। उन्होंने आज़ादी

की लड़ाई में हिस्सा लिया, कांग्रेस में थे। उन्हें स्वाधीनता संग्राम सेनानी की पेंशन मिलती थी। वह चुनाव कभी नहीं लड़े। हमारे गाँव के पन्द्रह साल निर्विरोध सरपंच रहे। मुखिया थे जमुना पासवान, जो हमारे घर में बहुत प्रतिष्ठित थे। जब मैं स्कूल से लौटकर बाबूजी के पैर छूने के लिए बढ़ता, तो वह कहते : 'पहले मुखिया जी के पैर छुओ!' मेरे माँ-बाबूजी, दोनों कोई जाति या छुआछूत नहीं मानते थे। हमारे प्रथम गुरु—जिन्होंने मुझे अक्षर-बोध कराया—आरती प्रसाद सिंह मेरे बाबूजी के मित्र थे। वह भी छुआछूत नहीं मानते थे। इस बात ने मुझमें बहुत रौशनी दी, मेरे मन को बहुत प्रकाशित किया।

उस ज़माने में अस्पताल नहीं था—ठेठ गाँव में मैं पैदा हुआ, मेरी माँ को देर से दूध आया। मेरी नाल जिसने काटी, वह मेहतर स्त्री थी। कुछ दिनों पहले उसके भी बच्चे का जन्म हुआ था। वह मेरी माँ की सहेली थी। उसने पूछा : 'हे मलकिनी! ये बच्चा रो रहा है आपका। इसको दूध पिला दें?'

माँ बोली : 'तू अपन दूध पिला द! माई का कौनो जाति होला?' (तुम अपना दूध पिला दो! माँ की भला कोई जाति होती है?)"

## 28

आलोकधन्वा ने बताया कि वह एक छड़ी लेकर चलते हैं और धूप और धूल से बचाव के लिए जींस के कपड़े से बना हैट पहनते हैं, जो उनकी एक महिला मित्र ने कनाट प्लेस में उन्हें भेंट किया था।

"कानपुर की कम्युनिस्ट नेता और पूर्व सांसद सुभाषिनी अली वर्षों पहले जब एक यात्रा में पटना आईं और मैं उनसे मिला, तो उन्होंने यह हैट मेरे सिर से उठाकर ख़ुद पहन लिया। फिर मुझे देखा, तो थोड़ी देर देखती ही रहीं : शायद उन्हें अचरज हुआ कि इस हैट के नीचे कोई गंजा सिर नहीं, बल्कि घने बालों वाला एक कविता-सुलभ चेहरा है।...

शुरू से ही मैं बड़े बाल रखता था, दृश्यों से मोहित हो जाता और चाँदनी रातों में दूर तक घूमने निकल जाता। साइंस में मेरा मन नहीं लगता था, भाई का

लगता था। आज वह इंग्लैंड के लंकाशायर में बर्नली नाम की जगह में हृदय के बड़े डॉक्टर हैं। उनकी ही तरह मेरे पिता चाहते थे कि मैं भी फ़र्स्ट डिवीज़न में पास होऊँ, डॉक्टर बन जाऊँ, लेकिन मेरा रंग-ढंग देखकर माँ से कहते : 'पता नहीं, ये क्या करेगा जीवन में? कहीं भी चला जाता है, कहीं भी बैठकर खाना खा लेता है। दुनिया का इसे कोई ज्ञान ही नहीं है।'

मगर पिताजी से मेरी माँ कहती थीं : 'तुम इसे इधर-उधर मत भटकाओ! इसे तो देखकर ही लगता है कि ये कविता लिखेगा।'"

## 29

आलोकधन्वा अपने बचपन को याद कर रहे हैं : "बाबूजी किसान थे, खेतों में चले जाते। माँ पढ़ी-लिखी नहीं थी, मुझसे कहती : पढ़ के सुनाओ हमें।"

आलोक जी सूरदास का भजन सुनाते :

*हे गोविन्द राखो शरण*
*अब तो जीवन हारे*

*नीर पिवन हेत गयो सिन्धु के किनारे*
*सिन्धु बीच बसत ग्राह चरण धरि पछारे*

एक हाथी नदी किनारे पानी पीने गया था, वहाँ मगरमच्छ के जबड़े में फँस गया, कोशिश करके भी जब मुक्त नहीं हो पाया, तो उसने बिलखकर कृष्ण को पुकारा। कृष्ण आए और उसे बचाया।

माँ ने पूछा : 'कृष्ण क्या सचमुच आए?'

उन्होंने जवाब दिया : 'हाँ, सचमुच आए। उन्होंने हाथी को मगरमच्छ से छुड़ाया, उसे चंगा किया और जंगल में भेज दिया उसकी माँ के पास। जब सूरदास कह रहे हैं कि कृष्ण आए, तो आए। सूरदास से बड़ा कोई नहीं है हमारे लिए, जिसके प्रमाण की हमें ज़रूरत हो।'

फिर आलोक जी गोया हमसे कहते हैं : "लोग कह सकते हैं कि कृष्ण एक मिथ हैं; लेकिन कृष्ण मिथ हैं, तो यह दुनिया भी एक मिथ है, जिसमें हम खड़े हैं। सन्त कवियों ने हिन्दी कविता को जो दिया है, उसे निकाल दीजिए तो हम दरिद्र हो जाते हैं।"

मैंने कहानी के छूटे हुए सूत्र का उन्हें स्मरण कराया : 'तो हाथी चला गया अपनी माँ के पास?'

बोले : "हाँ, चला गया और माँ से बड़ा कोई नहीं है। मैक्सिम गोर्की की 'इटालियन टेल्स' में ये पंक्तियाँ गाई जाती हैं :

*आओ, हम माताओं के कीर्तिगीत गाएँ*
*जो न होतीं, तो न सूरमा होते न शायर।*

इसलिए स्त्री पृथ्वी के केन्द्र में है। स्त्री अगर हाथ रोक ले, तो यह पृथ्वी नहीं घूमेगी।"

## 30

अगले दिन जब मैंने आलोकधन्वा से कहा : "कल आप कह रहे थे कि हाथी को मगरमच्छ से बचाने कृष्ण सचमुच आए, शायद इस अर्थ में कि जो कृष्ण दुनिया के लिए 'अवास्तव' हैं, उन्हें सूरदास और मीरां ने—अपने अनुभव की शक्ति की बदौलत—'वास्तव' बना लिया।"

उन्होंने जवाब दिया : "किस झूठ में इतनी ताक़त है कि वह भक्ति-काव्य जितना महान काव्य लिखवा सकता? सूर और मीरां ने कृष्ण के प्रेम में गहन निश्छलता के साथ इतने सुन्दर पद लिखे कि वे अभिभूत कर लेते हैं। दुनिया की किसी भाषा में किसी ने किसी से जो प्यार किया, उससे ये कविताएँ बिलकुल कमतर नहीं हैं। उन्होंने जिस तरह कृष्ण को पुकारा, उन्हें प्यार किया, उसके चलते 'महाभारत' में जो कृष्ण का रूप है, उससे कमतर नहीं हैं उनके कृष्ण।"

सहसा आलोक जी को याद आता है कि सामन्तों ने मीरां के लिए विष का

प्याला भेजा था और वह कहते हैं : "भक्तिकाल और आधुनिक काल के इतने महान कवियों के बावजूद आज भी हमारा वही सामन्ती समाज है...ज़्यादा परिवर्तन नहीं हुआ। सामन्ती समाज के सामने हम हारते जा रहे हैं। लेकिन हमारी जो पराजय है, वह किसी की जय से बड़ी है।"

## 31

एक दिन आलोकधन्वा सहसा कहने लगे : "कवियों को जानवरों के बारे में भी जानना चाहिए, आप कितना रहे हैं उनके सान्निध्य में?" फिर वह बचपन की स्मृतियों में खो गए : "गाँव में जब हाथी आता, तो हमारे घर में जो ब्राह्मण रसोइया था, उनसे माँ कहती कि दस-बीस रोटी ले आओ इसके लिए। तभी बाबू जी आ जाते, कहते : 'दस-बीस रोटी से क्या होगा, पाँच किलो आटे की मोटी-मोटी रोटियाँ पकाकर लाओ और उनमें अचार का तेल मिलाकर खिलाओ इसे। कम पानी में गुड़ का घोल बनाओ और पिलाओ इसे।' क्या उसे गुड़ का 'टेस्ट' नहीं होगा, गन्ना खाता है वह। गन्ना जब पेरा जाता है, तो हाथी दूर से ही सूँघ लेता है कि हवा में मिठास है। गन्ने का मौसम हो, तो उसे पाँच-छह बाल्टी रस पिलाइए! केले खिलाइए! पीपल के पत्ते उसे बहुत प्रिय हैं। हाथी मस्त हो जाएगा, तो बैठेगा। बैठेगा, तो समझ लीजिए, सोएगा भी।

हाथी से सोहबत हो जाए, तो वह आपके घर रह जाएगा। जंगल जाएगा, तो हथिनी को पकड़कर आपके पास लाएगा, हथिनी होगी, तो हाथी को लेकर आएगी। दक्षिण भारत, ख़ास तौर पर केरल में तो आप हाथियों के बिना पोंगल या नवान्न की कल्पना नहीं कर सकते। ऐसे त्योहारों पर उनका शृंगार किया जाता है।

दुनिया में जो भी प्राणी है, वह आदमी के साथ रहना चाहता है, क्योंकि उसे यह 'इंट्यूशन' है कि 'आदमी हमसे बेहतर है।' कुत्ता तो मनुष्य का सबसे पुराना साथी है। इसी तरह हाथी, घोड़े, गाय-बैल, बन्दर और बिल्लियाँ वग़ैरह हैं। बकरी को अगर ज़मीन पर जाड़ा लगेगा, तो आपके ऊपर सो जाएगी। पहले के रईस लोग नेवला पालते थे, ताकि साँप से निश्चिन्त रहें। हाथी पर

बैठकर शेर का शिकार करने जाते थे, क्योंकि शेर में यह हिम्मत नहीं थी कि हाथी पर बैठे हुए आदमी पर हमला करे।

शेर भी जन्म से पालिएगा, तो आपके साथ रहेगा। ज़्यादातर जानवर आपके साथ रह जाएँगे, लेकिन साँप नहीं रहेगा। चला जाएगा। आप उसे दूध पिलाइए या उसके सामने बीन बजाइए, तो भी वह काट लेगा आपको। मदारी अगर उसके विष के दाँत न तोड़े, तो मर जाएगा। प्रो. यशपाल ने एक लेक्चर में कहा था कि साँप चक्षुश्रवा है। रास्ते में किसी के जाने से जो तरंगें उठती हैं, उनसे वह पहचानता है अपने आहार को और उसका पीछा करता है। चूहे और बेंग (मेढक) उसे पसन्द हैं।"

मैंने पूछा : "जब अधिकांश जानवर रह जाते हैं या रहना चाहते हैं आदमी के पास, तो साँप क्यों नहीं रहता?"

आलोक जी बोले : "क्योंकि उसका स्वभाव अच्छा नहीं है। दूसरे, उसे डर लगता है कि आदमी हमें मार देगा।"

## 32

निराला की एक काव्य-पंक्ति है : *'पुनः सबेरा, एक और फेरा है जी का।'* कुछ इसी तरह आलोकधन्वा बार-बार अपनी माँ को याद करते हैं : "जितना भी मुझमें जो शबाब बचा है, जो तरुणाई है अभी भी या जिजीविषा—उसका एक कारण यह रहा कि मैं लोगों की—मेहनतकश लोगों की ज़िन्दगी के साथ रहा। इसमें सिर्फ़ किसी पार्टी की नहीं, बल्कि मेरी माँ की भी भूमिका है। माँ मेरी चाहती थी कि मैं किसी को छोटा नहीं समझूँ और किसी को अपने से बड़ा भी नहीं समझूँ, किसी की छाया से दब न जाऊँ। वह यह मुझसे ज़रूर कहती थी कि जो काम करने वाली स्त्रियाँ हैं—जो अपनी रोटी के लिए, अपने बच्चों के लिए दौड़ती हैं—इनको ध्यान से देखो—ये घर में बैठी स्त्रियों से ज़्यादा सुन्दर हैं। दुनिया में मेरी पहली पाठशाला माँ ही थी। नदियों से घिरा हुआ वह गाँव था मेरा—अब तो दूर ही होता जा रहा है मुझसे...।"

मैंने पूछा : "तो आप जाते क्यों नहीं हैं वहाँ?"

वह बोले : "जाता इसलिए नहीं हूँ कि माँ की बहुत याद आती है, उसकी याद से मैं बहुत पीड़ित हूँ। वह मेरे बाबूजी से एक ही बात पर लड़ती थी, कहती : 'यह जो मँझला बबुआ है, इसे जो भी ज़मीन आपको देनी है, वह तुम इसके नाम रजिस्ट्री कर दो—क्योंकि यह बहुत-सी चीज़ों को नहीं जानता है। इसका यह नाटक नहीं है, बचपन से यह ऐसा ही है। मुझे किसी की चिन्ता नहीं होती, इसकी चिन्ता होती है।'

मेरे घर में एक छोटा-सा मन्दिर था, जिसमें देवता की प्रतिमा थी। जब मैं कहीं जाने लगता, तो माँ मुझसे कहती : 'मन्दिर के आगे सिर झुका लो!' मैं जवाब देता था : 'तुम्हारे मन्दिर के देवता को मैं नहीं जानता, तुमको जानता हूँ, तुम मुझे प्यार करती हो, मेरी चिन्ता करती हो, तो मैं तुम्हारे पैर छू रहा हूँ।' तब माँ मन्दिर के देवता से कहती : 'इसको माफ़ करना, यह अभी अबोध है।'"

मेरा सवाल था : "आपकी माँ मानती थीं ईश्वर को?"

आलोक जी : "माँ दोनों तरफ़ आती-जाती थी। वह मानती ज़रूर थी कि देवता हैं दुनिया में, लेकिन उन्हें बहुत कम समय देती थी। ज़्यादातर वह हमारे घर के आँगन में मेहनत करने वाली स्त्रियों से घिरी रहती—दो घंटे उनके बग़ैर नहीं रह सकती थी। बाबूजी कहते : 'तुम्हारा बस चले, तो रात में भी तुम इन लोगों को यहीं सुलाओगी।' माँ बोलती : 'क्यों नहीं सुलाएँगे? इतना बड़ा मकान है तुम्हारा, ख़ाली कमरे हैं, इनमें सुलाएँगे।'"

अन्त में मैंने प्रश्न किया : "आप मानते हैं ईश्वर को?"

उनका जवाब : "मैं राम और कृष्ण को ईश्वर के नहीं, बड़े 'कैरेक्टर' के रूप में मानता हूँ। 'गीता' को आप नहीं मानेंगे, तो सांस्कृतिक इतिहास फिर क्या चीज़ है? बुद्ध कहाँ से आए? गांधी कैसे बने? मार्क्स का यह कथन कि 'धर्म अफ़ीम है'—एक सपाटबयानी की तरह प्रचारित किया गया; जबकि वह बुनियादी तौर पर चाहते थे कि लोग उनके ख़िलाफ़ एकजुट हों, जो धर्म का व्यापार कर रहे हैं, धर्म को सामने रखकर जनता का शोषण कर रहे हैं, अन्धविश्वास पैदा कर रहे हैं और आदमी के श्रम को ओझल कर रहे हैं।

मेरा यह मानना है कि करोड़ों लोग हैं दुनिया में, जो धर्म से अच्छे बने हुए

हैं, लेकिन साम्प्रदायिक तत्त्व धर्म का अपराधीकरण करते हैं। वे ईसा मसीह, हज़रत मुहम्मद, राम, कृष्ण, हनुमान का इस्तेमाल अपने लिए करना चाहते हैं।"

## 33

एक दिन आलोकधन्वा ने कहा : "राजकमल चौधरी मेरे प्रथम गुरु थे। बहुत मानते थे मुझे।"

मैंने पूछा : "क्या कहते थे?"

बोले : "कहते थे : 'ही इज़ ए रेस्टलेस ब्वॉय।' (यह एक बेचैन लड़का है।)"

थोड़ा रुककर कहते हैं : " 'रेस्टलेसनेस' ही न किसी को बड़ा आदमी बनाती है। 'रेस्टलेस' आप नहीं होंगे, तो प्रेम को भी नहीं जान पाएँगे; लेकिन अब तो लोग प्रेम में भी करवट नहीं बदलते।"

## 34

मिडिल पास करने के बाद आलोकधन्वा का दाख़िला ज़िला स्कूल, मुंगेर में हुआ। भाई-बहनों की पढ़ाई के लिए बाबूजी ने वहाँ एक छोटा-सा घर ले दिया था। वह वहीं रहकर पढ़ने लगे। माँ ने समझाया था : 'अपनी पढ़ाई-लिखाई पर ध्यान देना, ऐसा कुछ न करना, जिससे तुम्हें नुक़सान हो। मन नहीं लगे, तो मेरे पास आ जाना!' लेकिन मुंगेर ज़िले में उस ज़माने में डकैतियाँ बहुत पड़ती थीं। डाकुओं के भय से वह घर नहीं जाते। माँ कहती थी : 'छुट्टियों में भी तुम घर क्यों नहीं आते हो? डाकुओं से डरते हो?' वह जवाब देते : 'हाँ, डरता हूँ।' माँ हिम्मत बँधाती : 'मैं तो यहीं रहती हूँ, और डरती नहीं हूँ, तुम्हारी माँ हूँ, मैं तुम्हें बचाऊँगी।'

मैंने पूछा : "माँ से आपको इतना अधिक लगाव क्यों है?"

आलोक जी कहते हैं : "क्योंकि माँ उन कुछ लोगों में हैं, जिन्होंने मुझ पर अनुचित दबाव नहीं बनाया। बाबूजी ने मुझे और छोटी बहन के अलावा रायफ़ल चलाना सबको सिखाया था, मेरी माँ को भी। वह घर के आँगन में बड़ी-सी चारपाई पर मुझे साथ सुलाती, रायफ़ल पास रखती, जिसमें गोली भर देती, मगर सेफ़्टी पिन ऑन नहीं करती थी। कहती : 'किसी भी ओर से डाकू आएँगे, तो बरामदे में जो पाये हैं, उनकी ओट में हम चलेंगे और मैं उन पर गोली दागूँगी।' हालाँकि ऐसा कभी हुआ नहीं। हमारे पड़ोस में ज़रूर डकैती पड़ी, मेरे भाई ने रायफ़ल लेकर डाकुओं को ललकारा, लेकिन दुर्भाग्य से वे रात के अँधेरे में एक लड़के की हत्या करके भाग गए। बचपन से ही मैं हादसों का अभ्यस्त रहा हूँ। मगर अपनी माँ की ही बात को सबसे ऊपर रखता हूँ : 'डरो नहीं, डरने से समस्या टल नहीं जाती।'

बी.ए. में मैंने पटना कॉलेज में प्रवेश लिया और वहाँ रहने लगा। स्थानीय अख़बारों में मेरी कविताएँ तभी छपने लगी थीं। 1965 में भारत-पाकिस्तान युद्ध चल रहा था और पाकिस्तान ने बहुत अनैतिक ढंग से अम्बाला के मिलिट्री अस्पताल पर बम गिराया था। लिहाज़ा बमबारी के अन्देशे के चलते पटना शहर में 'ब्लैक आउट' कर दिया जाता। एक दिन शाम को मोमबत्तियों के उजाले में एक कवि-सम्मेलन हुआ, जिसमें बहुत भीड़ थी, आरसी प्रसाद सिंह और केदारनाथ मिश्र 'प्रभात' जैसे कवि शामिल थे और अध्यक्षता कर रहे थे राजकमल चौधरी। मैंने एक पर्ची मंच पर भिजवाई, जिसमें अपना नाम लिखा और यह निवेदन कि कृपया मुझे भी समय दें! सम्मेलन समाप्त होने को आया, तो मैं निराश हो गया कि अब मुझे नहीं बुलाएँगे। तभी बिजली आ गई। राजकमल जी ने पर्ची पढ़कर पुकारा : 'आलोक्धन्वा कौन हैं?' तब मैंने एक कविता पढ़ी, जिसकी शुरुआती पंक्तियाँ थीं :

*सुनती हो माँ!*
*अब तो मुझको नींद नहीं आती है*
*भीतर ही भीतर कोई स्तूप उबलता है*
*नीली-नीली नसें सुलगती ही जाती हैं*
*अम्बाला के सैनिक वाले अस्पताल पर बम गिरता है*
*एक नर्स सीढ़ियाँ उतरती मर जाती है...*
*सुनती हो माँ!*

राजकमल चौधरी प्रभावित हुए और वहाँ उपस्थित नए कवियों में केवल मुझे उन्होंने कहा : 'आप मुझसे मिलिएगा!'

इन सब वजहों से मैं इतना चर्चित हो गया कि आपको जानकर आश्चर्य होगा : बिहार में जब संयुक्त सोशलिस्ट पार्टी के नेतृत्व में सरकार बनी, तो मुंगेर ज़िले के डाकुओं के सरदार वहाँ के समाजवादी विधायक के साथ एक बार मुझसे मिलने आए और उन्होंने प्रस्ताव रखा : 'अगर आलोकधन्वा कहें, तो हम मुख्यमंत्री या गृहमंत्री के सामने आत्मसमर्पण कर देंगे। बस शर्त यह है कि हमें जेल में नहीं डालें और ज़मीन का कोई टुकड़ा दें, जिस पर खेती करके हम अपना जीवन-यापन कर सकें।'

माँ को जब यह मालूम हुआ, तो वह बहुत ख़ुश हुई और उसने बाबूजी से कहा : 'जिसको तुम बबुआ समझते थे, कहते थे कि यह पढ़ेगा नहीं और ठीक से कविता भी नहीं लिखेगा, उसका इतना नाम हो गया कि डाकू कहते हैं : उसके कहने पर हम सरकार के सामने बन्दूक़ फेंक देंगे।' "

## 35

आलोकधन्वा से मैंने पूछा : 'फिर आपने करवाया डाकुओं का आत्मसमर्पण?'

बोले : "समर्पण तो किया उन लोगों ने और बाद में अपनी गृहस्थी भी बसा ली, लेकिन मैं सीधे उसमें शामिल नहीं हुआ। असल में मेरे इलाक़े के सोशलिस्ट विधायक के साथ डाकुओं के सरदार मुझसे मिलने आए थे, यह बात हमारे वरिष्ठ कवि कुमारेन्द्र पारसनाथ सिंह को पता चल गई। इसलिए वह अगले ही दिन मेरे पास आए और उन्होंने कहा : 'एक तो तुम बिना फ़िल्टर की सिगरेट पीते हो, गले में ख़राश हो जाती है, ख़ून भी आ जाता है; दूसरे, तुम डाकुओं का समर्पण कराने में लगे हो! लिखो-पढ़ो, तुम्हारा यह काम थोड़े ही है।'

वह वामपन्थी कवि थे, धूमिल के समकालीन और हिन्दी के प्रोफ़ेसर। अच्छी कविताएँ लिखते थे, जिनमें हमारा गाँव दिखाई देता है। हम सभी उनको बहुत

प्यार करते। वह चाहते थे कि मैं कम-से-कम एम.ए. कर लूँ। कभी-कभी मुझे बीस-पच्चीस रुपये दे देते—उस ज़माने में इतने रुपयों से कई दिनों तक सिंघाड़े खाए जा सकते थे, चाय पी जा सकती थी। जहाँ भी जाते, मेरे लिए कहते : 'यह ग्रासरूट पोएट है।'

मेरी कविता 'गोली दागो पोस्टर' पर जब विवाद हुआ, तो कुमारेन्द्र जी ने उसके समर्थन में लेख लिखा, जो नामवर जी ने 'आलोचना' में छापा। उन्होंने लिखा कि यह हिंसा के विरोध की कविता है और सामन्ती हिंसा की बर्बरता और उसके बरअक्स मेहनतकश जनता की 'सर्वाइवल' की ताक़त को दिखाती है। '*आकाश यहाँ एक सूअर की ऊँचाई भर है*' : ऐसा हिन्दी कविता में पहले कभी नहीं लिखा गया। यह कविता गोली चलाने की हिमायत नहीं करती, बल्कि इसरार करती है : क़लम चलाने वाले और हल चलाने वाले मिलकर निर्णय लेंगे कि गोली चलाने का अधिकार किसको है। देखिए, गांधी जैसे नेता भी कहते थे कि अन्याय को बर्दाश्त करना सबसे बड़ी हिंसा है और उन्होंने दक्षिण अफ़्रीका से हिन्दुस्तान तक हर जगह अन्याय का विरोध करते हुए अपनी जान को जोखिम में डाला।

बचपन से ही हिंसा का कोई रूप मुझे पसन्द नहीं था। गाँव में कोई जानवर को मारता, तो मुझे बहुत पीड़ा होती, बहुत ग़ुस्सा आता। मैं कहता : 'एक तो उससे काम करवाते हो, दूसरे, उसको पीटते हो और उसकी नाक में छेद भी कर रखा है!'

लेकिन पटना कॉलेज में पढ़ने में मेरा मन नहीं लगा। मैं शिक्षकों से बहस करने लगता था, क्योंकि वे पढ़कर, तैयारी करके पढ़ाने नहीं आते थे। बड़े भाई पर माँ की बहुत छाया थी, इसीलिए वह भी कोई अनुचित दबाव मुझ पर नहीं बनाते थे। एक दिन कहने लगे : 'मैंने सुना है कि तुम्हारा मन नहीं लगता है वहाँ और तुम शिक्षकों से लड़ जाते हो, तो तुम बाहर रहकर पढ़ो और जाकर इम्तिहान दे देना!' तब उनकी सहमति से कॉलेज मैंने बी.ए. में ही छोड़ दिया और पढ़ाई पूरी नहीं कर पाया। इसका अफ़सोस है मुझे : मैं बी.ए., एम.ए. कर लेता, तो रोज़ी-रोटी की समस्या नहीं रहती। मैं बहुत तरह की बातें बताता अपने विद्यार्थियों को।"

मैंने विषय बदला : "कवि के रूप में आपकी जो ख्याति हो गई थी, उससे बाबूजी ख़ुश हुए आपके?"

आलोक जी ने जवाब दिया : "भीतर-भीतर ख़ुश रहते थे शायद। बाबूजी मुझसे नाराज़ नहीं रहते थे, लेकिन चूँकि मैं परम्परागत जीवन नहीं जी रहा था, इसलिए उन्हें अन्देशा रहता था कि मैं किसी खड्ड-खाई में गिर जाऊँगा।"

मैंने सवाल किया : "और माँ क्या सोचती थीं?"

वह कहते हैं : "दोनों को बहुत मलाल रहा मुझे लेकर, लेकिन माँ ज़ाहिर नहीं करती थी—यह सोचकर कि यह तो वैसे ही भटका हुआ है, ज़ाहिर करने से इसका मन टूट जाएगा।

1976 के आसपास एक बार बीमार पड़ने पर वह पटना आई थी, लेकिन गाँव में पहले पूछ लिया था : 'मँझला बा कि ना?' (मँझला है कि नहीं?) वह सबसे ज़्यादा मुझे चाहती थी, क्योंकि मैं उसकी सेवा करता था। दूसरे, उसे लगता था कि मैं अच्छे-अच्छे डॉक्टरों को जानता हूँ और मेरा उनसे परिचय है। वह आई, तो मैंने कहा : 'तुम चिन्ता न करो! मैं कराऊँगा तुम्हारा इलाज।' मगर जब अधिक बीमार हुई, तो उसने पूछा : 'तुम कैसे कराओगे मेरा इलाज? तुम्हारे पास ज़्यादा पैसा भी नहीं है।'

तब मैं पटना में अपने मित्र और बांग्ला कवि विद्युत पाल के पास गया, क्योंकि वह बैंक में काम करते थे। मैंने उनसे दस हज़ार रुपयों के छोटे-छोटे नोट उधार लिये, जिससे माँ को लगे कि मेरे दोस्तों के पास मुझसे कहीं अधिक पैसा है। वह मेरी तरह अनाड़ी थी—रुपये नहीं गिन पाती थी। पच्चीस हज़ार से ज़्यादा रुपयों के छोटे-छोटे नोट हों, तो मैं भी नहीं गिन पाता हूँ। मेरी माँ सुन्दरी नहीं थी, लेकिन आप उसे देखते, तो आपको लगता कि ये बहुत अच्छी हैं। उसकी छवि में प्रेम और नेकनीयती झलकती थी।

मैंने माँ को उतने सारे रुपये ले जाकर दिखाए। वह बहुत ख़ुश हुई और उसने मेरा हाथ लेकर अपने सीने से लगा लिया और बोली : 'तोहरा पर हमके बहुत भरोसा बा, सब भाग जाई, लेकिन तू ना भगबा!' (तुम्हारा हमें बहुत अधिक भरोसा है। सब भाग जाएँगे, लेकिन तुम नहीं भागोगे!)"

## 36

मैंने शेक्सपियर के नाटक 'हैमलेट' का मराठी में अद्भुत मंचन देखा था। इसी सन्दर्भ में आलोकधन्वा से कहा : "शेक्सपियर 'हैमलेट' और 'मैकबेथ' जैसे नाटकों में हत्या के रहस्य को उजागर करने और हत्यारे के अपराध-बोध को साकार करने के लिए प्रेत की युक्ति का रचनात्मक इस्तेमाल करते हैं। अयथार्थ के ज़रिए यथार्थ की ऐसी सशक्त और मार्मिक व्यंजना कि हम निःशब्द रह जाते हैं।"

बोले : "हम तो नहीं मानते, पर पुराने ज़माने में लोग मानते थे भूत-प्रेत। किसी की असमय मृत्यु हुई हो, कोई जलकर मरा हो या पानी में डूबकर—तो गाँव में कहते थे कि वह रास्ते में कहीं मिल जाएगा, सिर झुकाकर कुछ माँगेगा। माँ हमारी वेद-पुराण से मतलब नहीं रखती, लेकिन पूजा ज़रूर करती थी। कहती : 'घनघोर सूने पथ पर निविड़ रात्रि में पिता अगर लौट रहे हों और तुम भी साथ में हो, तो उनसे इतनी दूरी मत रखना कि बीच में कोई भूत घुस जाए।' कभी आग देने श्मशान जाना होता, तो माँ कपड़े में बाँधकर गुड़ की लाई देती कि 'लौटते समय अतृप्त आत्मा के लिए इसे रास्ते पर बिखेरते हुए आना!'

अब भूत तो होता नहीं है, इसलिए साथ में जो हमारा पालतू कुत्ता गोलू चलता, वही गुड़ की लाई खाता था। दुनिया में इतनी पतली जीभ कुत्ते की ही है कि वह मिट्टी को छुए बग़ैर मीठी लाई खा लेगा। उसकी आँख और घ्राण-शक्ति इतनी तेज़ होती है कि वह सब कुछ देख लेता है। इसलिए यह भी कहते थे कि जब कुत्ता रहेगा, तो भूत तुम्हारा कुछ नहीं बिगाड़ सकेगा।

यह एक बार राजकमल चौधरी ने मुझसे कहा था : 'कुत्ते से मत डरो! कुत्ता तो भैरव का वाहन है।'

नए गुड़ के इतने व्यंजन बनते हैं कि उनकी आप कल्पना नहीं कर सकते। खजूर का गुड़ खाइए, तो आपको लगेगा कि पृथ्वी पर आना धन्य हो गया। हमारे गाँव में तीन-चार दिन का जमाया हुआ दही ऐसा अद्भुत होता है कि लगेगा : छाली है और फिर नवान्न, यानी हरा चूड़ा। अगर मैं कभी कानपुर आया, तो तीन चीज़ें आपको ज़रूर दूँगा : खजूर का गुड़, एक बोरा हरा चूड़ा और कच्चे रसगुल्ले की हाँड़ी।"

मुझे लगा : ऐसी बातें किसान परिवार से आया हुआ कवि ही कह सकता है, जिसका हृदय प्रेम से आप्लावित है और उस पर कलुष की कोई छाया नहीं। मैं चुपचाप सुनता गया :

"जब नया गुड़ बनता और खौलता था, तो कोस-भर तक उसकी गन्ध जाती। पीतल की परात में हल्का-सा कपड़ा बिछा रहता, उस पर चिनिया बदाम, सौंफ, छुहारे, गरी के महीन टुकड़े और उन पर नया पिघला हुआ गुड़ गिराया जाता, जो एक सुन्दर आकार ले लेता। यह हमारे बचपन की सबसे प्रिय मिठाई थी, जो हरे चूड़े, चिनिया केले और दूध के साथ माँ हमें देती। उसे बहुत ख़ुशी होती कि ये चीज़ें बच्चे के पेट में चली गईं, तो हमारा बच्चा लाल होगा।

माँ जब बहुत प्रसन्न होती, तो नई साड़ी पहनती—लाल, जिस पर कढ़ाई रहती। हम सात भाई-बहन उसे 'दुलहन' कहकर चिढ़ाते। वह कहती : 'बैठऽ जा, बैठऽ जा, आवऽ तानी।' (बैठो, बैठो, आती हूँ।) ये स्मृतियाँ मैंने लिखी हैं 'एक ज़माने की कविता' में।"

मैंने इस कविता का पाठ किया। आलोक जी सुनते और बीच-बीच में मुझे कुछ बताते रहे, वे चीज़ें भी, जो कविता में नहीं आ पाई हैं। जैसे :

"बाबूजी थके-माँदे लौटते, तो माँ हाथ-पैर धुलाती और वह पीढ़े पर बैठकर खाते। तब केवल माँ होती और बाबूजी। बच्चे तो उस समय तक सो गए रहते। यह जैसे बिलकुल बांग्ला फ़िल्म का दृश्य था। बंगाल तो हमारे पास ही न है! कविता बहुत सारी चीज़ों से बनती है : संगीत, पेंटिंग, दर्शन, फ़िल्में और कविता की महान परम्परा। मुझसे कोई कहे कि दस साल तुम्हें उम्र और देते हैं, आप क्या करेंगे? तो जवाब है : हम कालिदास पढ़ेंगे।

एक मानव-जीवन तो बहुत ही कम है कविता के लिए और प्रेम के लिए भी। कविता होगी, तो प्रेम आएगा। बग़ैर प्रेम के कविता नहीं बनेगी। मन को रँगाना होगा, जैसे कबीर रँगाते थे।"

तभी मैंने उनकी कविता की पंक्तियाँ पढ़ीं, जो उन्होंने अपनी माँ के लिए लिखी हैं :

*आँचल की ओट में दीप की लौ को*
*हवा से बचाती*

*वह आँगन पार करती*
*गोधूलि में नीम के नीचे से*

और कहा : 'इनसे जयशंकर प्रसाद के काव्य 'आँसू' का यह छन्द याद आता है :

*शशि-मुख पर घूँघट डाले*
*अंचल में दीप छिपाये*
*जीवन की गोधूली में*
*कौतूहल-से तुम आए।'*

आलोक जी बहुत ख़ुश हुए और बोले : "यह असली है। कहीं अवचेतन में पड़ा होगा मेरे। इसी का 'एक्सटेंशन' किया है मैंने। लेकिन अन्तिम जो पंक्तियाँ हैं, वे नहीं न लिखते प्रसाद जी!"

मैंने अन्तिम पंक्तियों का पाठ किया :

*आज सालों बाद भी मैं नहीं भूला*
*माँ का शाम में गाना*
*चाँद की रोशनी में*
*नदी के किनारे जंगली बेर का झरना*
*इन सबको मैंने बचाया दर्द की आँधियों से।*

## 37

आलोकधन्वा से मैंने पूछा : "आप अपनी कविता 'जनता का आदमी' में लिखते हैं :

*महीन तम्बाकू जैसी कविताओं के बीच*
*भेड़ों की गन्ध से भरा मेरा गड़रिये-जैसा चेहरा*
*आप लोगों को बेहद अप्रत्याशित लगा होगा*

हिन्दी में शायद ही किसी कवि ने गड़रिये में अपनी छवि देखी होगी। इस आत्मीयता का सबब क्या है?"

बोले : "ऐसा मैं महसूस करता रहा, क्योंकि हमारे गाँव के चारों ओर छोटे-छोटे पहाड़, नदियाँ और खेत-ही-खेत थे—एक धान के कटोरे जैसा 'लैंडस्केप'—इतना ख़ूबसूरत कि उससे निकलने की इच्छा ही नहीं होती थी। उसी इलाक़े में गड़रिये आते थे भेड़ें चराने। मुझे वे इतने अपने लगते कि मैं भी उनके साथ दूर-दूर तक चला जाता। गड़रिया दाढ़ी रखता, बड़े-बड़े बाल रखता, बाँसुरी बजाता, तो सारी भेड़ें पास में आ जातीं। मुझे वह इतना अच्छा लगा कि मैंने भी वैसा बनना चाहा। तभी मेरी कविता में यह बिम्ब आया। चरवाहे तो हमारे पुरखे हैं, वे आते हैं मेरी कविता में बार-बार।

गाँव के आसपास नीम, बरगद, पीपल, जामुन और ताड़ के पेड़-ही-पेड़ थे और आम के इतने बाग़ीचे कि एक से निकलिए, तो दूसरे और दूसरे से निकलिए, तो तीसरे में पहुँच जाइए! बाग़ीचे ऐसे हरे-भरे कि उनके सघन वृक्षों के तने से सट जाइए, तो आप बारिश में भी नहीं भीगेंगे। यह अनुभव मैंने ज़ाहिर किया है 'एक ज़माने की कविता' में :

*बरसात में चलती पुरवाई*
*बहन के साथ हम*
*बाग़ीचे में भटकते*
*बहन दिखाती कि एक पेड़ कैसे भीगता है*
*ऊपर पत्तों से चू रहा होता पानी*
*जबकि भीतर की शाख़ें*
*बिलकुल कम गीली*
*और नीचे का मोटा तना तो*
*शायद ही कभी पूरा भीगता*
*वहाँ छाल पर हम गोंद छूते*
*बाग़ीचे में हर ओर एक महक होती*
*ख़ूब अच्छी लगती*

आँधी बहुत ज़ोर से आती, तो उसमें ऊपर तक उठते हुए धूल के बवंडर होते—उनसे बचने के लिए लोग उन्हीं बाग़ीचों में छिप जाते।"

मैंने कहा : "आपके बयान से मुझे बर्टोल्ट ब्रेष्ट की एक कविता याद आ रही है, जिसमें वह कहते हैं कि आँधी में लोहे की छड़ें उखड़ गईं, मगर जो लचीले पेड़ थे, उन्होंने बाद में फिर से सिर उठा लिया :

*कल रात सपने में*
*मैंने भयावह तूफ़ान देखा।*
*उसने एक मचान को चपेट में लिया*
*उसने सभी सलाख़ें तोड़कर*
*नीचे गिरा दीं*
*जो लोहे की थीं।*
*लेकिन जो कुछ लकड़ी का था*
*वह झुका और क़ायम रहा।"*

आलोक जी जवाब देते हैं : "यह कविता मुझे भी प्रिय है। ब्रेष्ट वस्तु-सत्ता और कविता, दोनों को एक कर देते हैं। यानी, वास्तविकता और कविता की संरचना में कहीं कोई फाँक नहीं रह जाती—इसी से बड़ी कविता पैदा होती है।

अपनी माँ, गाँव, 'टीन-एज' और किसानी परिवेश से मैंने कभी बाहर नहीं जाना चाहा। बचपन और किशोरावस्था इस ज़िन्दगी के सबसे सुन्दर अध्याय हैं—उसके बाद का जीवन तो फालतू है, उसमें बहुत 'हर्डल्स' हैं। यह दुनिया क्यों इस तरह की बनाई गई, मैं समझने में असमर्थ हूँ।

उस जीवन में लड़कियाँ भी थीं, जो साथ पढ़ने जातीं। वे जिस्मानी तौर पर जुदा थीं, इसलिए मेरे लिए जिज्ञासा भी थीं, कुतूहल भी और संस्पर्श भी। जो कुछ उन्होंने सिखाया, उतना 'सेंसुअस' कुछ नहीं था। यह 'सेंसुअस' दुनिया ही इनसान की सबसे अन्तरंग दुनिया है। जैसे पहली बारिश होती है, वैसे स्वतःस्फूर्त और नैसर्गिक उनके स्पर्श थे। उन 'टचेज़' से सारी ग्रन्थियाँ सक्रिय होतीं, खुल जातीं। आप सोचिए कि मंगलेश डबराल क्यों अपनी एक कविता में कामना करते हैं कि *'प्रेम में बचकानापन बचा रहे'* और यह भी :

*मैं चाहता हूँ कि स्पर्श बचा रहे*
*वह नहीं जो कंधे छीलता हुआ*
*आततायी की तरह गुज़रता है*
*बल्कि वह जो एक अनजानी यात्रा के बाद*
*धरती के किसी छोर पर पहुँचने जैसा होता है*

वे मेरी सहेलियाँ थीं। जैसे बहुत नीले आसमान का अन्त दिखाई नहीं देता, वैसी थीं वे लड़कियाँ।

बाद के जीवन में तो आँसू की भी कमी आती है—एक तरह का रेगिस्तान है, यह ज़रूर है कि उसमें बीच-बीच में चश्मे (झरने) आते हैं। जैसे आपकी बच्ची आपके कन्धे पर बैठ जाएगी, तो उससे जो सुख मिलेगा आपको, वह किसी पुरस्कार से नहीं मिल सकता।"

## 38

आलोकधन्वा ने कहा : "यहाँ जो लोग मिलने आते हैं, उनमें से ज़्यादातर मेरे पैर छू लेते हैं। मैं कहता हूँ : 'अरे, भाई! आप क्यों हमारे पैर छूते हैं?'

वे जवाब देते हैं : 'क्योंकि आप ब्रह्म को जानते हैं।'

मैं उन्हें समझाता हूँ : मेरी माँ जीवित होती, तो आपको हमारे पैर नहीं छूने देती। वह हमसे कहती थी : 'किसी से भी शादी कर लेना, पर ब्राह्मण से न करना!'"

मैंने अचरज ज़ाहिर किया : "ऐसा क्यों कहती थीं आपकी माँ?"

आलोक जी बताते हैं : "वह कहती थी : 'बहू आकर हमारे पैर छुएगी, तो हमें अच्छा नहीं लगेगा।' मैं उससे शरारत करता : '...लेकिन ब्राह्मण तो तुम भी हो माँ?'

माँ जवाब देती : 'पहले तुम्हारे बाबू जी कहते थे, अब तुम भी वही बात कहने लगे? ब्राह्मण पूजा-पाठ कराने वाले होते हैं। हम लोग तो खेती-बाड़ी वाले हैं।'"

## 39

आलोकधन्वा कविता की राह पर आगे बढ़ने का श्रेय अपने बड़े भाई को देते हैं : "उन्होंने ही कहा, तुम्हारा कॉलेज या नौकरी में मन नहीं लगता, तो मत करो! कविता में मन लगता है, तो कविता ही लिखो! वह न होते, तो आज मैं भी धन के पीछे भाग रहा होता।

बड़े भैया हृदयरोग-विशेषज्ञ हैं और कई दशकों से सपरिवार इंग्लैंड में रहते हैं। मेरी माँ 'मॉडर्न' नहीं थी, लेकिन इस मामले में 'मॉडर्न' थी कि अपने बच्चों की जद्दोजेहद को समझती। मेरे सम्बन्ध में बाबूजी से कहती : 'इसी के बारे में सोचकर हमारे माथे में दर्द होता है कि यह क्या करेगा...अगर यह 'माहटर' (मास्टर) भी बन जाता, तो इसको कुछ पैसे मिलते...।' उनका अनुमान सही था कि मुझे सबसे अधिक कष्ट झेलने पड़ेंगे।

बड़े भैया दिल के डॉक्टर थे, तो उनसे माँ ने पूछा : 'करेजा को काटते (ऑपरेशन करते) हो तुम कि दवा से ठीक करते हो?'

भैया बोले : 'नहीं, माँ, हम नहीं काटते हैं, हम दवा से ठीक करने की कोशिश करते हैं। काटने वाले और बेहोश करने वाले डॉक्टर दूसरे रहते हैं।'

माँ ने अपने भोलेपन में जवाब दिया : 'बहुत अच्छा करते हो, जो नहीं काटते हो!'

भैया ने समझाया : 'मगर मैं ही कहता हूँ उनसे कि दवा से ठीक नहीं होगा, काटो इसको! काटने से लाखों लोग ठीक हो जाते हैं।'

माँ कहती : 'होते होंगे, लेकिन मैं कभी बीमार पड़ूँ, तो तुम दवा से ही ठीक करना, काटोगे, तो माँ को खो दोगे!'"

आलोक जी ज़रा देर ऐसी माँ की यादों में खोए रहे, फिर बोले : "मैं अगर उसका बेटा नहीं होता, तो कवि नहीं होता।"

## 40

मैंने आलोकधन्वा से निवेदन किया : "आपके कविता-संग्रह 'दुनिया रोज़ बनती है' के 'बैक कवर' पर परिचय में लिखा है कि 1973 में क्रान्तिकारी कवि पाश के गाँव जाकर उनसे मिलने और सांस्कृतिक अभियान में हिस्सेदारी करने के कारण पंजाब में आपको गिरफ़्तार कर लिया गया था। ज़रा उस अनुभव के बारे में बताइए!"

बोले : "पंजाब यात्रा मेरे जीवन का एक स्वर्णिम अध्याय है—अवतार सिंह

पाश, अमरजीत चन्दन और उनके साथी कवियों ने मिलकर मेरी कविता 'जनता का आदमी' का पंजाबी में अनुवाद किया था : 'की मैं कविता छोह सकदा हाँ?' (मूल सन्दर्भ : 'मैं एक भूमिहीन किसान हूँ / क्या मैं कविता को छू सकता हूँ?')। लालसिंह दिल कहीं गए हुए थे, इसलिए उनसे तो भेंट नहीं हो पाई, लेकिन पाश और चन्दन जैसे बड़े कवियों के साथ कई दिन रहना, एक-दूसरे की कविताएँ सुनना, अपने वक़्त के हालात, विश्व कविता और भारतीय कविता पर बहस-मुबाहिसे करना सब कुछ ऐसा था, जैसे कि अली सरदार जाफ़री ने बयान किया है :

*गुफ़्तुगू बन्द न हो*
*बात से बात चले*
*सुब्ह तक शाम-ए-मुलाक़ात चले*
*हम पे हँसती हुई ये तारों भरी रात चले*

पाश के आमंत्रण पर ही मैं 1973 के सितम्बर-अक्टूबर में पंजाब गया था। पाश और चन्दन मेरे लगभग हमउम्र थे और मैं उस समय पच्चीस वर्ष का था। बीस और तीस के बीच—कविता सुनने-सुनाने की सबसे अच्छी उम्र यही होती है। मैं पंजाब मेल से गया था और लखनऊ के बाद जैसे ही काकोरी स्टेशन देखा, मुझे रोमांच हुआ कि मैं दयानन्द सरस्वती, लाला लाजपतराय और भगत सिंह की धरती की ओर जा रहा हूँ। उसकी एक लय, एक संगीत मेरे भीतर बन गया।

ट्रेन से उतरकर सबसे पहले मैं नकोदर शहर में अमरजीत चन्दन के घर पहुँचा। वहाँ से हम जालन्धर गए और लेखकों-कवियों-पत्रकारों और 'एक्टिविस्ट्स' की एक बड़ी सभा में हिस्सेदारी की; जो अमेरिका की कुख्यात गुप्तचर संस्था सीआईए की साज़िश से, चिली की शान्तिपूर्ण और लोकतांत्रिक ढंग से चुनी गई लोकप्रिय सरकार का तख़्तापलट किए जाने के विरुद्ध आयोजित थी। राष्ट्रपति सल्वाडोर एलेन्दे ने अपनी ही सेना 'जुंटा' के विश्वासघात से उपजी भीषण परिस्थिति से घिर जाने पर अपमानित होने के बजाय आत्महत्या कर ली और उनके दोस्त विश्वकवि पाब्लो नेरुदा की रहस्यमय तरीक़े से अस्पताल में ज़हर का इंजेक्शन देकर हत्या की गई थी। उनके ड्राइवर ने वर्षों बाद 2013 में मेक्सिको की एक पत्रिका 'प्रॉसेसो' से ख़ुलासा किया कि नेरुदा ने उसे अस्पताल में बुलाकर तकलीफ़ और हताशा के साथ बताया कि सोते

समय उनके पेट में कोई इंजेक्शन लगाया गया था। यह एक महान कवि का 'कोल्डेस्ट मर्डर' था।

उस प्रतिरोध-सभा में मैंने भी चिली के ध्वंस के विरुद्ध भाषण दिया और पाश, चन्दन और दूसरे बहुत-से कवियों के साथ कविता-पाठ किया। हमने चिली में समाजवादी सरकार को गिराकर तानाशाह सैन्य हुकूमत क़ायम करने के अमेरिकी षड्यंत्र की भर्त्सना करते हुए प्रस्ताव पारित किया, प्रेस में दिया और नारे लगाए : 'अमेरिकी साम्राज्यवाद मुर्दाबाद' और 'जनता के महाकवि नेरुदा के हत्यारो मुर्दाबाद!'

रात में हम लोग पंजाबी लेखिका केवल कौर के घर पर रुके, जो 'माँ' नामक साहित्यिक पत्रिका निकालती थीं। एक-दो दिन बाद हम चन्दन के घर नकोदर आ गए। पाश एक-डेढ़ घंटे की दूरी पर भारत-पाकिस्तान सीमा के क़रीब अपने गाँव तलवंडी सलेम में स्कूल में शिक्षक थे और अपनी ड्यूटी ख़त्म करके रोज़ हम दोनों से मिलने आते थे। एक दिन मुझसे उन्होंने कहा : 'तुम चलो, हमारा गाँव देख लो!'

सिख पन्थ के प्रति मेरे मन में गहरा सम्मान है, क्योंकि मैं गुरु गोविन्द सिंह की जन्मभूमि तख़्त श्री पटना साहिब के शहर में रहता हूँ, इसीलिए यहाँ उसके नज़दीक स्थित पटना सिटी रेलवे स्टेशन का नया नाम रखा गया है पटना साहिब। देखिए, पहले जो हमारे योद्धा थे, वे कवि भी थे। गुरु गोविन्द सिंह कवि थे और उनके पिता गुरु तेगबहादुर सिंह भी, जो 'गुरु ग्रन्थ साहिब' में संकलित कबीर की इस साखी को अपना आदर्श मानते थे :

*सूरा तबही परषिये[1], लड़ै धणीं[2] कै हेत।*
*पुरिजा-पुरिजा ह्वै पड़ै, तऊ न छाड़ै खेत॥*

भगत सिंह, अशफ़ाक़ उल्ला ख़ाँ, रामप्रसाद बिस्मिल जैसे हमारे क्रान्तिकारी शहीद भी कवि थे। तो पाश ने अपने गाँव ले जाकर मेरा परिचय कराया : 'ये हिन्दी कवि आलोकधन्वा गुरु गोविन्द सिंह की जन्मभूमि पटना साहिब से आए हैं।' इस बात से प्रभावित होकर सारे स्त्री-पुरुष अपने-अपने घरों से निकल आए और 'जो बोले सो निहाल, सत श्री अकाल' कहकर उन्होंने हमारा स्वागत किया।

---

1. परखिये, परख होती है। 2. स्वामी, आत्मा।

तब तक पंजाब, भारत में 1966-67 में शुरू हुई हरित क्रान्ति का केन्द्र बन चुका था। वहाँ खेती इतनी समुन्नत है कि आपको लगेगा : किसी दूसरे देश में आ गए हैं। हम पाश के साथ खेत-खेत, नहर के किनारे-किनारे चलते थे। चारों ओर खेतों में फ़सल की हरियाली थी और उसके बीच में बँधे हुए मचान पर बैठकर हमने रोटी खाई।

शाम को पाश नकोदर जाने वाली बस तक मुझे विदा करने आया। मेरे साथ पंजाब विश्वविद्यालय, चंडीगढ़ का एक छात्र भी था। पाश बेहद ज़िन्दादिल, ख़ूबसूरत और देह से सशक्त था। आज लगभग आधी सदी गुज़र गई, लेकिन लगता है : बीच का समय अभी नहीं बीता है। मेरे भीतर इतनी ज़िन्दा है वह घटना कि लगता है : कल की ही बात हो। कल ही पाश मुझे बस में बैठाकर लौट गया। चलते वक़्त उसने कहा : 'चलो, चलो, आ रहे हैं न, कल आएँगे।'

उसे क्या पता था; नकोदर में चन्दन के घर पहुँचने के पहले ही पुलिस मुझे गिरफ़्तार कर लेगी।"

## 41

आलोकधन्वा आगे कहते हैं : "पाश मुझे शाम के पाँच-साढ़े पाँच बजे तलवंडी सलेम से नकोदर जाने वाली जिस बस में बैठाने आया था, उसमें सादी वर्दी में पंजाब पुलिस के सिपाही भी थे। निश्चय ही उन्होंने पाश को मुझे विदा करते देख लिया था, इसलिए देर शाम नकोदर में बस से उतरते ही मुझे गिरफ़्तार कर लिया और मेरे एक हाथ में हथकड़ी पहनाकर पुलिस थाने ले गए।"

मैंने पूछा : "पाश के संग-साथ में आख़िर ऐसी क्या बात थी कि उन्होंने आपके विरुद्ध यह कार्रवाई की?"

बोले : "बात यह है कि पाश और अमरजीत चन्दन, दोनों तब तक नक्सलवादी राजनीति से जुड़े होने, लोगों को क़ानून-व्यवस्था के ख़िलाफ़ भड़काने और शान्ति-भंग के अन्देशे जैसे आरोपों के तहत क़रीब दो साल की जेल काटकर हाल ही में रिहा हुए और पुलिस की नज़रों में सन्दिग्ध थे। यह बहुत आश्चर्यजनक है, क्योंकि 1972 में पाश जब रिहा हुए, तो महज़ बाईस साल के थे और

चन्दन 1973 के सितम्बर में जेल से बाहर आने पर सिर्फ़ सत्ताईस साल के।

पुलिस पहले तो थाने के बरामदे में बैठाकर देर तक मुझसे तहक़ीक़ात करती रही कि 'तुम नकोदर क्यों और कहाँ से आए, तुम्हारा परिचय क्या है?' मैंने बताया : 'हम बिहार में मुंगेर के रहने वाले हैं, पटना से आए थे पाश और अमरजीत चन्दन के आमंत्रण पर कविता सुनाने, क्योंकि इन साथी कवियों ने मेरी एक रचना का पंजाबी में अनुवाद किया है।' उन्होंने पूछा : 'करते क्या हो?' मैंने जवाब दिया : 'हम किसान के बेटा हैं, गेहूँ, दाल, चावल उपजाते और पढ़े-लिखे हैं। हमारे बाबूजी स्वाधीनता संग्राम सेनानी रहे और कांग्रेस के नेता हैं।' फिर जो दारोग़ा था, उसने कहा : 'कविता लिखते हो, तो सुनाओ कुछ!' "

मैंने सवाल किया : "आपने 'जनता का आदमी' सुनाई?"

आलोक जी हँसते हैं : "नहीं, वो कविता कहाँ उन लोगों की समझ में आती! मैंने लिखने की शुरुआत गीतों से की थी, इसलिए दो गीत उन्हें गाकर सुनाए। तब मेरी आवाज़ बहुत अच्छी थी। रवादार आवाज़ का मतलब है कि उसके भी 'ग्रैन्यूल्स' होते हैं। 2002 में मुझे किसी बीमारी के सन्देह के चलते 'वोकल कॉर्ड' का ऑपरेशन कराना पड़ा, इसलिए आवाज़ के दाने बिखर गए। अब वह बात नहीं रही।"

मैंने इसरार किया : "जो गीत आपने उन्हें सुनाए, कृपया मुझे भी सुना दीजिए!"

बहुत कोशिश करने के बावजूद वह एक ही गीत याद कर पाए, उसका भी एक अन्तरा, लेकिन उसमें एक ख़ूबसूरती और कशिश है :

*बिछुड़े-बिछुड़े रहते हैं हम इस तरह*
*जैसे संग कभी थे ही नहीं*
*दोपहर से शाम तक मैं इन्तज़ार करता हूँ*
*गंगा के कच्चे घाट पर*

*इस तरह की दोस्ती भी कोई दोस्ती है*
*जब कभी होती नहीं मुलाक़ात*
*अब तुम ही बताओ कि हम किस तरह करें बात!*

"पूरा गीत याद नहीं आ रहा है, लेकिन मुंगेर में गंगा के किनारे सब कुछ

उसी तरह दिखाई दे रहा है, जैसा उस समय था, जब मैंने इसे लिखा था।"

मेरा प्रश्न था : "पुलिस की क्या प्रतिक्रिया रही?"

आलोक जी बोले : "पंजाबी तो गीत से झूम उठते हैं। दारोग़ा बहुत प्रभावित हुआ। उसने कहा : 'देखो, आलोक जी! तुम तो पूरे लिखारी[1] लगते हो। काफ़ी अच्छे बन्दे हो, लेकिन यहाँ क्यों चले आए? हमारी मजबूरी है। हम तुम्हें रात हवालात में रखेंगे।'

अन्दर रखे जाने की बात पर मैं परेशान हुआ। मैंने कहा : 'हमें यहीं बरामदे में रहने दीजिए! हम भागेंगे क्यों? हम कोई हथियार वाले आदमी थोड़े ही हैं, हम लिखारी हैं।'

मगर वह नहीं माना। उसने बस इतनी रिआयत की कि पुरुषों वाला हवालात पूरा भरा हुआ था, इसलिए उसमें ठूँसने के बजाय औरतों वाले हवालात में हमें रखा, क्योंकि वह उस वक़्त पूरी तरह ख़ाली था। रात-भर ठीक से सो नहीं पाया। नींद—जो इतनी अच्छी चीज़ है—दुनिया में किसी के क़ाबू में नहीं है और उस दिन तो ख़ैर क्या होती, वह मेरे लिए बहुत मुश्किल रात थी।"

## 42

आलोकधन्वा के शब्दों में : "एक रात हवालात में रखकर पुलिस ने अगले दिन हमें नकोदर टाउन हॉल में डी.एस.पी. के सामने हाज़िर किया। इस बीच शायद थाने के किसी सिपाही ने—जो पाश को बहुत मानता था—उसे ख़बर कर दी कि 'लिखारी[1] को—जो तुम्हारे यहाँ आया था, भोला-भाला है और जिसके लम्बे बाल हैं—पुलिस ने पकड़ लिया है, चालान कर देंगे, तो लम्बा मामला हो जाएगा। इसलिए जल्दी आ जाओ!'

पाश उस इलाक़े में लोकप्रिय था। वह बहुत-से लोगों को लेकर टाउन हॉल चला आया। मेरे एक हाथ में हथकड़ी पड़ी देखकर उसने दारोग़ा से कहा : 'यह क्या तमाशा बना रखा है तुमने? ये कोई चोर है, डाकू है, इसके पास

1. लेखक के लिए पंजाबी शब्द।

कोई हथियार है क्या, क़लम के अलावा? हम लोग लिखारी हैं, मज़दूर-किसान के हित की बात करते हैं, क्रान्तिकारी कविता लिखते हैं।

ये बिहार का मशहूर कवि है, इसकी कविता का हमने पंजाबी में तर्जुमा किया, ये हमारे निमंत्रण पर आया, सिर्फ़ लिखारी है, इसका किसी और चीज़ से ताल्लुक़ नहीं, जो तुम इसे गिरफ़्तार कर सको! जालन्धर में इसने कविता-पाठ किया, ये और भी शहरों में जाएगा, कविता सुनाएगा।

तुमने इसे ऐसे ही भूखा-प्यासा रखा होगा। इसके साथ यह सुलूक कर रहे हैं आप? ये क्या बताएगा बिहार जाकर कि पंजाब में कवियों की कैसी इज़्ज़त होती है?'

पाश कहीं से मेरे लिए चाय और गर्मागर्म पकौड़ियाँ ले आया, सिपाही से बोला : 'हथकड़ी खोलो इसकी! चाय पियेगा ये।' उसने जवाब दिया : 'हमारे अफ़सर की मौजूदगी में आप इस तरह बात नहीं कर सकते, न हम उनकी इजाज़त के बग़ैर हथकड़ी खोल सकते हैं।' मुझे याद है, पाश ने पकौड़ियाँ देते हुए कहा : 'खाओ, खाओ, आलोक! फ़िक्र मत करो!'

डी.एस.पी. ने आँखें तरेरकर पाश को देखा, तो उसने प्रतिक्रिया की : 'फिर ले जाओगे क्या? कुछ ही समय पहले तो तुम लोग मुझे ले गए थे, इसको क्यों ले जाओगे?'

तभी वहाँ नकोदर नगरपालिका के अध्यक्ष बलदेव मिश्र आए, क्योंकि उन्हें भी इत्तिला दी गई होगी। वह पटना विश्वविद्यालय में हिन्दी के आचार्य नलिन विलोचन शर्मा के रिश्तेदार थे। उनका व्यक्तित्व बहुत प्रभावशाली था। लम्बे और बड़ा-सा साफ़ा बाँधे हुए। साफ़ा तो पंजाब में आज़ादी की लड़ाई की पहचान था। उन्होंने पुलिस अफ़सर से पूछा : 'आपने क्यों गिरफ़्तार किया है इसे? आतंकवादी है क्या? वारंट है आपके पास? कैसा वारंट है? दिखाइए हमको!'

डी.एस.पी. ने बताया : 'वारंट तो नहीं है, मगर इस पर शक है कि ये पाकिस्तान से आया है।'

बलदेव जी बोले : 'कैसी बात कर रहे हैं आप? ये इतना मासूम लड़का है, इसका नाम-धाम आप जान चुके, ये पाकिस्तान से आया हुआ लगता है आपको? इसके पास ऐसी कोई चीज़ मिली है? सबूत है नहीं, शक का तो

कोई मतलब नहीं है। आप मैजिस्ट्रेट के सामने ले जाएँगे, जेल में डाल देंगे, तो बहुत नाइंसाफ़ी होगी। हम तो यहीं के हैं, ज़मानत ले लेते हैं। छोड़ दीजिए इसे!'

अफ़सर को उनकी बात माननी पड़ी, मगर उसने हिदायत दी : 'इनसे कहिए कि पंजाब छोड़ दें, यहाँ रहेंगे, तो गिरफ़्तारी की आशंका बनी रहेगी।'

बाद में बलदेव जी ने पाश से कहा : 'पुलिस वाले बहुत अजीब होते हैं। इनका तो यही धन्धा है। लोगों को तंग करने के लिए ही न है पुलिस, उन्हें आराम कहाँ देती है? इसे साथ मत रखो, भेज दो यहाँ से, नहीं तो पुलिस ख़ामख़ा तंग करेगी।'

फिर अमरजीत चन्दन के साथ मैं चंडीगढ़ आ गया, वहाँ पंजाब विश्वविद्यालय में हिन्दी विभाग के अध्यक्ष इन्द्रनाथ मदान ने मेरा कविता-पाठ कराया, जिसमें कुमार विकल सहित अनेक स्थानीय कवि शामिल हुए।

चंडीगढ़ से मैं दिल्ली चला आया। गिरफ़्तारी की ख़बर के कारण जेएनयू में छात्रसंघ के अध्यक्ष प्रकाश करात ने मेरे स्वागत में सभा की, जिसमें गिरधर राठी, मंगलेश डबराल समेत कई कवि आए। लोग बहुत उमड़े, क्योंकि सबको यही चिन्ता थी कि पुलिस ने मुझे टॉर्चर तो नहीं किया है।

असल में उस दौर में वेणुगोपाल, ज्वालामुखी, एम.टी. ख़ान, निखिलेश्वर जैसे कई कवि-लेखक गिरफ़्तार किए गए थे। इन्दिरा गांधी की मोनोपॉली और ब्यूरोक्रेसी का दबदबा था और यह माना जाने लगा था कि इन्दिरा जी 'ऑटोक्रैटिक' होती जा रही हैं।

उस समय 'दिनमान' के सम्पादक रघुवीर सहाय ने मुझे अपने दफ़्तर में आमंत्रित किया। हम लोग मंडी हाउस आए, उनके साथ ओमप्रकाश दीपक भी थे। त्रिवेणी सभागार के लॉन में बोले : 'आलोक जी, आपकी कविता 'जनता का आदमी' की बहुत धूम मची है यहाँ। आपको असुविधा न हो, तो उसका कुछ हिस्सा सुनाइए!' "

मैंने पूछा : "आपने सुनाया, तो क्या कहा रघुवीर सहाय ने?"

आलोक जी बोले : "उन्होंने ख़ुशी ज़ाहिर की : 'बहुत अच्छा है। भिन्न कविता है यह। आप एक नयी तरह की अभिव्यक्ति की शुरुआत कर रहे हैं।' 'दिनमान' में सर्वेश्वरदयाल सक्सेना ने पंजाब में मेरी गिरफ़्तारी को केन्द्र में

रखकर लेख लिखा, जिसका शीर्षक था शायद : 'दमनचक्र और बुद्धिजीवी'। कमलेश्वर ने अपनी पत्रिका 'गंगा' में वह यादगार तस्वीर छापी, जिसमें पाश और अमरजीत चन्दन के साथ मैं बैठा हूँ।"

## 43

आलोकधन्वा जब बीस-इक्कीस बरस के युवा थे, तो पटना में बड़े-बड़े गायकों-वादकों की संगीत-सभाएँ होतीं, जिनमें विशिष्ट लोग मौजूद रहते। उनके शब्दों में : "ऐसी महफ़िलों में हम भी रहते, इसलिए नहीं कि वीआईपी थे, बल्कि अपने प्रेम और ज्ञान की ताक़त से। एक बार किशोरी अमोनकर का गायन हुआ। वह इतना मधुर आलाप लेतीं कि उसे सुनते हुए आधी नींद आ जाती। आम तौर पर शास्त्रीय गायक जब विलम्बित से द्रुत में आते हैं, तो थोड़े कर्कश हो जाते हैं, लेकिन किशोरी जी की मिठास तब भी क़ायम रहती। 'सहेला रे' उनकी एक बन्दिश थी, व्याकुल जुदाई का राग, जिसे डूबकर गाया उन्होंने। दूसरे, वह आकर्षक थीं...मेरी ही तरह सलोनी छवि, सीधी उठी हुई नाक, झूलती लटें, लम्बी, छरहरी काया...देखने से लगता था कि झुकने वाली नहीं हैं ये। मेरा मन किया कि इनके साथ बम्बई भाग जाऊँ।"

मैंने अचरज से पूछा : "मगर आप भागते कैसे? क्या उनसे आपका परिचय हो गया था?"

आलोक जी बोले : "भागना होता, तो परिचय तो हो ही जाता न!" फिर वह कुछ अफ़सोस से भरकर कहते हैं : "अब लगता है कि न भागकर जीवन की बहुत बड़ी ग़लती की, क्योंकि चला जाता, तो मैं भी गाता। गाने से स्वास्थ्य अच्छा रहता है, मन अच्छा रहता है।"

## 44

एक दिन लता मंगेशकर की विदाई पर मैंने उनकी शख़्सियत के बारे में आलोकधन्वा से पूछा, तो बोले :

"लता मंगेशकर की आवाज़ अमर है। जब तक यह दुनिया रहेगी, उनकी आवाज़ भी रहेगी :

*मेरी आवाज़ ही पहचान है*
*गर याद रहे*

उन्हें मैंने पहली बार सुना, जब बारह बरस की उम्र में एक फ़िल्म देखी। गीत के बोल थे :

*शीशा-ए-दिल इतना ना उछालो*
*ये कहीं टूट जाएगा*
*ये कहीं फूट जाएगा*

उनको सुनता, तो अचरज होता : इतनी मीठी आवाज़ कैसे हो सकती है किसी की : मीठी ही नहीं, छलकने वाली आवाज़ है वह, छलकती है और भिगोती है। फिर 'मुग़ल-ए-आज़म' देखी, जिसमें अनारकली की भूमिका में मधुबाला पर ज़ुल्म ढाए जा रहे, क्योंकि क़नीज़ हैं वह और लता जी की आवाज़ में गा रही हैं :

*जब प्यार किया तो डरना क्या...*
*छुप न सकेगा इश्क़ हमारा,*
*चारों तरफ़ है उनका नज़ारा।*
*परदा नहीं जब कोई ख़ुदा से*
*बन्दों से परदा करना क्या!*

साठ के दशक में यह गाना सुपरहिट हुआ, गली-गली में गाया गया। उनसे हमें पता चलता है कि गीत जब बहुत अच्छी तरह गाए जाएँगे, तो घनीभूत पीड़ा ही आवाज़ में होगी। लता जी इतनी ऊँची तान ले जाती हैं कि उस दर्द को दिखा देती हैं, जो गीत के शब्दों में है : उस दर्द जैसी ही उनकी आवाज़ हो जाती है :

*यूँ हसरतों के दाग़, मुहब्बत में धो लिये*
*ख़ुद दिल से दिल की बात कही और रो लिये*

उस्ताद बड़े ग़ुलाम अली ख़ाँ कहते थे : 'जो काम हम घंटे-भर में गाकर नहीं कर पाते, वह ये ज़रा-सी देर में करके दिखा देती है।' उनके स्वर में एक गहरी पुकार है, एक रूमानी संस्पर्श : बहुत गहरी ऐन्द्रिय कोमलता। राजा

मेहदी अली ख़ान का लिखा यह गीत उन्होंने गाया है :

*हमको मिली हैं आज, ये घड़ियाँ नसीब से*
*जी भर के देख लीजिए हमको क़रीब से*
*फिर आपके नसीब में ये बात हो न हो*
*शायद फिर इस जनम में मुलाक़ात हो न हो*

'आवारा' और 'श्री 420' के गाने वह न गातीं, तो मैं 'छतों पर लड़कियाँ' जैसी कविता न लिख पाता। उसमें एक लड़का है :

*जो बहुत मीठा बजा रहा है माउथ ऑर्गन पर*
*आवारा और श्री 420 की अमर धुनें।*

कुछ लड़के उसे घेरकर सुन रहे हैं संगीत और कविता की आख़िरी पंक्तियाँ हैं :

*...उन सभी के ख़ून में*
*इन्तज़ार है एक लड़की का!*
*उन्हें उम्मीद है उन घरों और उन छतों से*
*किसी शाम प्यार आएगा!*

उनकी आवाज़ में जो मिठास थी और प्रेमी जोड़ों की धड़कनें थीं, वे हम लोगों में भी उतर गईं। ये दिल क्या होता है : धड़कन ही तो होता है। धड़कनें न हों, तो इसे मनहूस कहते हैं। उनकी आवाज़ में सुनिए, शैलेन्द्र का यह गीत :

*आ जा रे... परदेसी*
*मैं तो कब से खड़ी इस पार*
*ये अँखियाँ थक गईं पन्थ निहार*

1972 में जब कमाल अमरोही के निर्देशन में 'पाक़ीज़ा' फ़िल्म आई, तो ज्ञानरंजन जी ने मुझे चिट्ठी लिखी : 'तुमने 'पाक़ीज़ा' देख ली होगी और तुम उसके गीत गाते भी होगे!' देखिए, प्रेम करना जो है, वह दुनिया में सबसे कठिन और जटिल काम है। हथियारों से जो लड़ाई होती है, उससे भी कठिन। उसमें हारेंगे या जीतेंगे, लेकिन प्यार में तो पल-पल हारना-जीतना पड़ता है :

*आज हम अपनी दुआओं का असर देखेंगे*
*तीर-ए-नज़र देखेंगे, ज़ख़्म-ए-जिगर देखेंगे...*

*जानलेवा है मुहब्बत का समाँ आज की रात*
*शमा हो जाएगी जल-जल के धुआँ आज की रात*
*आज की रात बचेंगे तो सहर देखेंगे*

'निष्णात' लोगों को क्या पता : मुहब्बत की राहें कितनी ऊबड़-खाबड़ हैं—उनको तो बना-बनाया खाना मिलता है, 'रेडीमेड प्रेम' मिलता है। उनका कोई तारा नहीं है, वे किसी के लिए 'कमिटेड' नहीं और उनके हृदय में किसी के लिए उत्ताल तरंगें नहीं उठतीं।

स्त्री-पुरुष के बीच अगर सच्चा प्रेम है, तो वह कोई साधारण काम नहीं। भूख मिटने लगेगी आपकी, नींद नहीं आएगी, चैन खो जाएगा। अब उसको लोग आसान बनाना चाहते हैं, लेकिन आसान नहीं बनेगा वह, 'सिन्थेटिक' हो जाएगा। याद आ रहा है इमाम बख़्श नासिख़ का शे'र, जो हमने शमशेर जी को सुनाया था :

*गर यही हैं तिरे अबरू[1] के इशारे क़ातिल*
*आजकल चलती है तलवार तिरे कूचे में"*

## 45

मैंने आलोकधन्वा से पूछा : "क्या आपको प्रेम ने नहीं बचाया?"

बोले : "प्रेम ने नहीं, प्रेम के कवि ने बचाया। मेरा जीवन इतना विपर्यस्त रहा और उसमें इतनी हार मिली...आन्दोलनों में, प्यार में, निजी जीवन में...कि निराला को मैंने न पढ़ा होता, तो बच नहीं सकता था।

देखिए, निराला हमारे सबसे बड़े कवि हैं। जो उनकी ओर पीठ करेगा, मुँह के बल गिरेगा।...सबसे बड़े इसलिए कि वह प्रेम के कवि हैं। स्वाधीनता आन्दोलन से जुड़ी बातें उनकी कविता में आती हैं, क्योंकि वह उनका समय है। लेकिन जितनी गहरी वेदनाओं के गीत निराला ने गाए, किसी ने नहीं गाए। जैसे :

1. भौंहें।

*अब नहीं आती पुलिन पर प्रियतमा*
*श्याम तृण पर बैठने को निरुपमा!*

...और उनकी कविता गवाह है कि प्यार में जितना अभिसार है, उतनी ही यातना भी :

*हुआ प्रात, प्रियतम, तुम जावगे चले?*
*कैसी थी रात, बन्धु, थे गले-गले!"*

## 46

आलोकधन्वा से मैंने कहा : "जिस तरह की सभ्यता हमने बनाई है, उसमें प्यार एक गुनाह की तरह देखा जाता है। यहाँ तक कि कविता में भी उसका इज़हार करें; तो कुछ लोग समझते हैं कि संजीदा नहीं, बल्कि रोमांटिक बात हो रही है। वे आरोप लगाते हैं कि पहले संग्रह के बाद की रचनाओं में आप अपनी मूल भूमि से दूर आ गए हैं। मसलन आपकी एक कविता है 'मुलाक़ातें', जिसका शुरुआती हिस्सा है :

*अचानक तुम आ जाओ*

*इतनी रेलें चलती हैं*
*भारत में*
*कभी*
*कहीं से भी आ सकती हो*
*मेरे पास*

*कुछ दिन रहना इस घर में*
*जो उतना ही तुम्हारा भी है*
*तुम्हें देखने की प्यास है गहरी*
*तुम्हें सुनने की*

*कुछ दिन रहना*
*जैसे तुम गई नहीं कहीं*

क्या आपको नहीं लगता कि यहाँ आप एक असम्भव की कामना कर रहे या रोमांटिक हो रहे हैं?"

वह जवाब देते हैं : "'भागी हुई लड़कियाँ' में हमने ऐसी लड़की की बात की है, जो '...कहीं भी हो सकती है / उन आगामी देशों में भी / जहाँ प्रणय एक काम होगा पूरा का पूरा!' जिनके जीवन में अभी भी प्यार की व्याकुलता है और जो लड़कियाँ बहुत दबाव में, 'स्ट्रेस' में रहती हैं, वे तो निकलेंगी घरों से। जिसमें व्याकुलता होगी, वह तो ग़ालिब की तरह 'बे-दर-ओ-दीवार सा इक घर' भी बनाना चाहेगा। बीसवीं सदी में महान नर्तकी इज़ाडोरा डंकन जिस तरह का नृत्य करती थीं, उस समय चर्च के ऐसे नियम-क़ानून थे कि अमेरिका समेत कई देशों ने उन्हें पर्याप्त स्वतंत्रता नहीं दी। आख़िर स्टालिन ने उन्हें आमंत्रित किया और कहा : 'पूरे सोवियत संघ को आप 'डांसिंग फ़्लोर' समझिए!' उन्होंने आत्मकथा लिखी है 'माय लाइफ़'।

जो 'रवीन्द्र संगीत' है, उसमें गुरुदेव रवीन्द्रनाथ ठाकुर के गीतों की स्वर-लहरियाँ ख़ुद उन्होंने तैयार की थीं। 'इप्टा'—जिसके एक संस्थापक सदस्य पृथ्वीराज कपूर भी थे—में एक गायक हुए देवव्रत विश्वास उर्फ़ जॉर्ज विश्वास। वह 'रवीन्द्र संगीत' में नए प्रयोग करते थे। पारम्परिक सोच के लोगों ने उन पर पाबन्दी लगा दी। लेकिन धीरे-धीरे उनके गायन ने आन्दोलन का रूप ले लिया। प्रतिबन्ध हटाने पड़े।

ऐसे भी लोग हैं, जो अच्छी कविता और संगीत को सत्ता का रूप दे देते हैं—वे समझते हैं कि हमारा ही अधिकार है उस पर। बिहार में अद्‌भुत नाटककार हुए भिखारी ठाकुर। उन्हें किसी ने नहीं सिखाया कि कैसे नाटक करो। तब लड़कियों को अभिनय की भी आज़ादी नहीं थी। उन्होंने लड़कों से लड़कियों के 'रोल' करवाए। उन्हें भोजपुरी का शेक्सपियर कहा गया। शम्भू मित्र जैसे नाटककार हुए, जो स्वाधीनता के पहले से एक जनवादी, यानी बहुजन की कला और संस्कृति के लिए लड़ रहे थे।

मुझे यह कहते हुए बहुत संकोच है कि मेरी कविता 'भागी हुई लड़कियाँ' न जाने कितनी लड़कियों के लिए प्रेरणा-स्रोत है, क्योंकि उसमें उनकी ज़ंजीरें

तोड़ने की बात की गई है। उन लड़कियों के लिए भी, जो पूरे देश में काले क़ानूनों के ख़िलाफ़ लड़ रहीं और प्रतिरोध की ताक़त के रूप में सीधे सामने आ रही हैं, क्योंकि इसमें ये पंक्तियाँ हैं :

*अगर एक लड़की भागती है*
*तो यह हमेशा ज़रूरी नहीं है*
*कि कोई लड़का भी भागा होगा*

*कई दूसरे जीवन प्रसंग हैं*
*जिनके साथ वह जा सकती है*
*कुछ भी कर सकती है*
*सिर्फ़ जन्म देना ही स्त्री होना नहीं है*

'रेशनलिटी' यही है। मंगलेश डबराल मुझसे कहते थे : 'तुम कविता को ऐसे विशाल फलक पर ले जाते हो, इतने आसान शब्दों में इतनी बड़ी बात कहते हो, ऐसे असाधारण 'डिटेल्स' हैं कि भाषण देकर यह काम नहीं हो सकता था...और तुम छन्द भी लाते हो।'...छन्द है 'ब्रूनो की बेटियाँ' में और ऐन्द्रियता भी है।

ऐन्द्रिय वही है, जो कि मानवीय है। अगर कोई मानवीय नहीं है, तो ऐन्द्रिय कैसे होगा? ईश्वर नहीं है अन्तर्यामी, लेकिन स्त्री है। सबसे ज़्यादा समझने वाली वही है। ईश्वर तो एक प्रतीक है। स्त्री केन्द्र में है। वह नहीं होगी, तो कुछ नहीं होगा। कविता तो सबसे पहले ख़त्म हो जाएगी।

जब लगे कि साँस लेना मुश्किल है, प्रेम साँस की तरह ज़रूरी हो जाए, तो लोग निकलते हैं घरों से और विद्रोह करते हैं। फ्रांस के बड़े फ़िल्मकार ज्याँ-लक गोदार की फ़िल्म 'ब्रेथलेस' ने दुनिया में लाखों लोगों को झकझोरा।

भारत जितनी रेलें तो कहीं नहीं चलती होंगी दुनिया में। हर घंटे कोई ट्रेन खुलती है—जब प्यार इतना बड़ा हो जाए और इतनी बेचैनी हो कि किसी के बग़ैर जीवन असम्भव होगा, तो आप रेल पकड़ेंगे, क्यों नहीं पकड़ेंगे?"

## 47

'भागी हुई लड़कियाँ' के सन्दर्भ में आलोकधन्वा कहते हैं : "बीसवीं सदी का वह रोमांटिक दौर यादगार है—उसमें मनुष्य पराक्रम की जिस ऊँचाई तक गया, कविता में भी उसी ऊँचाई तक गया। उसी को कहते हैं 'रिवॉल्यूशनरी रोमांटिसिज़्म'।

कोई नई बात आप शुरू करेंगे, अच्छाई की ओर जाने का जो रास्ता होगा, तो विरोध होगा उसका। सावित्रीबाई फुले ने स्कूल खोला लड़कियों के लिए, उसके पहले तो कहा जाता था कि स्त्रियाँ वेद नहीं सुन सकतीं। वेद नहीं सुन सकतीं, तो क़ुरान भी नहीं सुन सकतीं। शरतचन्द्र ने 'चरित्रहीन' जैसे उपन्यास लिखकर ज़ंजीरें तोड़ीं, तो कहा गया कि इनकी किताबों पर पाबन्दी लगाओ, ये समाज को भ्रष्ट कर देंगे। उन्होंने पाठकों को उन स्त्रियों से परिचित कराया, जो सही थीं, पूरी तरह नैतिक थीं, लेकिन सामन्तवाद के चलते अच्छी नहीं मानी जाती थीं। असंख्य लोग उमड़े शरतचन्द्र के समर्थन में, जो उनके लेखन में अपनी मुक्ति देखते थे। अच्छे लेखकों ने उनका साथ दिया। रवीन्द्रनाथ ठाकुर उनसे मिलने गए।

उनकी अद्‌भुत जीवनी लिखी विष्णु प्रभाकर ने—'आवारा मसीहा'—मगर हिन्दी के सत्ता-प्रतिष्ठान ने उसका स्वागत नहीं किया। हिन्दी के लोगों ने तो रवीन्द्रनाथ ठाकुर का सम्मान भी नेहरू, निराला और हजारीप्रसाद द्विवेदी के कारण किया, ख़ुद से नहीं।

अभिव्यक्ति की आज़ादी जब हम माँगते हैं, तो उसका यही मतलब है कि सत्य की अभिव्यक्ति पर प्रतिबन्ध है। रोम में ब्रूनो को ईसाई धर्म न्यायालय के आदेश से ज़िन्दा जला दिया गया, क्योंकि उन्होंने कहा कि सूर्य ब्रह्मांड के केन्द्र में है और हमारी पृथ्वी के अलावा और भी ग्रह हैं। बाद में उनके शिष्य गैलीलियो आते हैं और इस बात को 'इंट्यूशन' तक सीमित और अस्पष्ट नहीं रहने देते, बल्कि दूरबीन बनाकर इसे साबित करते हैं। बर्टोल्ट ब्रेष्ट ने नाटक लिखा : 'लाइफ़ ऑफ़ गैलीलियो' (मूल जर्मन शीर्षक Leben des Galilei)। ब्रेष्ट और आइंस्टाइन को नाज़ी जर्मनी से भागना पड़ा। आइंस्टाइन ने सापेक्षता के सिद्धान्त की खोज की। ये बड़े आविष्कार थे, जिन्होंने पूरी दुनिया बदल दी। उस समय सारे अच्छे वैज्ञानिकों के काम में इस बात की एक 'कोहेरेंट' लय

थी कि आदमी अपनी कूपमंडूकता से बाहर निकलकर प्रकाशित मुक्ति-मार्ग पर जा सके। कम्प्यूटर भी जब शुरू में आया, तो उसे सन्देह से देखा गया, लेकिन धीरे-धीरे उसने पूरी दुनिया से अपनी 'रिदम' बना ली।

जो सच है, वही विज्ञान है। आज़ादी की लड़ाई में हमारे वैज्ञानिक भी शामिल हुए। सत्यजित राय की फ़िल्मों में आपको यह वैज्ञानिक दृष्टि मिलेगी। 'पथेर पांचाली' में भाई-बहन अपू और दुर्गा में प्रेम कितना गहन है! मनुष्य में प्रेम की जो क्षमता है, वही अनन्त है। सारी चीज़ें नश्वर हैं, जो मनुष्य को मनुष्य से अलग करती हैं, उसे आततायी बनाती हैं। शत्रुता के बरअक्स इनसान ने कविता का आविष्कार किया, जो रौशनी को सोखने में बहुत रवादार है।

एक कविता जो मैं अभी पूरी नहीं कर पाया हूँ, 'पथेर पांचाली' में ग़रीब पुरोहित की बिटिया दुर्गा पर लिखना चाहता हूँ कि उसकी मृत्यु का बदला कौन लेगा? बाढ़ आई हुई है और टाइफ़ॉयड हो गया उसे। और इलाज के अभाव में वह दम तोड़ देती है।

निपट असहायता के बीच मरती है दुर्गा—चारों ओर पानी ही पानी है, दवा की एक पुड़िया नहीं, अन्न का एक दाना नहीं। भूख और बीमारी से मरी वह। एक दुर्गा नहीं, हज़ारों दुर्गा मरीं, सामन्तवाद के कारण मरीं। आज के ज़माने की लड़कियाँ उनकी भयावह अमानवीय मौत का बदला लेंगी। मैंने लिखा है कि भूख और असहायता से मरने वाले बच्चों का निधन बहुत भारी होता है :

*असमय निधन लोहे के गोलों की तरह ठोस, हृदयहीन*
*चारों ओर निधन*
*बच्चों का निधन*
*दूध के बिना निधन*
*गेहूँ के बिना निधन*
*कौन रोकता है दूध को बच्चों तक आने में*
*गेहूँ को कौन रोकता है*
*बाहर निकालो इस आततायी को*

भोग करते हैं सामन्त और हमारे बच्चों को भूखा रखते हैं। एक बार अकाल पड़ा था, तो हमारे गाँव में ट्रक से बच्चों के लिए मिल्क पाउडर के पैकेट्स आते

थे, अमीर लोग उनका एक हिस्सा अपने पास रख लेते। मेरी माँ उनसे कहती थी : 'जिनके लिए आया है, उन्हीं को दो! नहीं तो पाप लिखेगा तुम्हारे नाम।'"

'पथेर पांचाली' के ग़रीब पुरोहित के ज़िक्र से आलोक जी को नरोत्तमदास की कविता 'सुदामा चरित' के इस प्रसंग की याद आ जाती है :

*हाय महा दुख पायो सखा तुम,*
*आए इतै न कितै दिन खोए।*
*देखी सुदामा की दीन दसा,*
*करुना करि कै करुनानिधि रोए।*
*पानी परात को हाथ छुयौ नहिं,*
*नैनन के जल सों पग धोए॥*

और वह भावुक होकर कहते हैं : "मैं एक बार अपनी एक परिचिता मधु पन्त से मिला, तो इस कविता को पढ़कर उनकी आँखें डबडबा गईं और हमारी आँखें तो डबडबाने से भी आगे गईं। कृष्ण जैसा बड़ा आदमी रो रहा है! उनके पास सब कुछ था, लेकिन यह नहीं सोचा था कि उनका दोस्त इतना असहाय हो जाएगा। सुदामा के पाँव पखारते जा रहे हैं और रोते जा रहे हैं। आज मानव-सम्बन्धों की क्या हालत है? हम अपने दोस्तों के बीच ज़लील होते हैं और कृष्ण-सुदामा की-सी एक भी दोस्ती नहीं है हमारे पास!

आदमी ठंड या गर्मी से नहीं टूटता, वह अपने रिश्तों को देखता है कि कितने खोखले हैं और अनुमान से कितने परे हैं, तो उसे चोट बहुत गहरी लगती है। हमने पाने का कम ही किया, खोया ज़्यादा!"

## 48

आलोकधन्वा के समक्ष मैंने सवाल को थोड़ा और साफ़ करके रखा : 'जब आप प्रेम की बात करते हैं, तो किसी-किसी को लगता है कि संघर्ष-पथ से दूर हट रहे या क्रान्ति के ध्येय को भूल रहे हैं?'

बोले : "प्रेम ही दुनिया है। प्रेम ही समय है। यह हमारे आला शाइर ग़ालिब

ने कहा : *'बैठे रहें तसव्वुर-ए-जानाँ किए हुए।'* दुनिया के किसी हिस्से में कोई कवि हो, ग़ालिब से बड़ा तो नहीं होगा। प्रेम जब असफल होता है, तो वह भी ऐसी ही चुनौती पैदा करता है, जैसी रोज़ी-रोटी की मशक़्क़त है। फ़ैज़ कहते हैं न :

*दुनिया ने तेरी याद से बेगाना कर दिया*
*तुझसे भी दिलफ़रेब हैं ग़म रोज़गार के*

जो निराला थे, उनका निजी जीवन कैसा था? दुर्द्धर्ष संघर्ष के बावजूद उन्होंने प्रेम के गहन राग को खोया नहीं। वह गहन प्रेम के कवि हैं। उनका प्रेम श्रृंगार के साथ सामने आता है। उतने राग और श्रृंगार तो किसी के पास नहीं मिलते, जितने उनके यहाँ हैं। ऐसी ऐन्द्रियता है, जिसको हम सोच भी नहीं सकते थे :

*अट नहीं रही है*
*आभा फागुन की तन*
*सट नहीं रही है।*

उन्होंने बहुत गीत लिखे, जिनमें मिलन और अभिसार के कितने दृश्य हैं और कितनी तकलीफ़ है :

*मौन रही हार,*
*प्रिय-पथ पर चलती,*
*सब कहते श्रृंगार!*

उनकी दृष्टि पूरे भारत पर थी। उन्होंने अद्‌भुत वाणी-वन्दना 'वर दे, वीणावादिनी, वर दे' लिखी, जो घर-घर में गूँजती और गाई जाती है। 'बादल-राग' बारिश और किसान, दोनों के प्रेम में लिखी गई कविता है :

*जीर्ण बाहु, है शीर्ण शरीर,*
*तुझे बुलाता कृषक अधीर,*
*ऐ विप्लव के वीर!*

इसमें बादलों को वह जिस तरह पुकारते हैं—*'झूम-झूम मृदु गरज-गरज घन घोर! राग-अमर! अम्बर में भर निज रोर!'*—कौन पुकारेगा? 'रोर' कौन लिखेगा अब? 'तोड़ती पत्थर' में मज़दूर स्त्री के लिए उनका जो 'सपोर्ट' है, वह उनका प्रेम उसे कहीं कातर नहीं होने देता।

जिसे 'क्रान्ति' कहते हैं, वह 'परमानेंट' क्रान्ति तो नहीं होती। क्रान्ति भी सोपान चढ़ती है। उसकी सीढ़ियाँ निरभ्र दिग्दिगन्त में जाती हैं। वह इसी तरह होती है धीरे-धीरे, जैसे सिख पन्थ के लोग पगड़ी तैयार करते हैं, जैसे रसोई पकती है—एकदम से पकेगी, तो जल जाएगी। वास्तविक क्रान्ति में धमाके नहीं होते।

करुणा भी ऐसी चीज़ है कि उसे सींचते रहना पड़ेगा। अगर बच्चों से भेंट न हो, स्त्री से भेंट न हो, अगर इन्तज़ार न हो, अगर दुनिया की तमाम बेलाएँ, ऋतुएँ, लताएँ और पुष्प हमें घेरे न रहें; तो क्या मतलब है जीवन का?

जितना अँधेरा है भारत में अभी, वैसा पता नहीं कब रहा होगा—शायद तब रहा होगा, जब फिरंगी आए यहाँ और उन्होंने नफ़रत फैलाई, क़त्लेआम किए। इसलिए संविधान में जो लिखा है, वह लागू होगा कि नहीं—इसकी बहुत बेचैनी है पूरे देश में। बीच-बीच में एक क़बीलाई और मध्ययुगीन बर्बरता लौट आती है हमारे यहाँ और जिसे हम रोज़ देख रहे हैं अफ़ग़ानिस्तान में।

लाखों पेड़ काट डाले गए—सबसे ज़्यादा नुक़सान तो शहरों का ही हो रहा है, क्योंकि आप ऑक्सीजन के स्रोत नष्ट कर रहे हैं—पीपल, जामुन, देवदार, नीम। आप कहते हैं कि 'स्मार्ट सिटी' बनाएँगे, लेकिन उसका मतलब नहीं समझते। आपको पता नहीं है कि कहाँ कितना 'स्पेस' देना चाहिए, जिससे कि आदमी साँस ले सके। आप कई सौ फ़ीट ऊँची मूर्ति बना देते हैं, तो संवाद कैसे करेगी आम जनता? ये मूर्तियाँ प्रतीक हैं इस बात की कि इनके बनाने वाले जनसाधारण की पहुँच के बाहर हैं। यह प्रभुत्व क़ायम करना है, 'शॉवेनिज़्म' है। नज़दीक रहेगा, तो बातचीत करेगा महापुरुष। आप उसे बातचीत करने के लायक़ नहीं रहने देते। क्या अन्तर रह जाता है आप में और एक विदेशी सरकार में?

अभी किसानों ने जो आन्दोलन किया—उसमें कहाँ-कहाँ से लोग आए, तक़रीबन डेढ़ लाख लोग थे सड़क पर—अद्भुत दृश्य था यह—वे एक साल से ज़्यादा बैठे रह गए : *'बैठे हैं रहगुज़र पे हम, ग़ैर हमें उठाए क्यों?'* यह सिविल नाफ़रमानी थी, सविनय अवज्ञा आन्दोलन, पूरी तौर से अहिंसक। आख़िरकार यही काम आया और उसने झुकाया सरकार को। इसलिए गांधी नहीं रहेंगे, तो बहुत कुछ नहीं रहेगा।

इसने साबित किया कि लोगों के भीतर वह चीज़ जीवित है कि तुम्हारे पैर के

नीचे नहीं रहेंगे हम। एक आज़ादी की भूख है—वह नृत्यांगना हो, किसान-मज़दूर हो या कवि-लेखक—सब निर्भर हैं एक-दूसरे पर—'स्ट्रक्चर' और 'सुपर स्ट्रक्चर' की तरह। ये अलग-अलग नहीं होंगे। महबूब ख़ान की फ़िल्म 'मदर इंडिया' और फ़ैज़ अहमद फ़ैज़ की शाइरी में एक रिश्ता है। याद कीजिए इस फ़िल्म के दृश्यों को और देखिए फ़ैज़ की यह नज़्म, जहाँ हमलों का प्रतिरोध सीधे कविता बन जाता है :

*दहक़ाँ[1] के नाम*
*जिसके ढोरों को ज़ालिम हँका ले गए*
*जिसकी बेटी को डाकू उठा ले गए*
*हाथ भर खेत से एक अंगुश्त[2] पटवार ने काट ली है*
*दूसरी मालिये[3] के बहाने से सरकार ने काट ली है"*

## 49

आलोकधन्वा प्रेम और उत्सर्ग को एक ही सचाई के अविभाज्य पहलू मानते हैं : "प्रेम सबसे बड़ा मानव-मूल्य है। प्रेम जितना गहरा होगा, उतने अच्छे कवि आप होंगे! लुइस ग्लुक कहती हैं कि हमारा दुख यह नहीं कि हम अकेले हैं, ट्रेजेडी यह है कि हमको कोई सुनने वाला नहीं है :

*अकेला होना भयावह है*
*मेरा मतलब अकेले रहने से नहीं है*
*अकेले का मतलब है जहाँ कोई तुमको नहीं सुनता*

प्रेम का अभाव वहाँ होगा, जहाँ आप हर चीज़ को 'कमॉडिटी' में बदल देंगे। भूमंडलीकरण ने पूरी दुनिया को बाज़ार बना दिया है। यह 'रिपब्लिक' के ख़िलाफ़ भी है। इसलिए भारत की स्वाधीनता और गणतंत्र के लिए जो सेनानी लड़े और शहीद हुए, उनकी गरिमा को हम हर हाल में बचाना चाहते हैं। शैलेन्द्र के गीतों में यही जज़्बा है, जो उन्हें बहुत मार्मिक और प्रभावशाली बनाता है :

---

1. किसान। 2. उँगली-भर। 3. लगान।

*मत रो माता लाल तेरे बहुतेरे*
*जन्मभूमि के काम आया मैं*
*बड़े भाग हैं मेरे*

*फिर जनमूँगा उस दिन*
*जब आज़ाद बहेगी गंगा*
*उन्नत भाल हिमालय पर*
*जब लहराएगा तिरंगा*

ज़िन्दगी के इम्तिहान में पास होना चाहिए आदमी को, और इम्तिहानों का कोई मतलब नहीं है। ज़िन्दगी कितनी जगहों से पुकारती है आपको, तब पता लगना चाहिए कि आप कहाँ हैं!

मुक्तिबोध ने जो सवाल उठाया था कि हिन्दी के कवियों का आयुष्य-क्रम क्या है—वह आज भी प्रासंगिक बना हुआ है, क्योंकि इनमें से ज़्यादातर किसी ओहदे, पुरस्कार और विदेश-यात्रा को अहम मानते हैं। ये ऐसे लोग हैं, जो पीड़ा की बात करते हैं, मगर उसके हिस्सेदार नहीं। अकबर इलाहाबादी का शे'र है :

*क़ौम के ग़म में डिनर खाते हैं हुक्काम के साथ*
*रंज लीडर को बहुत है मगर आराम के साथ*

इसके विपरीत प्रेम तो एक व्याकुलता पैदा करता है न—हमारे यहाँ टप्पा, ठुमरी, कजरी, दादरा, भजन जैसे कितने ही रूप हैं कविता और संगीत के। बेगम अख़्तर के गाने में पूरा अवध गूँजता है। शेख़ इब्राहीम ज़ौक़ की ग़ज़ल भी उन्होंने गाई है, जिसमें यह कितना मार्मिक शे'र है :

*बेहतर तो है यही कि न दुनिया से दिल लगे*
*पर क्या करें जो काम न बे-दिल्लगी चले*

एक कविता में मैंने लिखा है :

*दुनिया में आते ही*
*क्यों हैं*
*जहाँ इन्तज़ार बहुत*
*और साथ कम*

इसलिए एक दूसरी कविता में यह भी कहा है :

*एक बार और मिलने के बाद भी*
*एक बार और मिलने की इच्छा*
*पृथ्वी पर कभी ख़त्म नहीं होगी*

जब आप रंग-रोगन करते हैं और सादगी से कोई बात कहना नहीं चाहते, तो कहन मुख्य हो जाएगी, मूल संवेदना पीछे छूट जाएगी। जबकि ऐसे अनुभव से अगर आप गुज़रे हैं, जिसमें बहुत दर्द है, वेदना है, तो उसका स्पर्श गहरा होगा। एस.एच. बिहारी के एक गीत का अन्तरा देखिए :

*देखो वो चाँद छुपके करता है क्या इशारे*
*शायद ये कह रहा है, हम हो गए तुम्हारे...*

*ऐसा न हो कि हमको रस्ते में छोड़ जाओ*
*जाकर कहीं किसी की दुनिया नयी बसाओ*
*मँझधार में रहें हम, लग जाओ तुम किनारे*

जो कवि अपने को बहुत क़ाबिल समझते हैं, यह नहीं जानते कि बहुत जगहों से तान उठाई जाती है। यह एक सार्वभौमिक चीज़ है, जो इसे निजी बनाएगा, तोड़ देगा। फ़ैज़ ने एक नज़्म में लिखा है :

*तुम नाहक़ शीशे चुन चुन कर*
*दामन में छुपाए बैठे हो*
*शीशों का मसीहा कोई नहीं*
*क्या आस लगाए बैठे हो"*

## 50

आलोकधन्वा से मैंने कहा : "मिर्ज़ा ग़ालिब हमेशा आत्मालोचना के लिए उकसाते हैं और बहुत विनोदप्रियता के साथ। उनका एक शे'र है कि लोग ख़ूबसूरती को पसन्द करते हैं, मगर उन्हें आईना भी तो देखना चाहिए :

*चाहते हैं ख़ूबरूयों को 'असद'*
*आप की सूरत तो देखा चाहिए!'"*

बोले : "एक ज़माने में मैं अपने दोस्त मंगलेश डबराल के साथ दिल्ली में उनके घर रहा, जब वह पुष्पविहार में रहते थे।

एक दिन देर शाम 'जनसत्ता' के दफ़्तर से निकलकर हमने आईटीओ पुल से पुष्पविहार जाने वाली डीटीसी की बस पकड़ी। उसमें एक अफ़ग़ान स्त्री थी : बेहद ख़ूबसूरत। उसकी त्वचा में अद्‌भुत कान्ति और लालिमा थी।

मैंने मंगलेश से कहा : 'देखो, कितनी आकर्षक और गरिमामयी स्त्री है। कहीं कोई ग्रन्थि उसमें नहीं दिखाई दे रही। इसे कहते हैं सौन्दर्य।'

उन्होंने जवाब दिया : 'एक लोकगीत है :

*लागल झुलनिया के धक्का*
*बलम कलकत्ता पहुँच गए*

ऐसी ही सुन्दर स्त्रियों के लिए लिखा गया होगा।'

तब मैं बोला : 'हाँ, वह तो ठीक है, पर अपना चेहरा देखे हो और मेरा भी? हम लोग जोकर लगेंगे उसके सामने!'"

## 51

एक दिन आलोकधन्वा ने यों बात शुरू की : " 'अपर मिडिल क्लास' (उच्च-मध्यवर्ग) में यह होता है कि पाँच बजे कहते हैं कि हम आपसे प्यार करते हैं और सात बजे कहते हैं कि नहीं, हम प्यार नहीं करते। उस तरह के आदमी हम कभी नहीं रहे।"

मैंने उन्हें याद दिलाया : 'अभी जो आपने कहा, उससे आपकी कविता *'भूल पाने की लड़ाई'* याद आती है, जिसकी पंक्तियाँ हैं :

*मैं नहीं उन लोगों में*

*जो भुला पाते हैं प्यार की गई स्त्री को*
*और चैन से रहते हैं'"*

आलोक जी भाव-विह्वल हो गए, बोले : "ये पंक्तियाँ मेरे दोस्त कवि वीरेन डंगवाल ने भी कैंसर से जूझते हुए अपने मुश्किल दिनों में मेरे बारे में दिए गए एक इंटरव्यू में 'कोट' की थीं और कहा था कि उसने जो काम किया है दुनिया में आकर, वह तो विरले लोग करते हैं। जिसको अमरत्व कहते हैं, अपराजेयता कहते हैं, वह तो आलोकधन्वा में ही है। यह इंटरव्यू अविनाश मिश्र ने लिया और 'पाखी' में प्रकाशित किया था।"

मैंने देखा, सचमुच वीरेन डंगवाल का बयान है : "...वह (आलोकधन्वा) इतना बेशक़ीमती और अनन्य है कि उसे बर्दाश्त करने के अलावा कोई दूसरा चारा नहीं। इस वजह से ही आप...उसकी असहनीयता को भी सह लेते हैं...'जनता का आदमी', 'गोली दागो पोस्टर' अबरक[1] की खान में अमरत्व है...वहीं पर अमरत्व है और कहीं लगबै नहीं करता...।"

बहरहाल, आलोक जी आगे कहते हैं : "मुहब्बत के चश्मे (निर्झर) से जो कविताएँ बनती हैं, उन्हें भी हमने लिखने की, मुहब्बत के झरनों को जीवन में लाने की कोशिश की है; लेकिन अब महफ़िलें उजड़ती जा रही हैं और जिस शाइरी ने लाखों लोगों को बदल दिया, उनके दिल को, वजूद को, तसव्वुर को बदल दिया, उसके अदीब कम ही हैं साथ में।

हिन्दी-उर्दू और अन्य भारतीय भाषाओं में कोई विभाजन नहीं है। किसी ईश्वर ने अलग-अलग ज़बानें और लिपियाँ बनाकर नहीं दी हैं। जिस तरह हमने आग का आविष्कार किया, उसी तरह ज़बान को भी ढूँढ़ा और उसी तरह हमने शाइरी शुरू की, गीत गाने शुरू किए और संगीत के साज़ बनाए। अब हम अपने ही मानवीय पराक्रम से दूर होते जा रहे हैं।

लड़के-लड़कियों में अब जो प्रेम है, वह बीसवीं सदी वाला प्रेम नहीं है, यह प्रेम बदल जाता है और बहुत ही तेज़ी से बदलता है। वह जो उदारता होती थी, ऐसी उदारता और बेचैनी—जिससे बहुत गहरी जड़ें पकड़ता था प्रेम—उस प्रेम का अंकुरण कभी ख़त्म नहीं होता था, उसका शहद कभी सूखता नहीं था, उसकी हरियाली कभी ख़त्म नहीं होती थी—वह प्रेम धीरे-धीरे पीछे छूट गया है।

---

1. अभ्रक धातु—एक तरह का पत्थर।

ऐसा नहीं है कि वह प्रेम अब बिलकुल नहीं है—यह कहना ग़लत होगा—लेकिन बहुमत यह समझता ही नहीं है कि प्रेम है क्या! अगर वे इसे सिर्फ़ दैहिक समझेंगे, तब तो प्रेम का दायरा बहुत छोटा हो जाएगा। प्रेम का मतलब है कि सुख-दुख में हर मोड़ पर साथ देंगे, हर जद्दोजेहद में साथ रहेंगे। अपने प्रिय को ऐसा बनाएँगे कि उसमें एक प्रतिरोध हो और उसकी वैयक्तिकता ज़्यादा प्रस्फुटित हो।

जो सामन्ती ढाँचा था, वह स्त्री को छाया की तरह देखता और भोग की वस्तु बनाकर रखता था; लेकिन प्रेम वह है, जो आपको 'लिबरेशन' के बीच ले जाता है। इस प्रेम की हमने जो ज़मीन तैयार की, उसमें न्याय की लड़ाई ने भी हमारा साथ दिया। स्वाधीन जीवन के विरोध में जो चीज़ें जाती हैं, उनसे प्रेमी-प्रेमिका दोनों मिलकर लड़ते हैं। अमृता प्रीतम बड़ी लेखिका थीं, अपने उसूलों को ज़ाहिर करती और प्रेम को समझती थीं। उन्होंने लिखा है :

*प्रेम में पड़ी स्त्री को*
*तुम्हारे साथ सोने से ज़्यादा अच्छा लगता है*
*तुम्हारे साथ जागना*

मिर्ज़ा ग़ालिब की शाइरी में कितना दर्द है प्यार का :

*ज़िन्दगी यों भी गुज़र ही जाती*
*क्यों तिरा राहगुज़र याद आया*

जिस 'दीद-ए-तर'[1] की बात करते थे ग़ालिब, वे मुहब्बतें अब कहाँ जा रही हैं? वे प्रेमिकाएँ कहाँ हैं, जो आँसुओं से अपने आशिक़ों के चेहरे भिगो देती थीं?"

## 52

आलोकधन्वा परेशान थे। कोई मित्र उनके घर आकर अपने मोबाइल से उनकी डायरी के पन्नों की फ़ोटो खींच रहे थे।

---

1. आँसुओं से भीगी हुई आँख।

उन्होंने पूछा : 'डायरी तो बहुत निजी चीज़ होती है। तुम इसके फ़ोटो क्यों ले रहे हो?'

उसने जवाब दिया : 'दादा, हम आपसे बहुत प्यार करते हैं। इसका कोई ग़लत इस्तेमाल नहीं करेंगे।'

आलोक जी बोले : 'तुम्हारा प्यार तो सोलहों आने सच हो सकता है, लेकिन तुम्हारा दिमाग़ मुझे सोलहों आने सही नहीं लग रहा।'

## 53

बातों के बीच में आलोकधन्वा को सहसा याद आता है कि हिन्दी आलोचना में उन्हें और उनके साथी कवियों को 'आठवें दशक के कवि' कहा जाता है, तो कहते हैं : "यह क्या बात हुई? एक कवि क्या सिर्फ़ एक दशक के लिए आता है? यह कितनी हास्यास्पद बात है कि आप कवियों को दशकों में बाँधना चाहते हैं? एक कवि कितने दिन तक इस दुनिया में रहेगा, यह बता पाना बहुत मुश्किल है। कविता के पाठक बार-बार पीछे जाते हैं, बार-बार वे जानना चाहते हैं कि किसने कैसे और क्या लिखा है। आप क्या हरिवंशराय बच्चन के गीतों को कभी भूल सकते हैं? मैं जहाँ भी गया हूँ, मैंने उनके एक गीत को ज़रूर सुनाया है : 'दिन जल्दी-जल्दी ढलता है।' कैसी पुकार है इस गीत में घर के लिए, जिसके बग़ैर इनसान का काम नहीं चल सकता और जहाँ कोई इन्तज़ार करने वाला भी नहीं रहा :

*मुझसे मिलने को कौन विकल?*
*मैं होऊँ किसके हित चंचल?—*
*यह प्रश्न शिथिल करता पद को, भरता उर में विह्वलता है!*
*दिन जल्दी-जल्दी ढलता है!"*

## 54

आलोकधन्वा से मैंने पूछा : "आपकी कविता 'भागी हुई लड़कियाँ' का एक अंश है :

*क्या तुम्हारे लिए कोई लड़की भागी?*

*क्या तुम्हारी रातों में*
*एक भी लाल मोरम वाली सड़क नहीं?*

*क्या तुम्हें दाम्पत्य दे दिया गया?*
*क्या तुम उसे उठा लाये*
*अपनी हैसियत, अपनी ताक़त से?*
*तुम उठा लाये एक ही बार में*
*एक स्त्री की तमाम रातें*
*उसके निधन के बाद की भी रातें!*

इसमें स्त्री से प्रेम और पारम्परिक दाम्पत्य के अन्तर्गत उसकी पराधीनता का जो मार्मिक अन्तर्विरोध है, उसके बारे में आपके विचार क्या हैं?"

बोले : "एक स्त्री अगर सचमुच आपसे प्यार करती है, तो दुनिया में आपका आना सार्थक हुआ। अगर वह हृदय देती है, तो इस मृत्युलोक में आपका जन्म अकारथ नहीं गया। प्रणय इतनी ऐन्द्रिय चीज़ है कि दुनिया में किसी चीज़ से उसकी तुलना नहीं हो सकती।

बुद्ध ने अहिंसा, समता और सहृदयता की जो मुहिम चलाई, उससे हम अभिभूत रहे; लेकिन उनसे इस बात को लेकर नाराज़ भी रहे कि उन्होंने शुरुआत में बौद्ध विहारों में स्त्रियों का प्रवेश वर्जित कर रखा था। आख़िर यही भय था उन्हें कि बौद्ध भिक्षु उनके आग़ोश में जाकर लौटेंगे नहीं। दरअसल स्त्री का जो आग़ोश होता है, वह 'अल्टीमेट' है—कोई उसमें जाकर लौटना नहीं चाहेगा। धोखा हो जाए, तो बात और है।

प्रणय का रास्ता तब लोमहर्षक हो जाता है, जब एक स्त्री को आप लूटते हैं, जीतते हैं। जब आप उससे प्यार नहीं करते, सिर्फ़ यौन सम्बन्ध बनाते हैं,

तो वह एक मृत देह ही है। आप समझते हैं कि प्यार कर रहे हैं, लेकिन वह बहुत दूर है आपसे। रवीन्द्रनाथ ठाकुर की एक कविता-पंक्ति याद आती है : *'विदेशी नाव पर इतनी करुण बाँसुरी बजाते हुए कौन जा रहा है!'*

सवाल है कि जो स्त्रियाँ इस घेरे में रहने को मजबूर हैं, उनकी पराधीन आत्माओं का बोझ कौन उठाएगा? रवीन्द्रनाथ, प्रेमचन्द, शरतचन्द्र, निराला, यशपाल, जैनेन्द्र कुमार, अज्ञेय जैसे रचनाकारों ने यह भार उठाया था। मलयालम में तकषी शिवशंकर पिल्लै हुए, जिन्होंने 'चेम्मीन' सरीखा प्रेम का अद्‌भुत उपन्यास लिखा।"

मैंने प्रश्न किया : "इसी कविता का एक दूसरा हिस्सा है :

*तुम*
*जो*
*पत्नियों को अलग रखते हो*
*वेश्याओं से*
*और प्रेमिकाओं को अलग रखते हो*
*पत्नियों से*
*कितना आतंकित होते हो*
*जब स्त्री बेख़ौफ़ भटकती है*
*ढूँढ़ती हुई अपना व्यक्तित्व*
*एक ही साथ वेश्याओं और पत्नियों*
*और प्रेमिकाओं में!*

इसमें क्या आप स्त्री की ऐसी भटकन को महिमान्वित कर रहे या उसे मुनासिब बता रहे हैं?"

आलोक जी कहते हैं : "नहीं, यह समर्थन नहीं, यह तो एक विडम्बना का आख्यान है। जैसे यह तो अच्छी बात है कि कृष्ण द्रौपदी को बहुत मानते थे, राधा से प्रेम करते और रुक्मिणी उनकी प्रेमिका थीं, जो पत्नी बनीं। मगर पुराणों के अनुसार रुक्मिणी के अलावा उनकी सोलह हज़ार एक सौ सात रानियाँ थीं—तो इसका कोई वर्णन मिलता है क्या? क्या मतलब है इसका?

अगर कोई पुरुष कई स्त्रियों से जुड़ेगा, तो उसके जीवन में दूसरी चीज़ों के लिए जगह कम होगी। वह यौन सुख हो सकता है, लेकिन क्या प्रेम होगा

वह? प्रणय में जब आप किसी से बराबरी का रिश्ता नहीं बनाते, बल्कि उसका शिकार करते हैं, तो वही न वेश्यावृत्ति है! मौजूदा सभ्यता में यह ख़तरा है कि प्रेम नहीं करेंगे लोग, महज़ दैहिक सम्बन्ध बनाएँगे। इसका मतलब है कि प्रेम घट रहा है, क्योंकि वेश्यावृत्ति को तो प्रेम ही रोकता है।

एक ऐसे समय में हम लोग रह रहे हैं, जहाँ प्रेम की ज़रूरत है; मगर उसका वैभव और भव्यता तिरोहित हो रही है। उसके समानान्तर वेश्यावृत्ति चल रही है—एक ऐसी वेश्यावृत्ति, जो ज़्यादा 'चार्मिंग' है और उसमें कई बार कराह भी सुनाई देती है। 'उमराव जान' में प्रेम तो था, लेकिन कराह कैसी आई! शहरयार की ग़ज़ल में कितना दर्द है :

*ये क्या जगह है दोस्तो ये कौन सा दयार[1] है*
*हद-ए-निगाह तक जहाँ ग़ुबार ही ग़ुबार है*

*हर एक जिस्म रूह के अज़ाब[2] से निढाल[3] है*
*हर एक आँख शबनमी हर एक दिल फ़िगार[4] है"*

## 55

आलोकधन्वा से मैंने पूछा : "आप अपनी एक कविता 'चौक' में लिखते हैं :

*उन स्त्रियों का वैभव मेरे साथ रहा*
*जिन्होंने मुझे चौक पार करना सिखाया!*

जीवन के ऐसे अनुभवों के बारे में कुछ बताना चाहेंगे?"

बोले : "जीवन के किसी भी संकट में बचपन की स्मृतियाँ बचाती हैं। शायद रिल्के ने लिखा है :

*कोई बड़ी बात नहीं है दुनिया में आना*
*फिर भी एक बार और आने की इच्छा होती है।*

---

1. घर, मक़ाम। 2. दुख, यातना, तकलीफ़। 3. थका हुआ, बेहाल, पस्त। 4. ज़ख़्मी।

जो लड़कियाँ आईं मेरी ज़िन्दगी में, वे प्रेम की शिक्षक थीं मेरे लिए : और कौन सिखाता प्रेम? उन्होंने जीवन को जीने के लायक़ बनाया। स्त्री ज़्यादा सच्ची दोस्त होती है, वह बहुत ख़याल रखेगी आपका, उसमें यह जन्मजात गुण होता है कि आपको बचाएगी।

कभी-कभी मैं अपने दोस्त मंगलेश डबराल से मज़ाक़ में कहता : 'लड़कियों ने हमारा कितना शोषण किया है, आप क्या जानें!', तो वह जवाब देते : 'अरे! तुम इसे शोषण कहते हो? यह तो सौभाग्य है।'

चूँकि एक स्त्री ही हमें जन्म देती है, इसलिए हमारे अन्दर जो 'हारमनी' है, राग है, जीवन-संगीत है, उसे वही जगाती है और उसके बग़ैर हम आगे नहीं बढ़ सकते। मेरे गाँव से लगी हुई एक छोटी-सी नदी बहती, जिसे पार करके स्कूल जाना होता था। उसमें जहाँ ज़्यादा पानी होता, सीनियर लड़कियाँ मुझे गोद में उठाकर नदी पार करा देतीं और स्कूल ले जातीं।

रास्ते में कई बार ऐसी बारिश आती कि या तो मैं छाता नहीं थाम पाता या बस्ता। तब वे लड़कियाँ ही मदद करतीं। इसलिए जब कभी वे मेरे घर आतीं, माँ उन्हें खाने को कुछ-न-कुछ दे देती : जैसे चूड़ा, हलवा, भुने चने और गुड़ और कहती : 'मेरा बच्चा इतना भोला है कि इसका भोलापन इसे कष्ट ही दिलवाएगा। तुम इसे सहारा देती हो, तुम्हें अच्छा वर मिले!' फिर वे स्त्रियाँ भी थीं, जो बग़ल के क़स्बे में दूध और घास बेचने जाती थीं। उन सबसे हमने जाना 'सेंसुअस अट्रैक्शन', इसे हिन्दी में क्या कहेंगे?"

मैंने जवाब दिया : "ऐन्द्रिय आकर्षण।"

आलोक जी हँसते हैं : "कुछ पता ही नहीं लगता कि क्या बोल रहे हैं! मुझे ऐसी हिन्दी से कोई लगाव नहीं है। मैं कहूँगा कि पानी बह रहा है, तो देखूँगा कि सामने पानी बह रहा है! मैंने ऐसी ही कविता भी लिखी है :

*काली रात बहुत काली होती थी*
*सफ़ेद रात बहुत सफ़ेद होती थी*

प्रेम के बीज तो हम लेकर ही आते हैं अपने साथ। जिसे लोग आत्मा कहते हैं, वह हमारे भीतर सबसे सुन्दर जगह है—जहाँ हम हर तरह के छल से मुक्त हैं—जहाँ हम अपने को जानना चाहते हैं, जहाँ किसी और को भी लाना चाहते

हैं, जो स्त्री ही होगी। कोई कितना भी ज्ञानी हो, अगर स्त्री को कम समझता है, तो उसका ज्ञान अधूरा है, बेकार है।

हमारा मन सबसे ज़्यादा कविता की ओर गया, तो इसका कारण प्रकृति से लगाव था और प्रकृति के केन्द्र में तो स्त्री है; लेकिन बड़े होने के साथ एक औपचारिक दुनिया सामने आने लगती है, जिसे हम बनाते नहीं, बल्कि जिसके लिए अभिशप्त हैं। मनुष्य में जो सबसे सुन्दर चीज़ें हैं, पूँजीवाद उनको भी व्यापार में डाल देता है और एक नरक में ले जाता है।

जीवन को औपचारिक तरीक़े से नहीं जिया जा सकता। औपचारिकता इसे बाधित करने वाली चीज़ है। यह जो इतनी बड़ी दुनिया है, इसमें सबसे कम जगह प्रेम के लिए ही है। ज़्यादातर जगहें पेट भरने के लिए, 'कंस्यूमरिज़्म' के लिए हैं। वे कहते हैं : प्रेमी मत बनिए, 'कंस्यूमर' बन जाइए! इसके बरअक्स निराला लिखते हैं :

*कुछ न हुआ, न हो*
*मुझे विश्व का सुख, श्री, यदि केवल*
*पास तुम रहो!*

बांग्ला कविता पढ़िए, तो आपको मालूम होगा कि निराला बावले क्यों हैं! मैं बावला नहीं होता, तो कहाँ से 'भागी हुई लड़कियाँ' लिखता?"

मैंने सवाल किया : "इसी कविता में आप उन आगामी देशों का स्वप्न सँजोते हैं, *'जहाँ प्रणय एक काम होगा पूरा का पूरा!'* तो इसका अभिप्राय क्या है?"

आलोक जी कहते हैं : "सूरदास की यह पंक्ति है न : *ऊधो, मन नाहीं दस-बीस*। यानी मन चूँकि एक है, इसलिए वह सिर्फ़ कृष्ण से प्रेम कर सकता है; मगर मैं इससे सहमत नहीं हूँ। निर्विकल्पता प्रेम की पराकाष्ठा नहीं है। हिंसा और व्यभिचार न हो, तो बाक़ी रिश्तों से क्या एतिराज़ है? दरअसल, धर्मसत्ता ने स्त्री-पुरुष सम्बन्धों को इस तरह परिभाषित किया है और हमारे अवचेतन में ऐसी-ऐसी बातें डाली हैं, जिससे मनुष्य का जीवन प्रस्फुटित होने के पहले ही मुरझा जाता है।

सभ्यता के इजारेदारों से मैं कहना चाहता हूँ कि जो जगहें प्रेम की थीं, उन पर ज़ंजीरें आपने डाली हैं। आप ज़ंजीरें बनाते हैं। सबसे ज़्यादा ज़ंजीरें तो धर्म के

नाम पर बनाई गई हैं। ज़ंजीरों का ही सिलसिला ज़्यादा है। जो इन ज़ंजीरों को तोड़ता है, उसकी ही मुलाक़ात जीवन से होती है। मेरे ज़ेहन में पी.टी. उषा की छवि थी, जब मैंने लिखा :

*लड़की भागती है*
*जैसे फूलों में गुम होती हुई*
*तारों में गुम होती हुई*
*तैराकी की पोशाक में दौड़ती हुई*
*खचाखच भरे जगरमगर स्टेडियम में*

किसी ने मुझसे कहा : 'आप स्त्री के ही कवि हैं'। तो यह हमारे लिए एक 'कॉम्प्लीमेंट' है। हम क्या करेंगे, इतनी लड़ाइयाँ लड़कर? ख़ून बहाने का यह सिलसिला कब तक चलेगा? यह कौन-सा विवेक है, जो घायल करता है हमारे बच्चों, स्त्रियों और जवानों को? यह लड़ाइयों का इतिहास तो हमारा इतिहास नहीं हो सकता!"

## 56

आलोकधन्वा ने कहा : "ये जो यूक्रेन पर हमला किया है पुतिन ने, पागल है यह आदमी, 'सिक' है और 'पैरासाइट' है।"

मैंने पूछा : "'पैरासाइट' क्यों कह रहे हैं?"

बोले : "इसलिए कि हथियारों का सौदागर है वह, उन्हीं के बल पर आगे बढ़ना चाहता है, और उसने किया क्या है हथियार इकट्ठा करने के अलावा? उत्पादन का कोई तंत्र विकसित नहीं किया, न उसका मार्केट है, न सेब के बाग़ीचे, अबरक और कोयले की खानें हैं उसके पास।

वह याद नहीं करना चाहता कि रूस में ज़ारशाही कई सदियों पुरानी थी और कितनी लम्बी लड़ाई लड़नी पड़ी, तब बोल्शेविक क्रान्ति हुई। लेनिन के नेतृत्व में एक नया देश बना था। अंग्रेज़ी लेखक एच.जी. वेल्स जब मॉस्को गए, तो उनसे मिले। उन्हें आश्चर्य हुआ कि रात के दो बजे भी वह जाग रहे थे,

क्रेमलिन में उनके आवास में रौशनी थी।

वेल्स मिले, तो लेनिन मामूली कोट-पैंट पहने हुए, टिन के मग में क्वास (रूसी पेय) पी रहे थे। उन्होंने कहा कि शिक्षा, वैज्ञानिक विकास और सहकारी खेती के ज़रिए आगामी बीस वर्षों में रूस दुनिया की एक महाशक्ति के रूप में उभरेगा। वेल्स को लगा कि अव्यावहारिक है, 'फ़िक्टीशियस' है यह बात और यह आदमी स्वप्नदर्शी है। उन्हें भरोसा नहीं हुआ, मगर लेनिन और उनके मुल्क ने ऐसा करके दिखाया। सोवियत संघ से ही सन्धि की नेहरू ने और पूरे भारत का नक़्शा बदल दिया था।

दूसरे विश्वयुद्ध में जब हिटलर ने हमला किया, तो क्या था रूस के पास? आज की तरह अत्यन्त विकसित नहीं, बल्कि सामान्य हथियार थे; लेकिन उस लड़ाई में तो वही 'हीरो' साबित हुआ और उसने स्टालिन के नेतृत्व में सारे फ़ासिस्ट तानाशाहों को मिट्टी का ढेर बना दिया। निकोलाई ऑस्त्रोवस्की की किताब 'अग्निदीक्षा' पढ़िए आप—जिसका हिन्दी अनुवाद अमृतराय ने किया है—तो मालूम होंगी ये बातें।"

मैंने अचरज ज़ाहिर किया : "क्रेमलिन में रहते हुए भी लेनिन मामूली कपड़े पहने थे?"

आलोक जी का जवाब है : "हाँ। चीन के राष्ट्रपति माओत्से तुंग भी मामूली कोट-पैंट पहनते थे। नए कपड़े सिर्फ़ ख़ास मौक़ों पर पहने जाते। यह बात मुझे दिनकर जी ने बताई, जब वह चीन यात्रा से लौटे और पटना के 'अप्सरा' होटल में रुके। वहीं मुझे मिलने के लिए बुलवाया। बहुत सुदर्शन थे वह। आँखें वैसी ही, जैसी रवि (रवीन्द्रनाथ) ठाकुर की थीं : डबडबाई हुई रौशनी थी उनमें!

मैं जब वहाँ पहुँचा, तो दिनकर जी बड़े-से डाइनिंग हॉल में बैठे थे। मैंने झुककर उन्हें प्रणाम किया। बोले : 'मैंने आपके लिए भी ऑर्डर दे दिया है।' मैंने पूछा : 'मेरे लिए क्या ऑर्डर दिया?' तो कहने लगे : 'मैं जानता हूँ कि आप काली चाय पीते हैं और जिस उम्र में आप हैं, वह तो हमने भी गुज़ारी है, इसलिए चीज़-पकौड़ा मँगाया है।' दिनकर जी ने बताया कि जब वह चीन पहुँचे, तो एक दिन हवाई अड्डे पर गहमागहमी थी। लोगों ने कहा : माओत्से तुंग विदेश जा रहे हैं। आज उन्होंने नए कपड़े पहने हैं। लोग उन्हें विदा करने आए हैं, क्योंकि वह विदेश बहुत कम जाते हैं।

अब पुतिन ने युद्ध शुरू कर दिया है। युद्ध के सबसे ज़्यादा 'विक्टिम' वे होते हैं, जो रोज़ रोटी कमाते और खाते हैं, 'डेली वेजेज़' पर जीते हैं। किसानों, मज़दूरों और बाज़ार पर निर्भर कमज़ोर निम्न वर्गों को भारी क़ीमत चुकानी पड़ेगी। युद्ध सिर्फ़ आगे के मोर्चे पर नहीं लड़ा जाता, उसमें पीछे रहने वाली स्त्रियाँ, बच्चे और बूढ़े सबसे ज़्यादा 'सफ़र' करते हैं।

युद्ध का मतलब क्या है : दुनिया के सबसे ताक़तवर देश तय करते हैं कि हम कैसा जीवन जिएँगे : गैस, तेल और रोज़मर्रा की ज़रूरत के दूसरे सामान किस दाम पर बिकेंगे! जिसके पास ताक़त होगी, दुनिया उसकी होगी। यही मतलब है इसका और इससे सबसे ज़्यादा निराशा लिखने-पढ़ने वाले लोगों को होती है, क्योंकि किताबों का, मानवीय ज्ञान का सबसे ज़्यादा निषेध हिंसा करती है।

तोल्स्तोय ने एक शब्द नहीं लिखा है युद्ध के समर्थन में, जबकि ख़ुद उन्हें एक बार लड़ाई में जाना पड़ा था। आप मेरे जैसे कवि से क्या अपेक्षा करते हैं कि मैं युद्ध का समर्थन करूँ और प्यार और शान्ति की बात न करूँ, जो कि सबसे ज़रूरी बात है? हिन्दी का कोई साहित्यकार जाना चाहेगा युद्ध में? रेणु हथियार लेकर लड़े थे, नेपाल की राजशाही के ख़िलाफ़।

लोगों ने दुनिया को सुन्दर बनाने के लिए कितनी ऊँचाइयाँ हासिल कीं! युद्ध करने वाली ताक़तें इन ऊँचाइयों की शत्रु हैं। अगर सबसे सस्ती कोई चीज़ उनके लिए है, तो वह आदमी की जान है। वे हमेशा दिमाग़ चलाते रहते हैं कि कैसे इनसानों को मारा जाए, कैसे उनकी सम्प्रभुता ख़त्म की जाए! यह सबसे बड़ा तमाशा है उनके लिए। उन्हें सबसे प्रिय है : मनुष्य को मारने का तमाशा। इसे देखने के लिए हम बैठे थोड़े रहेंगे, चले जाएँगे दुनिया से, जैसे मंगलेश (डबराल) चला गया हमारा!"

## 57

आलोकधन्वा से मैंने कहा : "व्लादिमीर पुतिन लगातार आश्वस्त कर रहे थे कि यूक्रेन पर हमला करने का उनका कोई इरादा नहीं है; लेकिन रूसी सेना ने ऐसा बहुमुखी आक्रमण किया कि पूरे यूक्रेन में तबाही का आलम है। बर्टोल्ट

ब्रेष्ट की कविता याद आती है :

*नेता जब शान्ति की बात करते हैं*
*आम आदमी जानता है*
*कि युद्ध सन्निकट है*

*नेता जब युद्ध को कोसते हैं*
*मोर्चे पर जाने का आदेश*
*हो चुका होता है।"*

बोले : "युद्ध से आतंकित यूक्रेन के लोग दूसरे देशों की ओर भाग रहे हैं, इससे गोया मेरा यह कथन सत्यापित होता है कि जो प्रेम करता है, वही आपका देश है।

जान इतनी अमूल्य चीज़ है कि वह सिर्फ़ माँ दे सकती है। आप केवल उसे 'नरिश' करते हैं, उसका पोषण कर सकते हैं, मगर देने वाली तो माँ है। तानाशाह क्या करते हैं? जो चीज़ ये दे नहीं सकते, उसे छीनते हैं।

यह जो 'ग्लोब' है, इसे तानाशाह अपनी मूर्खता से नापने की कोशिश करते हैं, जैसा चार्ली चैप्लिन की फ़िल्म 'द ग्रेट डिक्टेटर' में हम देखते हैं कि हिटलर ग्लोब को अपने पैरों से नचा रहा है, उसे घुमा-घुमाकर देखता है कि कहाँ-कहाँ हमारा क़ब्ज़ा हो चुका है और आख़िर इस हरकत में मुँह के बल गिर जाता है। 'रेशनलिटी' का मतलब क्या है : दुनिया को समझने की एक बुनियादी विनम्रता, जो इन लोगों में नहीं है।

वियतनाम पर जब नापाम बम गिराए जाते थे, तो बर्ट्रेंड रसेल और सार्त्र जैसे बुद्धिजीवियों ने अमेरिका के इन आपराधिक हमलों के ख़िलाफ़ अदालतें लगाई थीं। अगर कोई देश अमेरिका की कठपुतली हो, तो भी तुम्हारी मानवीय नैतिकता क्या है—क्या तुम बच्चों, स्त्रियों और बूढ़ों को मारोगे, रिहाइशी इलाक़ों पर बमबारी करोगे?

अगर हम 'रेशनल' हैं, तो विभाजन की राजनीति पर भरोसा नहीं कर सकते। इसने तो इतिहास को ख़ून से भर दिया। भारत-पाकिस्तान बँटवारे में इतना ख़ून बहा कि उसका कोई हिसाब नहीं है, कुएँ भर जाते थे लाशों से। हमने तो नहीं देखा उस दौर को, लेकिन हमें जिन्होंने जन्म दिया, उन्हें देखना पड़ा वह सब।

नेहरू ने पंचशील का जो सिद्धान्त सामने रखा, उसके साथ विश्वासघात किया

चीन ने और अक्टूबर, 1962 में हमला किया। उससे नेहरू टूट गए बिलकुल और 1964 में उनकी मृत्यु का कारण भी वही है। चीन की विस्तारवादी नीति उसी समय शुरू हो गई थी।

मनुष्यता को देखिए, तो लड़ाई का ही इतिहास ज़्यादा है—प्रेम और भाईचारे का, ज्ञान की विनम्रता का इतिहास उसके सामने बहुत छोटा है। पाब्लो नेरुदा जानते थे युद्ध की विभीषिका को। उन्होंने लिखा है :

*हवाई जहाज़ों और मूरों[1] के साथ लुटेरे,*
*अँगूठियों और ड्यूक स्त्रियों के साथ लुटेरे,*
*काले लबादों में आशीर्वाद देते महन्तों के साथ लुटेरे,*
*आसमान से आए बच्चों का क़त्ल करने*
*और बच्चों का ख़ून बहा गलियों में*
*अविरल, बच्चों के ख़ून की तरह।*

'बच्चों का ख़ून बहा' तो कोई भी लिख सकता था, लेकिन दूसरी पंक्ति नेरुदा ही लिख सकते थे :

*...बच्चों का ख़ून बहा गलियों में*
*अविरल, बच्चों के ख़ून की तरह।*

## 58

आलोकधन्वा को मैंने बताया : "रूस के मौजूदा राष्ट्रपति पुतिन पहले सोवियत संघ की गुप्तचर संस्था केजीबी में अफ़सर थे। बीबीसी के अनुसार उन्हें इसका मलाल है कि निकट अतीत में सोवियत संघ के विघटन के लिए यूक्रेन भी ज़िम्मेदार है। उन्हें उसकी आज़ादी बर्दाश्त नहीं। वह उस पर हमला करके वही प्रतिशोध चुका रहे हैं।"

बोले : "विभिन्न देशों में लोग हाथों में हिटलर की तस्वीर लेकर पुतिन के ख़िलाफ़ प्रदर्शन कर रहे हैं। उनके पास उसकी भी तस्वीर है, जिसमें उसके

---

1. उत्तरी-पश्चिमी अफ्रीका की एक जाति।

हाथ ख़ून से रँगे हैं। वह कहीं जाता होगा, तो दो मिनट मुस्कराता होगा, लेकिन उसके चेहरे में कोई 'इमोशन' नहीं है। उसके भीतर कोई 'एम्पेथी' नहीं। उसका दिल पत्थर का है। उसे ताक़त का बहुत घमंड है, उसमें चालाकी और धूर्तता है। उसे लगता है कि चीन उसके साथ है।"

मैंने उनसे कहा : "पुतिन ने कल बयान दिया था कि अगर रूस और यूक्रेन की लड़ाई में किसी ताक़त ने दख़ल दिया, तो ऐसा जवाब दिया जाएगा, जिसकी मिसाल इतिहास में नहीं मिलेगी।"

आलोक जी का जवाब है : "इस तरह की बात तो पागल आदमी करता है। अचानक टैंकों से घेर लेते हैं आप एक देश को, ज़िन्दा लोग हैं वहाँ। आप एक मरी हुई चीज़ को तो नहीं घेर रहे हैं! जंगल और पहाड़ घेर लेते, तो कोई बात नहीं थी।

कोरेलेंको यूक्रेन के ही लेखक थे, जिन्हें गोर्की ने 'आशा का अग्रदूत' कहा था। कितने सौ साल की स्मृतियाँ वहाँ नष्ट की जा रही हैं। निर्दोष लोगों के मारे जाने की, कैसी हताश कर देने वाली ख़बरें आ रही हैं!"

फिर दो मिनट मौन छाया रहा।

मैंने पूछा : "आप बहुत परेशान लग रहे हैं?"

उनका सन्तप्त स्वर सुनाई दिया : "जब आदमी कुछ कर नहीं पाता, उसी से परेशान होता है। हम अच्छी ज़िन्दगी नहीं जी रहे हैं...केवल एक स्वाभिमान है और 'रेज़िस्टेंस' हमारे भीतर बचा हुआ है अन्याय के प्रति।

यूक्रेन के राष्ट्रपति पहले मशहूर कॉमेडियन थे। 44 साल के हैं। असाधारण प्रतिभा न हो, तो यह उम्र बहुत कम है। कैसे मुक़ाबला करेगा वह? बनारसी भोजपुरी में एक कहावत है न : 'कब जमला, कब राकस भइला!' (कब तुम जनमे, जो राक्षस जितने बलवान हो गए!)

यूक्रेन को इस हालत तक पहुँचाने वाले युद्ध-अपराधियों को विश्व-जनमत कभी माफ़ नहीं करेगा। पुतिन कल तक एक शक्तिशाली राष्ट्र के राष्ट्रपति थे, अब वह कुख्यात व्यक्ति हो चुके हैं। क्या करेगा यह आदमी? अगर परमाणु बम गिराएगा, तो ख़ुद बच पाएगा क्या?"

## 59

आलोकधन्वा से मैंने पूछा : "एक वर्ग को लगता है कि रूस के सामरिक हितों को ध्यान में रखते हुए पुतिन ने यूक्रेन पर हमला करके सही क़दम उठाया और दुनिया में अमेरिका और 'नाटो' की दुरभिसन्धि से उपजे वर्चस्व को 'चैलेंज' करने और तोड़ने के लिए रूस और चीन के गठजोड़ का उभरना बहुत ज़रूरी था। आप क्या सोचते हैं?"

बोले : "यूक्रेन पर हमला जब से शुरू हुआ है, तो धीरे-धीरे पूरी दुनिया इससे अपना रिश्ता जोड़ रही है। अच्छी बात यह है कि तमाम देशों, यहाँ तक कि रूस में युवा पीढ़ी जगह-जगह युद्ध के ख़िलाफ़ प्रदर्शन कर रही है। आज मॉस्को के मेयरहोल्ड थिएटर एवं सांस्कृतिक केन्द्र की डायरेक्टर एलेना कोवल्सकेया ने भी इसके विरोध में इस्तीफ़ा देते हुए बयान जारी किया है : 'आप एक हत्यारे के लिए काम करके उसका वेतन पाते नहीं रह सकते!' ('यू कैन नॉट वर्क फ़ॉर ए किलर ऐंड गेट पेड बाय हिम!')

अगर युद्ध को बर्बर नहीं कहा जाएगा, तो किसे कहा जाएगा? उसमें आपके बच्चे मारे जाते हैं, आपकी बुनियाद ही ख़त्म हो जाती है। अगर युद्ध को कोई तानाशाह सही मानता है, तो बिना आदमियों के लड़कर दिखा दे! पायलट है, तो वह भी तो किसी माँ का बच्चा है। जिसे वे बम गिराने के लिए भेजते हैं, उसमें उन्माद भरते हैं।

'रिपब्लिक' के लिए लड़ाई को हम समझते हैं कि आपने अपने देश की स्वतंत्रता के लिए जान दी। वह तो एक महाकाव्य है। इसके बरअक्स, वर्चस्व के लिए जो युद्ध है, उसके पीछे 'शॉविनिस्ट एप्रोच' है। सबको अपने मातहत रखने के लिए यह क्रूरता की एक बीमारी है। जो भी अपनी और अपने देश के लोगों की स्वतंत्रता से प्यार करेगा, वह कभी किसी दूसरे स्वतंत्र देश पर हमला नहीं करेगा।"

मैंने बताया : "पुतिन ने रूस में लोकतंत्र और मानवाधिकारों को कुचलकर रखा है। उन्होंने दो-तीन साल पहले अपने राजनीतिक प्रतिद्वंद्वी और विपक्ष के नेता एलेक्सी नवाल्नी की ज़हर देकर हत्या करवाने की साज़िश रची, वह किसी तरह वहाँ से भागकर जर्मनी में इलाज से बच पाए, देश-प्रेम के चलते स्वदेश

लौटे, तो उन्हें जेल में डाल रखा है। नवाल्नी ने मौजूदा संकट में यूक्रेन के राष्ट्रपति के समर्थन में बयान दिया है और रूस के आक्रमण की निन्दा की है।"

आलोक जी कहते हैं : "यह देखिए, कितना कायर है यह आदमी! विपक्ष के नेता को बन्दी बनाकर रखना कायर का काम है। यह कह रहा है कि यूक्रेन अपने हथियार डाल दे, तब यह उससे बातचीत करेगा। इसका मतलब है कि तुम अपनी आज़ादी को 'सरेंडर' करो और मेरे क़दमों के नीचे बैठ जाओ! ये यूक्रेन को अपने पैरों पर गिरने के लिए कह रहा है। इसके बाद क्या बातचीत होगी?

तिनका-तिनका जोड़कर पक्षी अपना नीड़ बनाते हैं और यह सारे नीड़ में ही आग लगाना चाहता है!

संयुक्त राष्ट्र का तो कोई मतलब नहीं है। वहाँ इस हमले के विरुद्ध निन्दा प्रस्ताव पर बहस होनी थी, मगर रूस ने वीटो लगा दिया। यह वीटो भी एक तरह की हिंसा है, जिसके बल पर ये महाशक्तियाँ विकासमान देशों में लूटपाट करेंगी। वीटो एक काला क़ानून है, जिसे इन्होंने अपने पक्ष में बनाया है। इसका मतलब है : 'हम ताक़तवर हैं, हम पंचायत नहीं मानेंगे!'

संसदीय लोकतंत्र को जो देश सींच रहे हैं और सींचना चाहते हैं, उनका फ़र्ज़ है कि तत्काल रोकें इस युद्ध को; लेकिन अमेरिका कोई जोखिम उठाना नहीं चाहता। वह सरग़ना है। दुनिया में जहाँ भी मूल्यवान चीज़ें हैं, वहाँ वह पहले से क़ाबिज़ होना चाहता है। जो भी उदार, मानवीय और लोकतंत्र के समर्थक नेता थे, उन्हें मार डाला अमेरिका ने। उसने अपने ही देश में मार्टिन लूथर किंग और केनेडी जैसे लोगों को मार डाला। उसने अब्राहम लिंकन से क्या सीखा, जो लोकतंत्र की परिकल्पना लेकर आए?

अमेरिका ने अफ़ग़ानिस्तान को जिस तरह तालिबान के शिकंजे में बेबस छोड़ दिया, वह 'एंटी-ह्यूमन' है, कितनी क्रूरता है! तुम आए क्यों वहाँ और बीस साल तक रहे? तुमने सपने दिखाए कि एक नई बुनियाद डालेंगे, लोग पढ़ेंगे, संसद को समझेंगे, क्रिकेट खेलेंगे, औरतों पर बुर्क़े की पाबन्दी नहीं होगी, उन्हें प्रताड़ित करने वाले क़ानून लागू नहीं होंगे और वे फ़िल्मों में काम करना सीखेंगी। अन्त में क्या पता लगा? यह खेल था 'सुपर पावर' का। उसकी नीयत ठीक नहीं थी।

इनमें हवस है, हैवानियत है और भोग है, जिसका कारण बाज़ार है। ये और बड़े 'कंस्यूमर' बनना चाहते हैं। इनका मन ही नहीं भरता। ये दूसरों को तकलीफ़ देकर जो सुख प्राप्त करते हैं, वह 'सेडिज़्म' है। ये ताक़तवर मुल्क लुटेरे तो हैं ही, 'सेडिस्ट' भी हैं।

युद्ध में दो चीज़ें हैं : जिस देश पर आपने हमला किया है, उसे आप मातहत रखना चाहते हैं। दूसरे, उसकी खनिज सम्पदा को लूटना चाहते हैं। उससे कहते हैं कि हमारे हथियार ख़रीदो! एक अदृश्य, अज्ञात, 'फ़िक्टीशियस' शत्रु खड़ा करके हथियार बेचे जाते हैं; लेकिन हथियारों की होड़ ने मनुष्यता को क्या दिया? खाने को अन्न नहीं, पीने को पानी नहीं, अच्छे स्कूल और विश्वविद्यालय नहीं, मगर हथियार ख़रीदेंगे!

मैं कहता हूँ भारत, अमेरिका और रूस से : मन की पवित्रता दरअसल कार्य की पवित्रता है। सीखो : बुद्ध, गांधी, लिंकन और लेनिन से!

यह जो पुतिन है, इसके भीतर कुछ भी 'पॉज़िटिव' नहीं है। यह झूठ बोल रहा है—अगर बोल रहा है—कि सोवियत संघ इसका सपना है; क्योंकि सोवियत संघ के इतिहास में इस आदमी का कोई ज़िक्र नहीं मिलता।"

## 60

आलोकधन्वा ने कहा : "ये जो युद्ध कर रहे हैं, किसके भूखे हैं? इन्हें संगीत और कविता से क्या मतलब है? नन्हे बच्चे को चूमने से क्या मतलब है? बचपन में किस तरह हमारी माँएँ हमें चूमती थीं! अन्त में वे माँएँ ही रह जाएँगी।"

मैंने पूछा : "इससे आप क्या कहना चाहते हैं?"

बोले : "माँ और बच्चे का रिश्ता ही कालजयी होगा। युद्ध नहीं रहेगा। जब कहीं बम गिरता है, तो माँ सबसे पहले अपने बच्चे को बचाना चाहती है, उसे लेकर भागती है। यूक्रेन से जो माँएँ भाग सकती हैं, भाग रही हैं दूसरे देशों में और जो मजबूर हैं, वे सबसे ज़्यादा अपने बच्चों को गोद में लेकर बंकरों में उतर रही हैं। कैसी ज़िन्दगी है यह?

दो विश्वयुद्धों के बाद जो स्वाभाविक समय और सहज संवाद बहुत मुश्किल से पाया है हमने, उसे ये ताक़तें रहने नहीं देना चाहतीं। युद्ध हमेशा ताक़तवर लोगों का खेल है। ये वर्चस्व से अपनी वैधता क़ायम करना चाहते हैं।

आप एक बाग़ीचा नहीं बना सकते, मगर उसे उजाड़ देते हैं! आप जिसे नष्ट कर रहे हैं, उसे बना नहीं पाएँगे! कान्धार में बुद्ध की जो मूर्ति तोड़ी गई, उसे कौन बनाएगा? जब अमेरिका ने इराक़ में रासायनिक हथियारों की मौजूदगी का झूठ बोलकर उस पर हमला किया, मैंने अपनी कविता 'सफ़ेद रात' में ये सवाल उठाए थे :

*कहाँ है वह*
*हरे आसमान वाला शहर बग़दाद*
*ढूँढ़ो उसे*
*अब वह अरब में कहाँ है?*

*पूछो युद्ध सरदारों से*
*इस सफ़ेद हो रही रात में*
*क्या वे बग़दाद को फिर से बना सकते हैं?*

*वे तो खजूर का एक पेड़ भी नहीं उगा सकते*
*वे तो रेत में उतना भी पैदल नहीं चल सकते*
*जितना एक बच्चा ऊँट का चलता है*
*दूह और ग़ुबार से*
*अन्तरिक्ष की तरह खेलता हुआ*

*क्या वे एक ऊँट बना सकते हैं?*
*एक गुम्बद एक तरबूज़ एक ऊँची सुराही*
*एक सोता*
*जो धीरे-धीरे चश्मा बना*
*एक गली*
*जो ऊँची दीवारों के साये में शहर घूमती थी*
*और गली में*
*सिर पर फ़ीरोज़ी रूमाल बाँधे एक लड़की*

*जो फिर कभी उस गली में नहीं दिखेगी*

*अब उसे याद करोगे*
*तो वह याद आएगी*
*अब तुम्हारी याद ही उसका बग़दाद है*
*तुम्हारी याद ही उसकी गली है उसकी उम्र है*
*उसका फ़ीरोज़ी रूमाल है*

यह पुतिन क्या समझता है यूक्रेन को? वह अब सोवियत संघ का हिस्सा तो नहीं है, एक अलग और स्वतंत्र देश है। एक सम्प्रभु राष्ट्र पर आप हमला क्यों करते हैं?"

मैंने बताया : "युद्ध के कुछ दिनों बाद पुतिन ने बयान दिया था कि रूस और यूक्रेन की जनता एक है और हम यूक्रेन के लोगों की भलाई के लिए यह युद्ध कर रहे हैं।"

आलोक जी कहते हैं : "अजीब बात है। आप किसी को किसी से गले मिलाना चाहते हैं, तो उसके लिए इतनी बड़ी तबाही करोगे? उस देश में कई जगहों पर पत्तियाँ नहीं बचीं, पीने का पानी नहीं है, बमबारी के धुएँ में पेड़ खड़े हैं ठूँठ की तरह।

ये जो बम गिराए जा रहे हैं, हमारी जीने की इच्छा पर हमला हैं। यूक्रेन में कई वर्षों से भारत के हज़ारों बच्चे पढ़ रहे थे, अपना भविष्य बनाना चाहते थे, क्या भविष्य बनाएँगे वे?

व्लादिमीर पुतिन और जो बाइडेन में कौन ज़्यादा गुनहगार है, यह तय करना मुश्किल है। मनुष्यता के लिए कोई रचनात्मक काम नहीं है इनके पास—और होगा, तो दुनिया वैसी दिखाई देगी, जैसी बड़े कवियों के यहाँ उसकी कल्पना की गई है।"

मैंने कहा : "आपकी बातों से फ़िल्म निर्माता, कवि और चित्रकार योनस मेकस की ये कविता-पंक्तियाँ याद आती हैं :

*ऐन इस मक़ाम पर*
*सभ्यताएँ मरती हैं क्योंकि*

*वे अपने राजनीतिज्ञ को सुनती हैं*
*और अपने कवियों को नहीं।*

दूसरे, आपने अपनी कविता 'सफ़ेद रात' में बहुत मार्मिक सच बयान किया है कि शहरों में हम विस्थापितों की तरह गुज़र-बसर करते हैं, जैसे शरणार्थी शिविरों में रह रहे हों :

*शहर में इस तरह बसे*
*कि परिवार का टूटना ही उसकी बुनियाद हो जैसे*
*न पुरखे साथ आए न गाँव न जंगल न जानवर*
*शहर में बसने का क्या मतलब है*
*शहर में ही ख़त्म हो जाना?*

*एक विशाल शरणार्थी शिविर के दृश्य*
*हर कहीं उनके भविष्यहीन तम्बू*
*हम कैसे सफ़र में शामिल हैं*
*कि हमारी शक्ल आज भी विस्थापितों जैसी*
*सिर्फ़ कहने के लिए कोई अपना शहर है*
*कोई अपना घर है*
*इसके भीतर भी हम भटकते ही रहते हैं*

लेकिन देखिए : पोलैंड एक छोटा-सा देश, मगर उसका दिल कितना बड़ा है! महज़ तीन करोड़ अस्सी लाख आबादी वाले पोलैंड की सरकार और नागरिकों ने मिलकर पड़ोसी देश यूक्रेन के पन्द्रह लाख युद्ध विस्थापितों को अपने होटेलों, रिसॉर्ट्स और घरों में प्यार और सम्मान से रखा है, 'शरणार्थी शिविर' नहीं बनाए!

विश्वयुद्ध में फ़ासीवादी क्रूरता के शिकार रहे एक देश के हृदय की यह विशालता सुखद अचरज से भर देती है, इनसानी हमदर्दी की दुर्लभ मिसाल क़ायम करती है। इसके बरअक्स, एक मित्र ने ध्यान दिलाया है कि इसी पोलैंड ने सीरिया के युद्ध-पीड़ितों को शरण नहीं दी थी और यह इल्ज़ाम भी है कि योरप के जो देश और बुद्धिजीवी यूक्रेन को लेकर चिन्तित हैं, वे फ़िलिस्तीन और सीरिया में मचाई गई तबाही पर क्यों चुप रहते हैं?"

आलोक जी जवाब देते हैं : "किसी भी युद्ध से जुड़े अत्याचार और तबाही पर चुप क्यों रहना चाहिए? सीरिया वाले युद्ध में एक बच्चा मृत पड़ा था समुद्र के किनारे, जैसे इस दुनिया के ख़ूनख़राबे से थककर चुपचाप सो गया हो! हम दिल को दो-टूक कर देने वाले उस भयावह दृश्य को कभी भूल पाएँगे क्या?

युद्ध तब ठीक है, जब आपको लगे कि उसके अलावा मनुष्यता को बचाने का कोई रास्ता नहीं और संवाद सम्भव नहीं है—जैसा कि दूसरे विश्वयुद्ध में हुआ—हिटलर, मुसोलिनी, फ्रैंको और तोज़ो से कोई क्या संवाद करता—वे तैयार नहीं थे किसी संवाद के लिए।"

मैंने कहा : "युद्ध के पहले रूस ने यूक्रेन के दो हिस्सों को उससे स्वतंत्र घोषित किया, मगर वे रूस में शामिल तो नहीं हुए। भारत ने बांग्ला भाषा, संस्कृति और स्वाभिमान के मुद्दे पर पाकिस्तान से मुक्त होने में बांग्लादेश की मदद की थी, लेकिन वह उन मूल्यों के विरुद्ध इस्लामी कट्टरता वाला देश बन गया?"

आलोक जी का उत्तर है : "ये सब अमेरिका करता है। उसका काम ही यही है—धार्मिक कट्टरता ले आओ, तानाशाहों को लाओ और विभिन्न देशों को आपस में लड़ाओ! मार्क्स ने 'कम्युनिस्ट घोषणापत्र' में लिखा है न : 'पूँजीवाद के चलते स्थायी अराजकता का आलम होगा।'

हम लोग एक लड़ाई से निकलते हैं और दूसरी सामने खड़ी हो जाती है। राहत और चैन नहीं है कहीं हमारी साँस को। इसलिए कविता लिखने वालों को तो बहुत संवेदनशील होना चाहिए, उन्हें देखना चाहिए कि युद्ध से क्या निकलेगा और सवाल पूछने चाहिए, जैसे मशहूर शाइर मख़्दूम मोहिउद्दीन ने अपनी नज़्म में पूछा था :

*जाने वाले सिपाही से पूछो*
*वो कहाँ जा रहा है?*

*कौन दुखिया है जो गा रही है*
*भूखे बच्चों को बहला रही है।*
*लाश जलने की बू आ रही है*
*ज़िन्दगी है कि चिल्ला रही है।*

*जाने वाले सिपाही से पूछो*
*वो कहाँ जा रहा है?*

*कितने सहमे हुए हैं नज़ारे*
*कैसे डर-डर के चलते हैं तारे।*
*क्या जवानी का ख़ूँ हो रहा है*
*सुर्ख़ हैं आँचलों के किनारे।*

*जाने वाले सिपाही से पूछो*
*वो कहाँ जा रहा है?"*

## 61

आलोकधन्वा से मैंने पूछा : "आपने मीर तक़ी मीर पर एकाधिक कविताएँ लिखीं और उनसे आप प्रभावित हैं 'दीवानगी की सादगी' को लेकर, जो स्वयं आपके स्वभाव और कविता की भी विशेषता है। मुझे लगता है कि ग़ालिब की बनिस्बत आँसू की तरलता मीर में कुछ ज़्यादा है। इसका एक बेहतरीन सबूत उनका यह शे'र है :

*जब नाम तिरा लीजिए तब चश्म[1] भर आवे*
*इस ज़िन्दगी करने को कहाँ से जिगर आवे!*

'मीर' शीर्षक कविता में आप कहते हैं :

*जनाब यह वही दिल है*
*जो मीर की गली से हो आया है।*

तो अपने इस दिल के बारे में कुछ बताना चाहेंगे?"

बोले : "ज़िन्दगी तो ऐसी चीज़ है कि बहुत कम लोगों ने इसे समझा, ज़्यादातर लोग तो ऐसे ही चले गए। बुद्ध ने समझा इसे, गांधी ने समझा किसी हद तक। यह दुनिया अगर अकेली ही किसी की समझ में आ जाती, तो बड़े-बड़े चिन्तक, दार्शनिक और कवि क्यों होते? जो लोग अहंकारी होते हैं और जिनमें

1. आँख।

पीड़ा-बोध नहीं है, वे इसे नहीं समझ सकते। जिसे 'विज़डम' कहा जाता है, वह दरअसल 'सफ़रिंग' ही है। यह 'सफ़रिंग' रुलाती है रातों में। मीर इसके ही शाइर हैं। मुक्तिबोध ने इसे 'संवेदनात्मक ज्ञान' कहा, क्योंकि ऐसा ज्ञान संवेदना के रास्ते आता है, जीवन का एक हिस्सा बनता है और नैतिक प्रतिबद्धता में बदल जाता है।

मीर के यहाँ 'परसेप्शन' बहुत गहरा है—कोई भी बात जो आती है—अनुभूति के ज़रिए ही आती है। वह हमारे मन के शाइर हैं, क्योंकि वह ऐसी पीड़ा जगाते हैं कि बहुत तकलीफ़ के बीच ले जाते हैं। उनके यहाँ अक्सर आपको लगेगा कि यह कविताई नहीं, बल्कि तकलीफ़ है, जिससे ज़िन्दगी में हमारा भी सामना होता रहता है :

*यूँ उठे आह उस गली से हम*
*जैसे कोई जहाँ से उठता है*

इसका जो मक़ता है, यानी आख़िरी शे'र, वह क्लासिक है :

*इश्क़ इक 'मीर' भारी पत्थर है*
*कब ये तुझ नातवाँ[1] से उठता है*

मंगलेश डबराल ने इसे लेकर 'प्रेम' शीर्षक बेहतरीन कविता लिखी। मुझे मीर का यह शे'र बेहद प्रिय है :

*सिरहाने 'मीर' के कोई न बोलो*
*अभी टुक रोते रोते सो गया है"*

प्रसंगवश, मैंने बताया : "हाल ही में मैंने यह दिलचस्प वाक़या पढ़ा कि एक बार लखनऊ में शाइरी के दो दीवाने इस बात को लेकर उलझ गए कि कौन बड़ा शाइर है : मीर या सौदा? झगड़ा इतना बढ़ा कि फ़ैसले के लिए वे ख़्वाजा बासित के पास पहुँचे, जो इन दोनों शाइरों के उस्ताद थे। उन्होंने कहा : दोनों ही आला दरजे के शाइर हैं, मगर फ़र्क़ यह है कि सौदा की शाइरी 'वाह' है और मीर की 'आह' और इसे साबित करने के लिए मीर का यही शे'र सुनाया। मामला यहीं ख़त्म नहीं हुआ। सौदा के प्रशंसक ने उन्हें जाकर उस्ताद की यह राय बयान की। सौदा मुस्कराए : 'मीर का यह शे'र सचमुच आह है, मगर दवा से भी कम नहीं।'"

1. कमज़ोर।

आलोक जी बहुत ख़ुश हुए : "मैंने भी इसी शे'र से अभिभूत होकर एक कविता लिखी है 'रात' :

*रात*
*रात*
*तारों भरी रात*

*मीर के सिरहाने*
*आहिस्ता बोलने की रात*

लेकिन ग़ालिब अलग हैं मीर से। वह तो आँसू को लहू की इंतिहा पर ले जाते हैं :

*रगों में दौड़ते फिरने के हम नहीं क़ाइल*
*जब आँख ही से न टपका तो फिर लहू क्या है"*

मैंने कहा : "मुझे एक बार रामजी राय ने बताया कि ग़ालिब से पहले मीर यह शे'र लिख चुके थे :

*अश्क आँखों में कब नहीं आता*
*लहू आता है जब नहीं आता*

शायद इसी ज़मीन पर ग़ालिब ने आगे की रचना सम्भव की?"

आलोक जी विस्मित होते हैं : "हाँ, यह तो अद्‌भुत बात है। 'रिवॉल्यूशनरी' का मतलब समझना हो, तो हमें मीर, ग़ालिब, फ़ैज़, मख़्दूम, साहिर लुधियानवी और कैफ़ी आज़मी जैसे शाइरों के पास जाना होगा। हिन्दी में 'क्रान्ति' का अर्थ तोड़-फोड़ और ख़ूनख़राबे तक सीमित कर दिया गया या शायद ऐसा मान लिया गया है। ग़ालिब स्वीकार करते हैं कि उनसे पहले रेख़्ते के एक उस्ताद हुए हैं मीर और ख़ुद मीर की प्यारी-सी गर्वोक्ति है :

*गुफ़्तुगू रेख़्ते में हमसे न कर*
*ये हमारी ज़बान है प्यारे*

मुझे लगता है कि मख़्दूम और साहिर लुधियानवी पर मीर का ही असर ज़्यादा था। साहिर बग़ावत करते हैं, जब अपनी एक नज़्म में लिखते हैं :

*ये महलों ये तख़्तों ये ताजों की दुनिया*
*ये इंसाँ के दुश्मन समाजों की दुनिया*

*ये दौलत के भूके रिवाजों की दुनिया*
*ये दुनिया अगर मिल भी जाए तो क्या है*

आख़िरी पंक्ति—इस नज़्म की टेक—लिखकर साहिर ने शाइरी को एक बहुत बड़ा मतलब दे दिया : ग़ैर-बराबरी और नाइंसाफ़ी की इस दुनिया को वह देखना नहीं चाहते, इसमें रहना नहीं चाहते, साँस नहीं लेना चाहते। इसकी व्यर्थता को बताते हैं। यह बड़ी शाइरी है : फ़िल्मों में लिखी गई हो या उसके बाहर—यह विभाजन 'सिन्थेटिक' लोग करते हैं।

हमारे क्रान्तिकारियों ने ऐसी ही शाइरी से उत्सर्ग की प्रेरणा पाई थी। आप अगर सच्चे लोगों के पक्ष में हैं, तो सबसे ज़्यादा ख़तरे आपको घेरे रहेंगे; लेकिन आदमी का महज़ जीवित रहना महत्त्वपूर्ण नहीं है, बल्कि यह है कि आपका जीवन किन मूल्यों की मदद करता है! फाँसी के तख़्ते की ओर बढ़ने से पहले शहीदेआज़म भगत सिंह ने जेल से अपने भाई कुलतार सिंह को आख़िरी चिट्ठी में यह शे'र भी लिखा था :

*हवा में रहेगी मेरे ख़याल की बिजली*
*यह मुश्त-ए-ख़ाक[1] है फ़ानी[2], रहे रहे न रहे"*

## 62

एक दिन संवाद की शुरुआत ही आलोकधन्वा ने मिर्ज़ा ग़ालिब से की : "कोई हो सकता है कि मुझे मनुष्य ही न मानता हो, लेकिन वह ग़ालिब ने कहा है न :

*ग़ालिब बुरा न मान जो वाइज़ बुरा कहे*
*ऐसा भी कोई है कि सब अच्छा कहें जिसे!*

ग़ालिब एक बड़े प्रवक्ता थे ऐसे लोगों के, जिनके वजूद को सत्ता कुचलती थी, 'इग्नोर' करती थी। इसीलिए वह कहते हैं कि हम तो आम रस्ते पर बैठे हैं, अब यहाँ से उठाकर कहाँ ले जाओगे हमें :

1. मुट्ठी-भर मिट्टी। 2. नश्वर।

*दैर नहीं हरम नहीं दर नहीं आस्ताँ नहीं*
*बैठे हैं रहगुज़र पे हम ग़ैर हमें उठाए क्यूँ*

मीर और ग़ालिब बड़े कवि हैं, भारत के सौभाग्य हैं, गौरव हैं। असल में इश्क़ की, मुहब्बत की मुलाक़ातें हमें पनाह देती हैं। जितने बड़े कवि होते हैं किसी भी ज़बान के, उनका नज़रिया मुहब्बतों की महफ़िलों से आबाद होता है। ग़ालिब ने ऐसी बातें कही हैं, जो हम सोचते हैं तो आत्मा निर्मल हो जाती है। 'आदमी को भी मयस्सर नहीं इंसाँ होना'—यह तो कोई लिख सकता था, लेकिन

*दिल ही तो है न संग-ओ-ख़िश्त दर्द से भर न आए क्यूँ*
*रोएँगे हम हज़ार बार कोई हमें सताए क्यूँ*

यह ऐसी चीज़ है कि इसे हर कोई नहीं लिख पाता। कितने 'सेंसुअस पोएट' हैं ग़ालिब : *'फिर मुझे दीदा-ए-तर याद आया!'* या फिर :

*ज़िन्दगी यूँ भी गुज़र ही जाती*
*क्यूँ तिरा राहगुज़र याद आया*

ऐसे कवि निराला हैं, रवीन्द्रनाथ हैं। रवीन्द्रनाथ जहाँ जाते हैं, दुर्लभ है वह जगह। लोग उसे रहस्यवाद कहते हैं, पर रहस्य नहीं है वह, एक तरह की पुकार है। जैसे मुक्तिबोध कहते हैं : *'मुझे पुकारती हुई पुकार खो गई कहीं।'*

1857 की लड़ाई को कुछ लोग ग़दर कहते हैं, मगर मैं उसे भारत का प्रथम स्वाधीनता संग्राम मानता हूँ। उसे ग़ालिब ने अपनी आँखों से देखा और ऐसे घर में थे वह, जहाँ पनाह ली जा सकती थी। बन्द किवाड़ों की दरारों से उन्होंने दिल्ली में क़त्लेआम देखा। जो अंग्रेज़ थे, वे कुचल रहे थे अवाम को। तभी उन्होंने लिखा :

*जला है जिस्म जहाँ दिल भी जल गया होगा*
*कुरेदते हो जो अब राख जुस्तुजू क्या है*

उर्दू शाइरी का पूरा उन्वान उन्होंने बदल दिया। सचमुच की जो ज़मीन है, ज़मीनी लड़ाइयाँ हैं, क़ुरबानियाँ हैं, उनसे उसे जोड़ा। इश्क़ तो ऐसा है कि समय का बोध ही बदल देता है। इश्क़ जो नहीं करता, उसके लिए समय बिलकुल अलहदा है। जो करता है, उसके यहाँ आके देखिए कि उसका समय कैसे बीतता है! यह हमें ग़ालिब की शाइरी से मालूम होता है कि कैसा बुरा समय है :

*आशिक़ हूँ प माशूक़-फ़रेबी है मिरा काम*
*मजनूँ को बुरा कहती है लैला मिरे आगे"*

## 63

एक दिन आलोकधन्वा ने कहा : "दुख की पहुँच से बाहर अगर कोई आदमी हो, तो यह उसका दुर्भाग्य ही होगा। 'एम्पेथी'[1] नहीं होगी उसमें।...राजकिशोर अच्छे गांधीवादी-समाजवादी चिन्तक थे। उनके जवान बेटे की दुर्घटना में मौत हो गई, तो उस सदमे को वह बर्दाश्त नहीं कर सके। जिस तरह से गए, उसका मुझे बहुत दुख है, हालाँकि उन्होंने एक बार मुझ पर 'अटैक' किया था।"

मुझे अचरज हुआ, पूछा : "आपको बुरा नहीं लगा कि उन्होंने आप पर 'अटैक' किया?"

बोले : "उसका क्या बुरा मानना? हम तो 'अटैक' के लिए दुनिया में आए ही हैं। यह जीवन एक समर है। इस दुनिया में किसको चैन है? बुद्ध और गांधी क्या रह पाए चैन से? प्रेमचन्द और निराला चैन से रहे? चैन से कौन रहा?"

## 64

आज वसन्त पंचमी है। निराला इसी दिन अपना जन्मदिन मनाते थे। लिहाज़ा आलोकधन्वा ने कहा : "आज कोई विषय नहीं होगा, निराला के अलावा। उनके व्यक्तित्व पर रामविलास शर्मा ने कितनी सुन्दर पंक्तियाँ लिखी हैं :

*वह सहज विलम्बित मन्थर गति जिसको निहार*
*गजराज लाज से राह छोड़ दे एक बार*

निराला के मन पर चोट लगती, तभी प्रतिक्रिया करते, अन्यथा वह बहुत सरल थे—इतने सरल कि उनमें 'एनीमल्स' गुडनेस' थी—जानवर को हम जो यातना

1. हमदर्दी, संवेदना, समानुभूति।

देते हैं, वह उसके अवचेतन में कहीं रह जाती है, इसलिए वह हमला कर देता है। उसका स्वभाव नहीं है किसी को नुक़सान पहुँचाना।

अहंकार अगर होगा, तो उससे शरीर आपका टेढ़ा रहेगा, चलना-फिरना भी असहज हो जाएगा और आप बहुत दूर नहीं जा सकते। बुद्ध जो थे, उनमें रत्ती-भर अहंकार नहीं था, कभी किसी ने उनके कठोर शब्द नहीं सुने। अगर अहंकार है, तो गहरी मनुष्यता के जो बहुत कोमल भाव हैं, वे उससे टकराकर बिखर जाएँगे और किसी मनुष्य के काम नहीं आएँगे।

निराला में नहीं था अहंकार। हाँ, वह महाप्राण थे—इस शब्द से बिदकते हैं कुछ लोग, लेकिन हम तो उन्हें महाप्राण ही कहेंगे, जबकि हम हिन्दी के पारम्परिक विद्यार्थी कभी नहीं रहे, हमने ज्ञान-पिपासा से हिन्दी सीखी। निराला ने कितना कठिन जीवन जिया—दुखों से भरपूर—'*जब कड़ी मारें पड़ीं, दिल हिल गया*'—लेकिन कभी सिर्फ़ अपने दुख को नहीं देखा, उसकी छाया अपने मन की कोमलता और शृंगार पर नहीं पड़ने दी, कितने कोमल भावों के गीत लिखे :

*स्नेह-निर्झर बह गया है*
*रेत ज्यों तन रह गया है*

हिन्दी में कौन लिख सकता है ऐसी कविता? कोई नहीं। नेरुदा लिख सकते थे। निराला विश्व-कवि हैं। आधुनिक हिन्दी में उनके जितने विराट फलक का कोई कवि नहीं है। 'सबलाइम' में जाना हम लोगों के लिए बड़ी चीज़ हो सकती है, लेकिन वह सामान्य तरीक़े से ही उदात्त भाव-स्तर पर पहुँचते थे।

निराला में जो भास्वरता और उदात्तता है, उसके चलते वह गहन रात्रि में सागर पार कर रहे जहाज़ों के लिए एक प्रकाश-स्तम्भ हैं। उनसे सभी महत्त्वपूर्ण कवियों ने प्रेरणा ली, आप्लावित रहे; क्योंकि वह स्वाधीनता के गीत गाने वाले महाकवि हैं, जैसे ब्रेष्ट, नेरुदा, वाल्ट ह्विटमैन, नाज़िम हिकमत। उनसे हम सीखते हैं कि स्वाधीनता का स्तवन कैसे किया जाए। वह सामन्तवाद से बहुत गहरे लड़ने वाले कवि हैं। उनके यहाँ स्त्री का संघर्ष, उसके प्रति उनकी करुणा दिखाई देती है। कविता की मुक्ति का जो आह्वान वह करते हैं, अपनी बुनियाद में वह स्त्री की मुक्ति है।

मुझसे आप जातीय पुनर्जागरण पर प्रश्न करेंगे, तो मैं कहूँगा कि हिन्दी जाति जैसी कोई चीज़ नहीं है, भारत जाति है। उसकी मुक्ति के लिए सबसे पहले

राजा राममोहन राय आते हैं। निराला भारत के क्रान्तिकारियों से बहुत प्रभावित थे—वह हमेशा बन्धनों को तोड़ते रहे—किसी ज़ंजीर को स्वीकार करने वाले कवि नहीं थे।

वह पूर्णतर मनुष्य थे। समूचे भारत के दुख पर उनकी नज़र थी। छायावाद के वह पहले कवि हैं, जिन्होंने किसानों को लेकर कविता लिखी। बारिश और बादलों के बिना वह कविता की कल्पना नहीं कर सकते थे, क्योंकि किसानों का 'सर्वाइवल' उनकी चिन्ता के केन्द्र में था। किसान का श्रम परोन्मुख होता है और जनवादी भी। वसन्त में वह मिट्टी के सौन्दर्य को पहचानने, उस पर मुग्ध होने वाले कवि हैं :

*रँग गई पग-पग धन्य धरा,*
*हुई जग जगमग मनोहरा।*

प्रकृति और मनुष्य के रिश्ते को लेकर सबसे अच्छी भाषा—जो उसकी संरचना तक को व्यक्त करती है—उनके पास है : *'गाढ़ तन आषाढ़ आया।'* वह जानते थे कि बारिश से ही नया जीवन मिलता है :

*लू के झोंकों झुलसे हुए थे जो,*
*भरा दौंगरा उन्हीं पर गिरा।*
*उन्हीं बीजों को नये पर लगे,*
*उन्हीं पौधों से नया रस झिरा।...*

*सविता ने क्या कविता पढ़ी,*
*बदला है बादलों से सिरा।*

उन्होंने स्पैनिश फ़्लू में बहुत कम आयु में अपनी पत्नी की मृत्यु देखी, स्वजनों की मृत्यु देखी और बाद में युवा विवाहिता बेटी की भी। रोज़ी-रोटी की जद्दोजहद थी ही, लेकिन झंझावातों को जिजीविषा की नाव से पार किया। वह बहुत दिनों तक दुख नहीं मना सकते थे। सोचिए, जो आदमी एक तरह से अपना सब कुछ खो चुका था, उसके बावजूद उसने सत्य और न्याय की जय का गीत गाया :

*होगी जय, होगी जय, हे पुरुषोत्तम नवीन!"*

## 65

मैंने आलोकधन्वा से एक संस्मरण के सन्दर्भ में सवाल किया, जो मशहूर कथाकार-आलोचक दूधनाथ सिंह ने एक दिन शिमला में मुझे सुनाया था : "निराला अपने जीवन के आख़िरी वर्षों में दारागंज, इलाहाबाद में किराए पर एक छोटे-से घर में रहे, जिसके निचले हिस्से में वह ख़ुद और ऊपरी हिस्से में कमला शंकर सिंह रहते, जो शिक्षा प्रसार विभाग में कार्यरत और दूधनाथ जी के रिश्तेदार थे।

उस समय दूधनाथ सिंह इलाहाबाद विश्वविद्यालय में बी.ए. के विद्यार्थी थे और उन्होंने विषय के रूप में अंग्रेज़ी साहित्य का भी चयन किया था। कमला शंकर के यहाँ उनका आना-जाना रहता, मगर हर बार निराला के कमरे के बग़ल में गलियारे से होकर सीढ़ियों से ऊपर वाले हिस्से में जाना होता।

लाज़िम था कि आते-ज़ाते वह निराला को देखते और अदब में ख़ामोश रहते और किसी भी आने-जाने वाले इनसान पर निराला की भी नज़र पड़ सकती थी। दूधनाथ सिंह की अविस्मरणीय आलोचना-कृति 'निराला : आत्महन्ता आस्था' की बुनियाद में उनके किशोर मन पर पड़े महाकवि के व्यक्तित्व का भी असर था।

एक दिन वह सीढ़ियों से उतरकर विश्वविद्यालय जा रहे थे कि निराला ने बुला लिया, पूछा : 'कौन हो, क्या करते हो?' दूधनाथ ने बताया : 'बी.ए. में पढ़ता हूँ, अंग्रेज़ी भी एक विषय ले रखा है।'

वहाँ कमरे में शायद किसी चौकी या मेज़ पर अंग्रेज़ी की किताब रखी थी। निराला ने सवाल किया : 'यह किताब किसने लिखी है?'[1] दूधनाथ ने पढ़कर जवाब दिया : 'शेक्सपियर ने।'

निराला नाराज़ हो गए, अंग्रेज़ी में बोले : 'यही पढ़ते हो? यह किताब शेक्सपियर की नहीं है, मैंने लिखा है इसे।' दूधनाथ सिंह हतप्रभ और अवाक् वहाँ से चले आए।

इस प्रसंग पर आप क्या कहना चाहेंगे?"

---

1. निराला जी के प्रपौत्र कवि विवेक निराला ने बताया कि इस किताब का नाम था—'द कम्प्लीट वर्क्स ऑफ़ विलियम शेक्सपियर'।

बोले : "हम जानते हैं कि निराला का अन्तिम समय अवसाद में बीता। कई बार वह कालान्तर में चले जाते होंगे, 'नॉर्मल' आदमी भी चला जाता है। ऐसे में 'जेनुइन इल्यूज़न' भी हो सकता है।"

मैंने पूछा : "कालान्तर में चले जाने से आपका क्या अभिप्राय है?"

आलोक जी कहते हैं : "मेरा मतलब लेखक या कवि के समय में चले जाने से है। कालिदास को पढ़ते हैं, तो कौन नहीं चला जाता है उनके ज़माने में? मोहन राकेश से लेकर राधावल्लभ त्रिपाठी तक कालिदास के समय में जाते हैं और हमें भी ले जाते हैं। जब रतन थियम उनका नाटक 'ऋतुसंहार' दिखाते हैं, तो आप चले जाते हैं कालिदास के ज़माने में। बड़ा कलाकार यही करता है।

भारत विभाजन के समय जो भीषण साम्प्रदायिक नरसंहार हुए—उन्हें देखा जिन लोगों ने और सन्ताप सहा, अपने घर-बार या स्वजनों को खोया—वे पागल नहीं हुए, लेकिन कभी 'नॉर्मल' तो नहीं हुए—इतने दुख में वे डूब गए।

मंटो की 'टोबा टेक सिंह' या 'खोल दो' जैसी कहानियाँ पढ़िए! भीष्म साहनी, अमृता प्रीतम, कृश्न चन्दर, राजिन्दर सिंह बेदी, बलराज साहनी जैसे लेखकों-कलाकारों पर उसका कितना असर पड़ा! पंजाब और बंगाल की जनता उसकी सबसे ज़्यादा शिकार हुई। ये बँटवारे अंग्रेज़ों ने जान-बूझकर किए, वे नृशंसतम लोग थे।

अगर कोई कहे कि निराला 'नॉर्मल' नहीं थे, तो 'ऐब्सल्यूट नॉर्मल' तो कुछ होता नहीं है, क्योंकि 'नॉर्मल' भी 'ऐब्सल्यूट' नहीं है। गांधी जिसे 'नॉर्मल' मानते हैं, भगत सिंह तो उसे 'नॉर्मल' नहीं मानते।"

## 66

आलोकधन्वा से मैंने पूछा : "इन दिनों आप अक्सर अपनी माँ और गाँव के घर को याद करते हैं। इसकी क्या वजह है?"

बोले : "आदमी जब वृद्ध होने लगता है, तो घर ही याद आता है, बहुत याद आता है; क्योंकि हमारी जड़ें हैं वहाँ, माँ थी, जिसने हमें जन्म दिया। घर सबसे

ज़्यादा माँ और बहनों के कारण याद आता है। ऐसी ही स्थिति रही होगी, जब कविता में एक बूढ़े समुद्री पक्षी में पाब्लो नेरुदा ने अपनी छवि देखी। एल्बेट्रॉस नाम का समुद्री पक्षी—जो अपने यौवन में कई वर्ष तक पृथ्वी को छुए बिना आसमान में उड़ता रह सकता है—बूढ़ा हो गया है, उसके पंख कमज़ोर हो गए और उसे लगता है कि अब वह चाहकर भी उड़ान नहीं भर पाएगा। नेरुदा की कविता है :

**मैं एल्बेट्रॉस हूँ**

*मैं एल्बेट्रॉस हूँ*
*मैं उड़ान नहीं भर सकता*
*दिन अपने अफ़ीम के पाइप से मुझे जलाता है*
*सुबह मेरी डगमग चाल को लेकर मुझे सताती है*

*मैं एल्बेट्रॉस हूँ*
*नाव के तले में फँसा हुआ*
*मेरी चाहतें ख़ामोश हैं*
*मैं नाव की सतह से दूर जा नहीं सकता*

*मैं एल्बेट्रॉस हूँ*
*मुझे ये पंख खोलने चाहिए*
*इस नाव से दूर, जो मुझे उड़ने नहीं देगी।*

इससे मिलती-जुलती भावभूमि की निराला की भी कविता है, जिसमें एक पक्षी पुरानी यादें लेकर आता और उस पेड़ पर बैठता है, जो कभी भरा-पूरा था, मगर अब ठूँठ हो गया है :

*ठूँठ यह है आज!*
*गई इसकी कला,*
*गया है सकल साज!*

*अब यह वसन्त से होता नहीं अधीर,*
*पल्लवित झुकता नहीं अब यह धनुष-सा,*

*कुसुम-से काम के चलते नहीं हैं तीर,*

*छाँह में बैठते नहीं पथिक आह भर,*
*झरते नहीं यहाँ दो प्रणयियों के नयन-तीर,*
*केवल वृद्ध विहग एक बैठता कुछ कर याद।*

ज़िन्दगी की साँझ के ऐसे कितने ही मार्मिक बिम्ब निराला की कविताओं में बिखरे पड़े हैं। वह ख़ुद को भी इस तरह देखते हैं, जब 'हिन्दी के सुमनों के प्रति पत्र' शीर्षक कविता में नए कवियों का स्वागत करते हैं :

*मैं जीर्ण-साज बहु छिद्र आज,*
*तुम सुदल सुरंग सुवास सुमन।*
*मैं हूँ केवल पदतल-आसन,*
*तुम सहज विराजे महाराज।*

संघर्ष और वेदना के बावजूद एक बड़े कवि से नए रचनाकारों के अभिनन्दन की ऐसी ही विशाल-हृदयता अपेक्षित है। जिन दुखों से भारत में बुद्ध जूझे, कबीर, प्रेमचन्द और मुक्तिबोध जूझे, निराला भी उनसे जूझते हैं। उनकी कोई भी कविता ऐसी नहीं है, जो विश्वजनीन न हो—उसके भाव समूची दुनिया में जाने जा सकने वाले हैं, अपनी स्थानीयता से मुक्त हैं। पूरे विश्व से कवि का संवाद कविता की ही मार्फ़त होता है। दुनिया में कहीं भी ऐसे ही दुख हैं—इसी अर्थ में वह विश्व-कवि हैं।

जो लोग निराला को भुला देना चाहते हैं, या तो उनकी समझ ठीक नहीं है या नीयत। आदमी का स्वभाव उसके विचारों पर भी हावी होता है। इसीलिए विद्वान होना काफ़ी नहीं है, सवाल है कि आपकी नीयत क्या है, आपका लगाव कैसा है कवि से? आप दीवाने हैं उसके, 'रेस्टलेस' हैं उसके लिए?

डॉ. रामविलास शर्मा केवल बुद्धिजीवी नहीं थे, बल्कि बहुत ही उदात्त थे। यह सही है कि मुक्तिबोध को समझने में वह चूक गए, फिर भी जिन कवियों को उन्होंने प्यार किया, वही उनके जीवन के कारण थे। तभी वह निराला पर बड़ा काम कर सके और यह देख पाए कि वह दुख के सागर में तैरे और तैरकर किनारे पहुँचे। हिन्दी कविता को वह जिस ऊँचाई तक ले गए, असम्भव है किसी के लिए। मैं कभी-कभी कल्पना करता हूँ कि बुद्ध, निराला और राहुल

सांकृत्यायन एक साथ बैठते, तो इनमें बहुत दोस्ती होती।

दुनिया में कौन कवि है, जो निराला से बड़ा है? आप रिल्के का नाम लेंगे, तो मैं रिल्के को 'कोट' करूँगा और निराला को भी और साबित करूँगा, जो कह रहा हूँ। आधुनिक कविता का नेतृत्व निराला ही कर रहे हैं। इस जहाज़ के कप्तान वही हैं। आप अज्ञेय, मुक्तिबोध और शमशेर का नाम लेते हैं या किसी अन्य कवि का, और निराला का नाम नहीं लेते, तो यह किस तरह का 'मॉडर्निज़्म' है? इस आधुनिकता का कोई मतलब नहीं है।"

## 67

आलोकधन्वा कहते हैं : "हजारी प्रसाद द्विवेदी ने हमें बताया कि ज्ञानदान का मतलब है अभयदान। हिन्दी के महात्मा गांधी थे वह। गांधी की ख़ूबियाँ सब उनमें हैं, लेकिन कमियाँ नहीं हैं। एक-एक पेड़ के बारे में वह जानते थे... ऐसा कौन साहित्यकार है? अशोक और शिरीष पर लिखा उन्होंने, 'बाणभट्ट की आत्मकथा' जैसा उपन्यास लिखा, कबीर पर लिखा, रवीन्द्रनाथ और कालिदास पर लिखा, कितना काम किया...और एक ऐसी निश्छल हँसी थी उनकी, जैसी किसी के पास नहीं थी। भाषा का जो वैभव था उनका, फिर किसी के यहाँ नहीं मिलता।...नामवर सिंह उनके शिष्य थे, लेकिन उस ऊँचाई तक नहीं जा पाए। उनका विवेक कई जगह बहुत 'पार्शियल' (पक्षपातपूर्ण) हो जाता है। दूसरे, उतना काम नहीं है। विश्वविद्यालयी राजनीति में बहुत समय गँवा दिया उन्होंने।"

## 68

आलोकधन्वा ने बताया : "आज़ाद भारत के संविधान में यह प्रावधान किया गया था कि अंग्रेज़ी को 1965 में हटा दिया जाएगा और राजकाज की भाषा केवल हिन्दी रहेगी; मगर दक्षिण भारत में पहले ही इसके विरुद्ध आन्दोलन भड़क गया।

इससे मजबूर होकर 1963 में सरकार ने संसद में 'राजभाषा संशोधन अधिनियम' पारित किया, जिसमें कहा गया कि 1965 के बाद भी हिन्दी और अंग्रेज़ी का इस्तेमाल साथ-साथ राजकाज में होता रहेगा। इस वादाख़िलाफ़ी की प्रतिक्रिया तेज़ हुई और डॉ. राममनोहर लोहिया के नेतृत्व में पूरे देश में 'अंग्रेज़ी हटाओ आन्दोलन' चला।

इसी सिलसिले में 1967 में मैट्रिक करने के बाद मैं अपने मित्र सोशलिस्ट नेता शिवानन्द तिवारी के साथ बनारस गया और वहाँ गोदौलिया के पास एक होटल में ठहरा। उस समय काशी हिन्दू विश्वविद्यालय छात्र संघ के अध्यक्ष देवव्रत मजूमदार और उपाध्यक्ष दीपक मलिक थे। वे शिवानन्द जी के दोस्त थे, हम उनसे मिले।

बीएचयू में घूम रहा था, तो एक जगह मैंने देखा कि आचार्य हजारी प्रसाद द्विवेदी पढ़ा रहे हैं। उनकी क्लास में दूसरे विषयों के विद्यार्थी भी आकर बैठ जाते और वे भी, जो विश्वविद्यालय के छात्र नहीं थे। मैं भी चुपके से जाकर शामिल हो गया।"

मैंने पूछा : "ज़माना बीत गया। आपको कुछ याद है : वह क्या कह रहे थे?"

बोले : "हाँ, एक बात याद है। उन्होंने कहा : 'अप्रिय सत्य नहीं बोलना चाहिए। सत्य बोलो ज़रूर, छिपाओ मत उसे, क्योंकि उससे ज्ञान के विकास की गति अवरुद्ध होगी और समाज का नुक़सान होगा।

लोग मेहनत कम करना और सत्य को जल्दी पा लेना चाहते हैं, जबकि उसके लिए बहुत भटकना पड़ता है, उसे आप जल्दी कैसे पा लेंगे? उसके लिए अच्छी भाषा और सही अवसर ढूँढ़िए! तब सत्य अप्रिय नहीं होगा।'

कबीर के नाम से एक साखी चलती है न :

*धीरे-धीरे रे मना, धीरे सब कुछ होय।*
*माली सींचै सौ घड़ा, ऋतु आए फल होय॥*

मतलब यह है कि धीरे-धीरे सब काम होते हैं, बहुत ज़्यादा पानी देंगे, तो आम का पेड़ मर जाएगा।"

मैंने ज़रा विनोद किया : "आपको बीएचयू में एडमिशन ले लेना चाहिए था।

हजारी प्रसाद द्विवेदी के शिष्य बन जाते, तो बहुत आगे जाते!'"

आलोक जी ख़ुश हुए : "हाँ, यह है कि द्विवेदी जी बीएचयू से निकाले जाते, तो हम भी उनके साथ चले जाते। मैं उन्हें छोड़ता नहीं, गुरुओं का बहुत सम्मान करता हूँ।

दुनिया में दूसरों के जीवन को बहुत कम लोग देखना चाहते हैं कि उसमें क्या दर्द हैं और क्या चुनौतियाँ हैं। ऐसे लोग बड़ी-बड़ी बातें करते हैं, तो कष्ट होता है—वह झूठ लगता है। उनमें 'एम्पेथी' नहीं है। 'एम्पेथी' होगी जिसमें, वह तो दर्द को बताए बिना भी जान जाएगा।"

## 69

दिलचस्प है कि आलोकधन्वा के इस साक्षात्कार के दौरान मैंने उनसे कई बार अनुरोध किया कि दिनकर के बारे में कुछ कहें; मगर हर बार कोई-न-कोई बहाना बनाकर वह टाल गए। एक दिन जब बहुत इसरार किया, तो धीमी आवाज़ में बोले : "आप समझते नहीं हैं। दिनकर की सराहना करूँगा, तो मुझ पर आरोप लगेगा।"

मैंने पूछा : "क्या आरोप लगेगा?"

उनके जवाब से मैं सन्न रह गया : "असल में, दिनकर जी उसी जाति के हैं, जिस जाति का मैं हूँ।"

मैंने कहा : "अब दिनकर पर आपके अभिमत का इज़हार अपरिहार्य है, क्योंकि इस भय को स्वीकार करना जातिवादी ताक़तों से हार मान लेना है।"

अचरज तो यह है कि आलोकधन्वा का अन्देशा सही था। मेरे ख़याल से एक मशहूर कवि का इंटरव्यू करना कोई गुनाह नहीं है, लेकिन जैसे-जैसे सोशल मीडिया पर इस संवाद की लोकप्रियता बढ़ती गई, एकाधिक व्यक्ति बेचैन हुए और आलोक जी एवं मुझ पर तरह-तरह के लांछन लगाए गए। काफ़ी समय तक मैं चुप रहा कि शायद चुप रहने से काम चल जाए, मगर जब जातियाँ बताई जाने लगीं, तो मध्यान्तर में मुझे अपना मन्तव्य ज़ाहिर करना ज़रूरी जान पड़ा।

हमारे देश में जाति-प्रथा इतनी गहरी और मज़बूत है कि इसके शिकार निर्गुणपन्थी सन्त कवि तो हुए ही, तुलसी जैसे सगुणमार्गी भी हुए, जिन्होंने स्वयं 'रामचरितमानस' में आदर्श समाज-व्यवस्था के रूप में वर्णाश्रम को प्रस्तावित किया था। काशी के ब्राह्मणों ने जब उनके यश से ईर्ष्या-दग्ध होकर उनकी जाति पर सवाल उठा दिया, तो उन्हें लगा कि जातिगत और साम्प्रदायिक भेदभाव के चलते इनसान का अपमान ही किया जा सकता है और 'मानस' के बारह साल बाद आई अपनी कृति 'कवितावली' में उन्होंने इसका प्रतिकार किया। यह लिखा कि 'कोई मुझे धूर्त कहता है, कोई परमहंस, कोई राजपूत, तो कोई जुलाहा, लेकिन मुझे किसी की जाति से मतलब नहीं है। मैं माँग कर खा लूँगा, मस्जिद में सो लूँगा, मुझे न किसी से एक लेना है, न दो देना है' :

*धूत कहौ, अवधूत कहौ, रजपूतु कहौ, जोलहा कहौ कोऊ।*
*काहू की बेटी सों बेटा न ब्याहब, काहू की जाति बिगार न सोऊ।*
*तुलसी सरनाम गुलामु है राम को, जाको रुचै सो कहै कछु ओऊ।*
*माँगि कै खैबो, मसीत को सोइबो, लैबो को एकु न दैबे को दोऊ॥*

ये कवि मध्यकाल में हुए थे। कितनी सदियाँ बीत गईं, आधुनिक काल को आए हुए भी लगभग दो सौ साल हो गए, लेकिन हालात में ख़ास सुधार नहीं आया। आज भी किसी भी मोड़ पर आपकी जाति बताकर आपको हतप्रभ कर दिया जाता है। देवीप्रसाद मिश्र ने एक कविता में लिखा है कि *'भारतीय समाज अपमान की प्रयोगशाला है।'*

मैंने ज़िन्दगी-भर कविता से प्यार किया है। कवियों की जाति, धर्म, वर्ग, जेंडर, भाषा, प्रान्त और देश वग़ैरह के कारण कोई अन्तर नहीं किया। मेरे लिए पीड़ा ही सबसे बड़ी कसौटी रही। जिसके यहाँ जितनी ज़्यादा वेदना मिली, उस कवि से लगाव उतना ही प्रगाढ़ रहा। लिहाज़ा कबीर, मीरां, मीर, ग़ालिब, निराला, फ़ैज़ और मुक्तिबोध के नाम मेरी प्राथमिकता में सर्वोपरि हैं।

लिखने-पढ़ने में पूरी ज़िन्दगी लगा देने के बाद आपको बताया जाए कि आप ब्राह्मण, ठाकुर, कायस्थ, बनिया, पिछड़े, दलित, हिन्दू, मुसलमान वग़ैरह न जाने क्या-क्या हैं, तो आपको कैसा लगेगा? विडम्बना यह है कि ऐसी प्रवृत्तियों को कुछ सफ़ेदपोश विद्वान साहित्यिकों का चुप्पा और कभी-कभार मुखर समर्थन भी हासिल है।

इनका दावा है कि ये फ़ासीवादी निज़ाम से लड़ रहे हैं, लेकिन दरअसल यह सब करना उससे लड़ने की योग्यता गँवा देना है। मैं यह तकलीफ़ इसलिए साझा कर रहा हूँ कि यह मेरा निपट व्यक्तिगत मामला नहीं, बल्कि साहित्यिक दुनिया में हर किसी की गरिमा से वाबस्ता सवाल है। समाज और राजनीति में तो फ़ासीवाद का बोलबाला है ही, साहित्य-संस्कृति में भी इसका इस क़दर संक्रमण जारी रहा, तो एक दिन कुछ नहीं बचेगा।

जब आपस में संवाद ही नहीं रहेगा, तो मनुष्यता कहाँ शरण पाएगी? मैंने विद्यार्थी जीवन से ही दिनकर और आलोकधन्वा जैसे कवियों की कविता से प्यार किया है, यह तो मुझे इसी दौरान बताया गया कि ये भूमिहार हैं।

कबीर आज होते, तो उन्हें निश्चय ही बहुत दुख होता कि छह सौ साल पहले जो उन्होंने कहा, वह आज भी ज्यों-का-त्यों प्रासंगिक रहा आता है :

*जाति न पूछो साधु की, पूछ लीजिए ज्ञान।*
*मोल करो तलवार का, पड़ी रहन दो म्यान॥*

भारतीय समाज की यह कितनी बड़ी विडम्बना है और दिनकर ने इसे पहचाना था कि हमने जातियों के साँचे पहले से तैयार कर रखे हैं : जो भी इस दुनिया में आता है, उसे इनका बन्दी बन जाना पड़ता है। 'रश्मिरथी' में कर्ण का विषादमय जीवन इन्हीं साँचों से मनुष्य की मुक्ति की मार्मिक पुकार है :

*नहीं पूछता है कोई तुम व्रती, वीर या दानी हो?*
*सभी पूछते मात्र यही, तुम किस कुल के अभिमानी हो?*
*मगर, मनुज क्या करे? जन्म लेना तो उसके हाथ नहीं,*
*चुनना जाति और कुल अपने बस की तो है बात नहीं।*

*मैं कहता हूँ, अगर विधाता नर को मुट्ठी में भरकर,*
*कहीं छींट दें ब्रह्मलोक से ही नीचे भूमण्डल पर,*
*तो भी विविध जातियों में ही मनुज यहाँ आ सकता है;*
*नीचे हैं क्यारियाँ बनीं, तो बीज कहाँ जा सकता है?*

इसके बावजूद मुझे यक़ीन है कि बात वही चलेगी, जो सही होगी। बड़े लोगों की भी ग़लत बात नहीं चलेगी। यही साहित्य का सौन्दर्य है।

## 70

मैंने आलोकधन्वा से पूछा : "रामधारी सिंह 'दिनकर' आपकी नज़र में कैसे कवि हैं?"

बोले : "भारत की आज़ादी की लड़ाई से ही बड़े कवि आए और बाद में भी बड़े कवि वे हुए, जिन्होंने महसूस किया कि हमारी आज़ादी अधूरी है—मुक्तिबोध, शमशेर, नागार्जुन, शमशेर कम्युनिस्ट घोषणापत्र के नारे 'दुनिया के मजदूरो, एक हो' के समर्थक हैं, लेकिन 'अम्न का राग' जैसी बड़ी कविता उन्होंने लिखी, जिसे वही लिखेगा, जो युद्ध नहीं चाहता। फ़ासीवाद के ख़िलाफ़ और लोकतंत्र के लिए लड़ते हुए विश्वयुद्धों में कई करोड़ लोग मारे गए, कोई कैसे कह सकता है कि हम इसे भूल जाएँ?

दिनकर को भी युद्ध प्रिय नहीं था। 'कुरुक्षेत्र' में वह दिखाते हैं कि पांडव जीतकर भी हारे हुए-से हैं। दुर्योधन अपनी मृत्यु के बाद युधिष्ठिर के दुःस्वप्नों में आता और व्यंग्य करता है :

*आ गए हम पार, तुम उस पार हो;*
*यह पराजय या कि जय किसकी हुई?*
*व्यंग्य, पश्चात्ताप, अन्तर्दाह का*
*अब विजय-उपहार भोगो चैन से।*

लोग कहते हैं कि दिनकर रौद्र रस के कवि थे। फ़ालतू बात है—'फ़ेक' है यह। मैं तो नहीं जानता कि रौद्र रस क्या होता है! हाँ, वह न्याय के लिए सशक्त आह्वान के कवि हैं, जिसे वे रौद्र रस कहते होंगे।

दिनकर के वे काव्य ज़्यादा मशहूर हुए, जो उन्होंने 'महाभारत' को लेकर रचे। 'रश्मिरथी', 'कुरुक्षेत्र', 'रसवन्ती' और 'हुंकार'—उनकी ये कृतियाँ मुझे पसन्द हैं। लोग 'उर्वशी' को भी मानते हैं, मगर मैं तो उसे नहीं मान पाता। उसमें कई जगह ऐसा लगता है कि मदनोत्सव या कामोत्सव चल रहा है—वह काम जगाने, वासना को उद्दीप्त करने की कविता है। इसी तरह उनकी 'परशुराम की प्रतीक्षा' और 'हारे को हरिनाम' जैसी रचनाएँ मुझे ठीक नहीं लगतीं।

दिनकर ने इस तरह लिखा कि कविता एक बड़े पाठक-संसार तक पहुँचे और उसकी समझ में आए। नेहरू सुनते थे उनकी कविता, मैथिलीशरण गुप्त,

सुमित्रानन्दन पन्त और हरिवंशराय 'बच्चन' सुनते थे, निराला ने भी सुना होगा उन्हें। वह बहुत मशहूर हुए। उनकी ये पंक्तियाँ किसकी ज़बान पर नहीं हैं :

*समर शेष है, नहीं पाप का भागी केवल व्याध*
*जो तटस्थ हैं, समय लिखेगा उनके भी अपराध।*

उनकी ताक़त यह है कि वह अपने देशकाल से जुड़े हुए कवि हैं। उनकी कविताएँ स्वाधीनता की लड़ाई के जज़्बे को जगाती हैं। उनके मन में यह था कि कविता को न्याय का हिमायती होना चाहिए और न्यायप्रियता को वह 'महाभारत' से जोड़ते थे। उन्होंने कृष्ण-पार्थ का संवाद बहुत अच्छी तरह लिखा, अभिमन्यु का वध इस तरह लिखा कि पढ़ते-पढ़ते आप अत्यन्त द्रवित हो जाएँगे। उनकी कविता में नाटक बहुत था—इस तरह का नाटक जल्दी नहीं मिलता, हालाँकि नाटक के सबसे बड़े कवि मुक्तिबोध हैं।

मैं जब नई दिल्ली में 'श्रीराम सेंटर फ़ॉर आर्ट ऐंड कल्चर' में रंगकर्म के विद्यार्थियों को 'स्पीच ऐंड डिक्शन' पढ़ाता, तो उनसे कहता था : 'तुम कविता का पाठ करना सीखो! पाठ जब तक नहीं करोगे, तब तक कविता खुलेगी नहीं। सिर्फ़ पढ़ने से समझ में नहीं आएगी। जब तुम उसका पाठ करोगे, तो देखोगे कि उसके भीतर कैसी-कैसी आवाज़ें हैं और तब वह तुम्हारे रुधिर तक पहुँचेगी। कविता से केवल मन नहीं, आपका पूरा वजूद एकात्म होगा, आपका शरीर रोमांचित होगा।'

दिनकर की कविता भी ऐसी है, क्योंकि वह बहुत गहरे संवेगों और संवादों से भरी हुई है। 'रश्मिरथी' में कृष्ण जब शान्ति का प्रस्ताव लेकर धृतराष्ट्र की राजसभा में आते हैं, तो उनका सम्बोधन बहुत प्रभावशाली है :

*...दे दो केवल पाँच ग्राम,*
*रक्खो अपनी धरती तमाम।*

लेकिन दुर्योधन को इतना भी मंज़ूर नहीं और वह कृष्ण को बाँधने का हुक्म देता है। कृष्ण उसे अपना विकराल रूप दिखाते हैं, जिसमें दुर्योधन भावी युद्ध में अपना विनाश भी देख सकता है :

*यह देख जगत् का आदि-सृजन,*
*यह देख, महाभारत का रण,*

*मृतकों से पटी हुई भू है,*
*पहचान, कहाँ इसमें तू है।*

फिर भी उसकी समझ में नहीं आता, क्योंकि वह विवेक-शून्य हो चुका है :

*जब नाश मनुज पर छाता है,*
*पहले विवेक मर जाता है।*

नतीजा क्या है? कृष्ण यह चेतावनी देकर चले जाते हैं :

*याचना नहीं, अब रण होगा,*
*जीवन-जय या कि मरण होगा।...*

*दुर्योधन! रण ऐसा होगा*
*फिर कभी नहीं जैसा होगा।*

*भाई पर भाई टूटेंगे,*
*विष-बाण बूँद-से छूटेंगे,*
*वायस-शृगाल सुख लूटेंगे,*
*सौभाग्य मनुज के फूटेंगे।*
*आख़िर तू भूशायी होगा,*
*हिंसा का पर, दायी होगा।*

यह युद्ध के लिए प्रेरित करने वाली नहीं, उसके भयावह अंजाम से आगाह करने वाली कविता है। 'रश्मिरथी' में ऐसे-ऐसे प्रसंग हैं कि आप कहीं खड़े होकर सुनाने लगें, तो लोग इकट्ठे हो जाएँगे आपको सुनने के लिए। भारत में न्याय की अवधारणा के चलते कृष्ण और 'महाभारत' बहुत ही लोकप्रिय हैं। दिनकर की कविता की शक्ति और मार्मिकता देखनी हो, तो उस अवस्था में देखिए, जब कर्ण को चारों ओर से मृत्यु ने घेर लिया। वह निहत्था और रथहीन है, रथ का पहिया मिट्टी में धँस गया है, उसके पराक्रम से संसार काँप उठता है, लेकिन पहिया नहीं डिगता :

*मही डोली, सलिल-आगार डोला,*
*भुजा के ज़ोर से संसार डोला*

*न डोला, किन्तु, जो चक्का फँसा था,*
*चला वह जा रहा नीचे धँसा था।*

दिनकर के यहाँ कई तरह की विषय-वस्तुएँ हैं, वैविध्य है उनमें। कविता को महत्त्वपूर्ण बनाने वाली चीज़ प्रकृति का कोमल निरीक्षण और शृंगार का संश्लेषण भी है। एक चित्र देखिए, जबकि शिशिर विदा ले रहा और वसन्त आ रहा है, कोयलें 'वर्ष की कविता' सुना रही हैं :

*शिशिर शीर्णा चली, अब जाग री मधुमास-आली।*
*वर्ष की कविता सुनाने कूकते पिक मौन भोले,*
*स्पर्श कर द्रुत बौरने को आम्र आकुल, बाँह खोले,*
*पन्थ में कोरकवती जूही खड़ी ले नम्र डाली।*

उनका वैशिष्ट्य यह था कि वह बहुत ही उदार और लोकतांत्रिक मिज़ाज के इनसान थे। नेहरू जी उन्हें दो बार सांसद बनाकर राज्यसभा में ले गए; लेकिन दिनकर जयप्रकाश नारायण, डॉ. राममनोहर लोहिया, डॉ. भीमराव आम्बेडकर, रेणु, रामवृक्ष बेनीपुरी और धर्मवीर भारती से भी आत्मीय रहे। लोहिया परिहास करते हुए उनसे पूछते थे : 'यह कैसी बात है कि कविता में तो तुम क्रान्तिकारी हो, मगर संसद में कांग्रेसी सदस्य?' दिनकर ने इसका जवाब 'दिनचर्या' शीर्षक कविता लिखकर दिया, जिसका सबसे अहम हिस्सा है :

*बड़ी बात तो यह कि लोहिया संसद में आए हैं।*
*मुझे पूछते हैं, दिनकर! कविता में जो लिखते हो,*
*वह है सत्य या कि वह जो तुम संसद में दिखते हो?*
*मैं कहता हूँ कि मित्र, सत्य का मैं भी अन्वेषी हूँ,*
*सोशलिस्ट ही हूँ, लेकिन कुछ अधिक ज़रा देशी हूँ।*

दिनकर 'एक्टिविस्ट' कवि भी थे, उन्होंने वर्ण-व्यवस्था की मुख़ालफ़त की। 'रश्मिरथी' में कर्ण के आख्यान को केन्द्र में रखकर वह सामाजिक न्याय का सवाल बहुत सशक्त और मर्मस्पर्शी ढंग से उठाते हैं :

*हाय, कर्ण, तू क्यों जन्मा था? जन्मा तो क्यों वीर हुआ?*
*कवच और कुण्डल-भूषित भी तेरा अधम शरीर हुआ?*

*धँस जाये वह देश अतल में, गुण की जहाँ नहीं पहचान?*
*जाति-गोत्र के बल से ही आदर पाते हैं जहाँ सुजान?*

यह ज़रूर है कि दिनकर के न्याय का रास्ता मार्क्स के पास नहीं जाता। वह गांधी और नेहरू से प्रभावित थे और नेहरू के समाजवादी रास्ते को मानते थे। शायद इसीलिए वर्ग-संघर्ष की सूक्ष्म अभिव्यक्ति में उनसे बहुत आगे हैं नागार्जुन। दिनकर एक सामान्य फलक बनाकर सीधे व्यवस्था पर चोट करते हैं; मगर रोज़-रोज़ हमारी ज़िन्दगी में जो घटित हो रहा है—विपन्न संसार और अकालमृत्यु—उससे नागार्जुन पंजा भिड़ाते हैं।

इन सब कवियों में जिस ऊँचाई पर निराला खड़े हैं, वह तो किसी के पास नहीं है—चाहे मुक्तिबोध हों, शमशेर या नागार्जुन।"

मैंने प्रश्न किया : "जयशंकर प्रसाद भी उतने बड़े नहीं हैं?"

आलोक जी कहते हैं : "प्रसाद बड़े हैं, लेकिन थोड़े 'डिफ़रेंट' हैं। उनमें निराला वाली बात नहीं है, क्योंकि निराला आधुनिक कविता को 'क्लास स्ट्रगल' में ले आए। ऐसा कोई और कवि नहीं है छायावाद में।"

## 71

आलोकधन्वा से मैंने अनुरोध किया : 'रेणु जी ने दिनकर जी से आपकी जो मुलाक़ात करवाई, उसके बारे में ज़रा बताइए!'

बोले : "दिनकर तो बोलते थे, लेकिन रेणु बहुत ही कम बोलते। सारा सरगम जो था, रेणु के मौन में ही था। 1970 के आसपास डॉ. नन्दकिशोर नवल ने कुछ और लोगों के साथ मिलकर पटना में साहित्यकारों का एक बड़ा सम्मेलन आयोजित किया, जिसका उद्घाटन रेणु जी से करवाया। इतना उनका सम्मान था। उस सम्मेलन में नए-पुराने लगभग सारे महत्त्वपूर्ण लेखक-कवि आए। धूमिल उस समय के सबसे चर्चित कवि थे। हमारे दोस्त कवि-पत्रकार अजय सिंह ने उस आयोजन में मेरी कविता 'जनता का आदमी' का पाठ किया। रेणु ने भाषण नहीं दिया, सिर्फ़ कुछ बातें कहीं। भाषण देना उन्हें पसन्द नहीं था।

उन पर दिनकर का ही प्रभाव था—उनसे उन्होंने बहुत कुछ सीखा। दिनकर ने

कविता में पहली बार कर्ण को नायक बनाकर वर्ण-व्यवस्था पर सवाल उठाया, 'महाभारत' की नई व्याख्या करके युद्ध की निस्सारता को रेखांकित किया और 'संस्कृति के चार अध्याय' जैसी किताब में भारत के सांस्कृतिक इतिहास की पड़ताल की, जिसकी भूमिका स्वयं जवाहरलाल नेहरू ने लिखी। आप उन्हें देखते, तो लगता कि वह अपनी कविता में डूबे हुए हैं। इतने अग्रगामी थे कि उन्होंने रिल्के की कविता का हिन्दी में अनुवाद किया था।

दिनकर बहुत उदार थे और अपने व्यक्तित्व की गरिमा से अभिभूत करते। अतिशय सुन्दर थे। मैं कल्पना करता हूँ : अगर वह फ़िल्मों में चले जाते, तो बलराज साहनी की तरह कामयाब होते। वह चाहते कि आज़ाद भारत में ज्ञान पर आधारित संवाद हो और काम भी। किसी को 'इग्नोर' नहीं करते, बल्कि स्वागत करते। विनयशील इतने कि उन्होंने अपने समय के बेहतरीन गीतकार गोपालसिंह नेपाली का इंटरव्यू लिया। उनके गीतों में लोकप्रियता के बावजूद व्यवस्था की आलोचना रहती। कुछ उस तरह का एहसास, जो आज़ादी मिलने पर अगस्त, 1947 में फ़ैज़ ने ज़ाहिर किया : *'वो इन्तिज़ार था जिसका, ये वो सहर तो नहीं!'*

दिनकर और रेणु, दोनों बहुत शालीन थे : हम जैसे नवयुवकों से 'आप' ही कहते, 'तुम' कभी नहीं। एक दिन रेणु जी ने मुझसे कहा : 'साफ़-सुथरे कपड़े पहन लीजिएगा, ज़ुल्फ़ें उड़ी-उड़ी न रहें, आपको दिनकर जी के घर चलना है।' उनके यहाँ मेरा परिचय देकर बोले : 'आप अपनी कविता 'जनता का आदमी' सुनाइए और अधूरी नहीं, पूरी!' सुनकर दिनकर जी ख़ुश हुए और कहा : 'कविता बहुत अच्छी है। आपको कॉफ़ी पिलाते हैं।'

1972 में जब दिनकर जी को ज्ञानपीठ पुरस्कार मिला, तो उनकी डायरी प्रकाशित हुई, जिसमें 6 अक्टूबर, 1971 के ब्योरे में उन्होंने लिखा है : 'आज आलोकधन्वा कवि, रेणु के साथ आए। अपनी एक कविता उन्होंने सुनाई : 'जनता का आदमी'। *'...शब्दों से मैं मनुष्य की नयी त्वचा गढ़ रहा हूँ।'* कविता प्रभावकारिणी है, मैंने उसे प्रबल कहा। गद्य में उन्होंने जो कुछ कहा, उसका भी मुझ पर प्रभाव पड़ा। चे ग्वेवारा जिस आन्दोलन के दार्शनिक थे, उसके आलोकधन्वा कवि हैं।'"

मैंने पूछा : "हमने सुना है कि आपका नाम आलोकधन्वा, दिनकर जी ने ही रखा था?"

आलोक जी कहते हैं : "नहीं। बिहार के पहले मुख्यमंत्री हुए डॉ. श्रीकृष्ण सिंह। वह मुंगेर में जनमे और उन्हें 'बिहार केसरी' का ख़िताब मिला। लोकप्रिय इतने कि दूसरे विश्वयुद्ध के समय को छोड़कर 1937 से 1962 तक जीवनपर्यन्त मुख्यमंत्री रहे। हमारे इलाक़े की जनता ने चन्दा इकट्ठा करके उन्हीं के नाम पर मुंगेर में गंगा नदी और मीर क़ासिम के क़िले के पास 'डॉ. श्रीकृष्ण सिंह सेवा सदन पुस्तकालय' स्थापित किया, जहाँ मैंने विद्यार्थी जीवन में तोल्स्तोय, दोस्तोयेव्स्की, गोर्की, चेखव जैसे रूसी कथाकारों, रवीन्द्रनाथ ठाकुर, शरतचन्द्र और प्रेमचन्द जैसे भारतीय रचनाकारों को पढ़ा।

वहाँ लायब्रेरियन थे सदन सिंह, जो बाद में भागलपुर विश्वविद्यालय चले गए। वह दिनकर जी से प्रभावित थे। उन्होंने मुझे सुझाव दिया : 'आप जिस तरह की कविता लिखते हैं, उसके मद्देनज़र आपका नाम होना चाहिए आलोकधन्वा', तो मैंने यह स्वीकार कर लिया। मेरा स्कूली नाम तो नित्यानन्द सिंह है।

दिनकर जी को जब मैंने अपना नाम बताया, तो बोले : 'यह तो मेरी एक कविता का नाम है। आपको कहाँ मिला?' मैंने कहा : 'हमारे एक मित्र ने रख दिया। आपकी कविता मैंने बाद में पढ़ी।' उन्होंने हँसकर कहा : 'मेरी कविता के पहले हिन्दी में यह नाम था नहीं।' "

'आलोकधन्वा' शीर्षक कविता है दिनकर की, जो 1938 में आए उनके कविता-संग्रह 'हुंकार' में संकलित है। इसमें कल्पना है कि कवि आलोक का धनुष धारण करता है और 'किरणों में गुँथे अपने उज्ज्वल गीतों से' दुनिया को आलोकित करता है :

*हूँ जगा रहा आलोक अरुण बाणों से,*
*मरघट में जीवन फूँक रहा गानों से।*

*मैं विभा-पुत्र, जागरण गान है मेरा,*
*जग को अक्षय आलोक दान है मेरा।*

## 72

आलोकधन्वा से मैंने कहा : "दिनकर की कविता मुझे किशोरावस्था से ही आकृष्ट करती रही, ओज और मार्मिकता की संश्लिष्टता की बदौलत। उन्होंने शहीदों का स्तवन भी किया, जिसकी ये पंक्तियाँ मेरे लिए अविस्मरणीय हैं :

*कलम, आज उनकी जय बोल...*
*जो चढ़ गए पुण्यवेदी पर लिये बिना गर्दन का मोल।...*

*अन्धा चकाचौंध का मारा*
*क्या जाने इतिहास बेचारा?*
*साखी हैं उनकी महिमा के सूर्य, चन्द्र, भूगोल, खगोल।*
*कलम, आज उनकी जय बोल।*

उनकी काव्य-भाषा रोमांचित करती है, पढ़कर गोया ख़ून में कुछ होने लगता है। मिसाल के तौर पर यह लम्बा उद्धरण देते हुए मुझे संकोच होता है, मगर आपके समक्ष सन्दर्भ स्पष्ट करना ज़रूरी था। आप क्या सोचते हैं?"

बोले : "कविता आप ज़रूर 'कोट' कीजिए, मुझे तो बहुत अच्छा लगता है। कविता जो 'कोट' नहीं करते या कविता जिनकी ज़िन्दगी में शामिल नहीं और जो केवल सैद्धान्तिक बहस करते रहते हैं, नीरस लोग होते हैं।

दिनकर 'स्पोकेन लैंग्वेज' के कवि हैं—भाषा, जो बोली जाती है, जिसका पाठ किया जा सके। हिन्दी में प्रमुख रूप से दिनकर, हरिवंशराय बच्चन, नागार्जुन और रघुवीर सहाय 'स्पोकेन लैंग्वेज' के कवि हुए। कविता के इतिहास में 'स्पोकेन लैंग्वेज' 'डॉमिनेट' करती है, क्योंकि वह ज़्यादा सम्प्रेषण को सम्भव बनाती है। कविता और समाज के बीच वह एक शाश्वत और जीता-जागता पुल है।

दिनकर ने जान-बूझकर वैसी भाषा चुनी, क्योंकि वह चाहते थे कि हमारी कविता विद्वानों के बीच बेशक पसन्द की जाए, मगर दूर तक जाए। उनके बरअक्स अज्ञेय 'स्पोकेन' नहीं, 'रिटेन लैंग्वेज' के कवि हैं, इसलिए उनकी कविता समाज में दूर तक नहीं गई।

'रश्मिरथी' दिनकर की सबसे सफल कृति है। उसमें वह 'महाभारत' का

आधुनिकीकरण करते और एक नाटक रचते हैं, जिसके माध्यम से अपने समय के यथार्थ को परत-दर-परत खोलते और संश्लिष्ट मानवीय मुद्दों को उठाते हैं। उनका मक़सद न्याय के सवाल को केन्द्र में रखना था, इसलिए 'महाभारत' के भीतर जो अन्याय है, उसे वह सामने लाते हैं। कर्ण के रूप में एक ऐसे व्यक्ति को उन्होंने 'हीरो' बनाया, जो विडम्बनाओं से घिरा हुआ है। यही उनकी 'मॉडर्निटी' है।

वह 'सेंस ऑफ़ जस्टिस' के कवि हैं। ऐसे सामाजिक संघर्ष के कवि, जो आज भी जारी है। कवि और रंग-निर्देशक व्योमेश शुक्ल ने जब पटना में 'रश्मिरथी' का मंचन किया, तो यही दिखाने की कोशिश की कि न्याय और अन्याय में कितनी जद्दोजहद है! रंगभूमि में द्वंद्व-युद्ध के लिए अर्जुन को कर्ण ने ललकारा, तो उसे प्रतियोगिता से बाहर करने के लिए कृपाचार्य उसकी जाति पूछने लगे। कर्ण ने क्षुब्ध होकर जातिप्रथा को पाखंड की संज्ञा दी :

*जाति-जाति रटते, जिनकी पूँजी केवल पाषण्ड,*
*मैं क्या जानूँ जाति? जाति हैं ये मेरे भुजदण्ड।*

तब कृपाचार्य ने यह कहकर दूसरा दाँव चला कि 'तुम पहले राजा बनो, ताकि राजपुत्र से प्रतिस्पर्द्धा करने के योग्य हो सको!' इसकी काट के लिए सुयोधन तत्काल कर्ण के मस्तक पर अंगदेश का मुकुट रखकर उसे राजा बना देता और कहता है :

*पाते हैं सम्मान तपोबल से भूतल पर शूर,*
*'जाति-जाति' का शोर मचाते केवल कायर, क्रूर।*

हमारे देश में जब तक जातिगत भेदभाव रहेगा, 'रश्मिरथी' के ये संवाद मूल्यवान और प्रासंगिक बने रहेंगे। दिनकर कृष्ण, भीष्म पितामह, द्रोणाचार्य, कर्ण, कुन्ती, पार्थ, द्रौपदी, दुर्योधन, अभिमन्यु—सभी पात्रों को सशक्त ढंग से 'रिप्रेजेंट' करते हैं, सबकी ओर से बग़ैर पक्षपात के बोलते हैं। इससे उनकी कविता में वैचारिक वैविध्य आता और उसका बहुत बड़ा फलक बनता है।

बड़ा कवि क्या करता है? : वह पक्ष-विपक्ष, दोनों ओर से खड़ा होता है। दिनकर सभी दृष्टि-बिन्दुओं से न्याय का सवाल उठाते हैं, इसलिए कि उसके बाहर कोई न छूटे। वह इतने सजग और निष्पक्ष हैं कि दुर्योधन को भी 'सुयोधन' लिखते हैं।

नाटक तभी प्रभावशाली और कामयाब होगा, जब 'स्पोकेन लैंग्वेज' में लिखा जाए और दिनकर यह बात जानते थे। उनमें गहरा 'कन्विक्शन' था, इसलिए उन्होंने एक नई और प्राणवान भाषा को सम्भव किया। महज़ 66 वर्ष की उम्र में 1974 में जब उनका आकस्मिक निधन हुआ, तो मुझे याद है कि सर्वेश्वर दयाल सक्सेना ने 'दिनमान' में श्रद्धांजलि अर्पित करते हुए लिखा था : 'दिनकर ने हिन्दी भाषा को ओजस्वी बनाया।' "

## 73

आलोकधन्वा से मैंने पूछा : "दिनकर ने 8 अक्टूबर, 1971 को अपनी डायरी में लिखा कि 1908 में जीवन के अन्तिम समय में एक दिन तोल्स्तोय रोने लगे। पत्नी ने कारण जानना चाहा, तो जवाब दिया : 'मैं इसलिए नहीं रो रहा हूँ कि मैं मरने वाला हूँ। रोना यह सोचकर आता है कि मृत्यु भी कितनी ख़ूबसूरत चीज़ है!'

फिर एक दिन उन्होंने कहा : 'मरना आसान नहीं है। मरना बड़ा ही कठिन काम है। जिस शरीर में हम इतने दिन रहे, उसे छोड़ना आसान नहीं है।'

इसके बाद दिनकर का बयान है : 'लेकिन मैं मरने को अभी स्वेच्छया तैयार नहीं हूँ। अनाथ पोतियों के ब्याह बाक़ी हैं।'

जिस कवि ने कभी यह लिखा हो : *'उर्वशी, अपने समय का सूर्य हूँ मैं'*, जो भारत के प्रथम प्रधानमंत्री जवाहरलाल नेहरू के बहुत आत्मीय रहे हों और बारह वर्ष तक राज्यसभा के सांसद; वह पोतियों को 'अनाथ' क्यों कहते हैं?"

बोले : "दिनकर पर एक बड़ा दुख पड़ा था। उनके बड़े बेटे युवावस्था में उनके सामने गुज़र गए। उनकी चार छोटी-छोटी बेटियाँ थीं और एक छोटा बच्चा। इन्हीं पौत्रियों के ब्याह की उन्हें चिन्ता थी। इनमें से दो के विवाह करवाने में उन्हें सफलता मिली, मगर फिर 1974 में महज़ 66 वर्ष की अवस्था में हृदयाघात से उनका आकस्मिक निधन हो गया।"

मैंने कहा : "दिनकर जी के पौत्र अरविन्द कुमार सिंह ने मुझे बताया है कि

उन्हें अपने बड़े बेटे की मृत्यु से बहुत सदमा लगा, क्योंकि वह सुयोग्य थे, एक विश्वविद्यालय में तीन वर्ष प्रवक्ता रहे थे। दिनकर प्रकाशकों से हासिल अपनी लोकप्रिय किताबों की रॉयल्टी के हिसाब-किताब से सन्तुष्ट नहीं रहते थे। इसलिए उन्होंने अपनी पुस्तकों को स्वयं प्रकाशित करने के लिए बेटे की नौकरी छुड़वाकर उनकी देख-रेख में 'उदयाचल प्रकाशन' की शुरुआत कराई, जो बहुत अच्छा चल रहा था, तभी एक बीमारी के चलते यह हादसा हुआ।

दिनकर अवसाद में चले गए, उन्हें मधुमेह था ही, रक्तचाप असामान्य रहने लगा। 'एंजाइना पेन' होता था और आंशिक पक्षाघात के भी शिकार हुए। इस सबसे वह उबर रहे थे, जब दिल्ली में 'हिन्दी बुक सेंटर स्टार पब्लिकेशन' ने कुछ किताबों का लोकार्पण समारोह आयोजित किया, जिसमें साहिर लुधियानवी और अमृता प्रीतम जैसे रचनाकारों के साथ उनकी भी नई पुस्तक जारी हुई।

केन्द्र में कांग्रेस की इन्दिरा गांधी सरकार थी। तत्कालीन उपराष्ट्रपति गोपाल स्वरूप पाठक और सूचना एवं प्रसारण मंत्री इन्द्र कुमार गुजराल इस समारोह में शामिल हुए। बढ़ती बेरोज़गारी और ग़रीबी के चलते जनता में बेचैनी और हताशा व्याप्त थी। दिनकर ने वक्तव्य दिया : 'यह सरकार प्रचंड अविवेकी है। आम लोगों को भेड़-बकरियाँ समझा जा रहा और चरवाहों की बन आई है।' सभा में सन्नाटा छा गया।

एक दिन छात्रों का एक बड़ा समूह दिनकर के घर पर उनसे गुज़ारिश करने आया कि सरकार के ख़िलाफ़ उनके आन्दोलन का वह नेतृत्व करें; लेकिन उन्होंने जवाब दिया : 'मुझे आपका साथ देने में ख़ुशी मिलती, मगर बीमारियों के कारण मेरा शरीर जर्जर है और मैं टूट गया हूँ। तुम लोग जयप्रकाश नारायण के पास जाकर यही बात कहो, वे ज़रूर तुम्हारा नेतृत्व करेंगे।' उसके आसपास जेपी के निर्देशन में 'सम्पूर्ण क्रान्ति आन्दोलन' आरम्भ हुआ।

जेपी को दिनकर बहुत ज़्यादा मानते। अस्वस्थता और यात्रा की मनाही के बावजूद उनके साथ की आकांक्षा से किसी कार्यक्रम में सम्मिलित होने मद्रास गए। वहाँ वह स्वाधीनता आन्दोलन में क्रान्तिकारी रहे दार्शनिक महर्षि अरविन्द के आश्रम में भी जाते। उससे उन्हें शान्ति मिलती। आस्तिक थे, इसलिए तिरुपति मन्दिर भी गए। साथ में प्रसिद्ध हिन्दी-सेवी बाबू गंगाशरण सिंह थे, जिनके अनुसार दिनकर ने ईश्वर से प्रार्थना की : 'मुझे मुक्त कीजिए और मेरी शेष आयु जयप्रकाश नारायण को दे दीजिए!'

उसी दिन आधी रात को उन्हें दिल का दौरा पड़ा, कोई ड्राइवर था नहीं, रामनाथ गोयनका आनन-फानन में ख़ुद गाड़ी चलाकर उन्हें अस्पताल ले जा रहे थे कि रास्ते में ही उनकी मृत्यु हो गई। मरते समय वह 'हे राम!' कह रहे थे और यह भी कि 'अरविन्द और पद्मा (सबसे छोटे पौत्र-पौत्री) का क्या होगा!'

उसके बाद सरकारी विमान से उनका शव स्वजनों और जनसाधारण के अन्तिम दर्शन के लिए मद्रास से दिल्ली और फिर पटना लाया गया।"

आलोक जी कहते हैं : "दिनकर जी की अन्तिम यात्रा में मैं रेणु जी की बग़ल में चल रहा था। अचानक वह मुझसे बोले : 'आप तो जानते हैं, मेरा दिनकर जी से कितना लगाव है। इन्होंने साहित्य को कितना कुछ दिया और पूरे देश में बिहार का गौरव बढ़ाया, लेकिन सड़क पर लोग कितने कम हैं! आज यह सड़क पूरी भरी होनी चाहिए थी। इन्हीं की राह में असंख्य छात्र होली में अबीर बिछाकर नारा लगाते थे : 'राष्ट्रकवि दिनकर की जय हो!'"

मैंने सवाल किया : "सड़क पर कितने लोग रहे होंगे?"

आलोक जी जवाब देते हैं : "चालीस-पचास लोग ही थे, हालाँकि घाट पर पाँच-छह सौ लोग हो गए थे। फिर भी वह जितने बड़े व्यक्तित्व थे, उसके लिहाज़ से यह कम ही था। कोई बड़े नेता भी घाट पर नहीं आए।

हिन्दी के लिए ज़िन्दगी-भर त्याग-तपस्या करने का यही पुरस्कार मिलता है। निराला और प्रेमचन्द भी इसी तरह गुमनामी में मरे।

निराला 1936 में जब प्रेमचन्द के गम्भीर रूप से बीमार होने की ख़बर सुनकर उनके घर पहुँचे, तो हलकी बारिश होने लगी। बाहर चमेली का झाड़ भीग रहा था। एक फूल छुआ, जो ख़ुद ही लता से अलग होकर उनके हाथ में आ गया। उन्होंने सोचा, प्रेमचन्द को भेंट करेंगे, मगर उनकी दुर्बल और असहाय अवस्था देखकर वह सन्न रह गए। उनके हाथ से छूटकर चमेली का फूल ज़मीन पर गिर पड़ा!

प्रेमचन्द से अन्तिम विदा लेकर जब निराला लौटे, तो उनके अन्त में उन्हें अपने भी भावी अन्त का जैसे प्रतिबिम्ब दिख गया। डॉ. रामविलास शर्मा के शब्दों में, उन्हें लगा : 'चालीस साल की अनवरत साहित्य-साधना का यही फल है। प्रेमचन्द अन्तिम साँसें गिन रहे हैं, पर देश में कोई हलचल नहीं

है, अख़बारों में कहीं समाचार भी नहीं छपा। राष्ट्रनिर्माता अपने काम में लगे हैं। प्रेमचन्द की तरफ़ आँख उठाने की उन्हें फ़ुर्सत नहीं है। प्रेमचन्द-निराला, निराला-प्रेमचन्द—क्या अन्तर है दोनों में? जो आज प्रेमचन्द को हो रहा है, कल वही निराला को होगा।'

निराला ने एक लेख में लिखा कि 'उपन्यास-संसार के एकछत्र सम्राट्' प्रेमचन्द के साथ यह बरताव 'दुःख नहीं, लज्जा की बात है, हिन्दी-भाषियों के लिए मर जाने की बात है। उन्होंने अपने साहित्यिकों की ऐसी दशा नहीं होने दी कि वे हँसते हुए जीते और आशीर्वाद देते हुए मरते।'

अमृतराय ने प्रेमचन्द की जीवनी 'क़लम का सिपाही' में लिखा है : 'वे आँखें हमेशा के लिए मुँद गईं, जिनके लिए निराला जी ने कभी अपने घर की बैसवाड़ी बोली में कहा था : आँखि कौनो के पास आय, तो यहि के पास आय!' (नज़र अगर किसी के पास है, तो इन्हीं के पास है।)

जब प्रेमचन्द का शव बनारस में अन्त्येष्टि के लिए मणिकर्णिका घाट ले जाया जा रहा था, तो अन्तिम यात्रा में बीस-पचीस लोग ही थे।

एक राहगीर ने दूसरे से पूछा : 'के रहल?'

दूसरे ने जवाब दिया : 'कोई मास्टर था!'

उधर, बोलपुर में, विश्वकवि गुरुदेव रवीन्द्रनाथ ठाकुर को जब यह समाचार मिला, तो उन्होंने धीमे से कहा : 'एक रतन मिला था तुमको, तुमने खो दिया।'

अब कुछ लेखक-कवि कहते हैं कि वे प्रतिबद्ध वामपन्थी वग़ैरह हैं। ठीक है, लेकिन प्रेमचन्द और निराला से बड़ा कौन कम्युनिस्ट है?"

## 74

आलोकधन्वा से मैंने प्रश्न किया : "एक दिन आपने बताया कि पटना के कॉफ़ी हाउस में दिनकर जब आते, तो सब लोग उनके सम्मान में खड़े हो जाते। किसी-किसी को इस पर यक़ीन नहीं होता है, जबकि ये स्वाधीनता आन्दोलन

से लेकर सातवें-आठवें दशक तक की बातें हैं। मैंने तो 1992-96 के दौरान नई दिल्ली में—जब मैं जेएनयू में पढ़ता था—साहित्य अकादेमी लायब्रेरी में डॉ. नामवर सिंह के आने पर सभी को खड़े हो जाते देखा था।

2016 में जब मैंने विनोद कुमार शुक्ल का लम्बा इंटरव्यू किया, तो उन्होंने बताया : छठवें-सातवें दशक में हरिशंकर परसाई की इतनी शोहरत थी कि उनके पते में 'जबलपुर न भी लिखा जाता, केवल मध्यप्रदेश लिख दिया जाता', तो भी चिट्ठी समय पर उन्हें मिलती और जब 'वह टहलने के लिए बाहर निकलते, तो जैसे बाहर ही उनका इन्तज़ार कर रहा हो कि परसाई जी के निकलने का समय हो गया, ऐसा माहौल रहता था। बहुत लोकप्रिय थे... सुन्दर व्यक्तित्व था, ऊँचे थे...।'

मेरा मानना है कि ऐसे प्रसंगों को स्मरण और शालीनता से रेखांकित किए जाने की आज बहुत ज़रूरत है; क्योंकि 'रिएक्शनरी' राजनीति के ही नक़्शेक़दम पर साहित्य की दुनिया में भी एक-दूसरे के प्रति बेवजह नफ़रत, अपमान और कुत्सा की अभिव्यक्तियाँ 'न्यू नॉर्मल' की तरह देखी जाने लगी हैं। अगरचे आपसी लगाव और समवेदना का यह क्षरण आठवें दशक में ही शुरू हो गया था और स्वयं हरिशंकर परसाई ने 1980 में प्रकाशित अपनी व्यंग्य-कृति 'विकलांग श्रद्धा का दौर' में इस तल्ख़ हक़ीक़त को पहचाना था।

अश्लीलता और हिंसा के समय में परस्पर प्यार, हमदर्दी, अदब, सहयोग और सद्भाव के बीते ज़माने के सौन्दर्य पर इसरार किया जाना चाहिए; ताकि वे चीज़ें हमारे बीच जीवित रहें और टूट गए सपने की तरह न लगें?"

बोले : "पटना तब एक छोटा-सा शहर था और दिनकर बहुत 'पॉपुलर' थे। वह कोई सामान्य आदमी नहीं थे। हिन्दी और अंग्रेज़ी के अख़बारों में बार-बार उनकी तस्वीरें दिखाई देती थीं। वह ऐसे कवि थे, जो कहीं जाते, तो 'न्यूज़' बन जाते थे।

वे आज़ादी की लड़ाई में शामिल लोग थे, वह पीढ़ी तो अब रही नहीं, न ज़माने का मिज़ाज ही वैसा है। बहादुर शाह 'ज़फ़र' का शे'र है न :

*बात करनी मुझे मुश्किल कभी ऐसी तो न थी*
*जैसी अब है तिरी महफ़िल कभी ऐसी तो न थी*

हिन्दी का हाल आजकल कुछ ऐसा हो गया है। दिनकर को जो लोग पढ़ना नहीं चाहते, वे कैसे यक़ीन करेंगे कि उनका इतना सम्मान था?

मैंने तो अपनी आँखों से देखा है : पटना के कॉफ़ी हाउस में कौन नहीं खड़ा होता था दिनकर के सम्मान में? रेणु जी खड़े हो जाते, तो बाक़ी लोग भी खड़े हो जाते। बाबा भी उनका सम्मान करते थे। आप जो घटना सुना रहे हैं, तो लायब्रेरी में कौन रहता है? दस परसेंट साहित्यकार होंगे, तो नब्बे परसेंट विद्यार्थी। नामवर जी के सम्मान में साहित्यकार खड़े हो जाते थे, तो विद्यार्थी क्यों नहीं खड़े होते?

अभी राजनीतिक पार्टियाँ आपस में लड़ती हैं, तो दोनों ही पक्ष दिनकर की कविताएँ 'कोट' करते हैं—इतने वह सम्प्रेषणीय और प्रभावशाली हैं। वह पूरे उत्तर भारत के क़ाव्य-प्रेमियों को कंठस्थ थे। 'ही वाज़ ए पोएट ऑफ़ हिज़ ओन राइट्स।'

उनका बड़ा बेटा जब नहीं रहा, तो वह अवसाद में चले गए। डॉक्टर ने नींद की दवा देकर किसी तरह उन्हें सुलाया। प्रधानमंत्री इन्दिरा गांधी उनके घर आईं और जब पता लगा कि वह रोते-रोते सो गए हैं, तो मिले बिना लौट गईं। इतना उनका सम्मान था। नेहरू, जयप्रकाश नारायण और लोहिया—सब उन्हें बहुत मानते थे और मैं क्या आपको बताऊँ!"

मैंने कहा : "हमें केदारनाथ सिंह ने बताया था कि 'उर्वशी' में जो कविता-पंक्ति है—'*अपने समय का सूर्य हूँ मैं*'—उसे केवल पुरुरवा नहीं, बल्कि दिनकर के कथन की तरह भी पढ़ा जाना चाहिए। ऐसी उनकी आत्म-छवि थी? दूसरे, युवा कवि अंचित ने मुझसे कहा है कि पटना में आज भी रचनाकारों की नई पीढ़ी वरिष्ठ साहित्यकारों का उतना ही सम्मान करती है, जितना पहले था। यह संस्कृति है शहर की?"

आलोक जी जवाब देते हैं : "बिलकुल सही बताया उन्होंने। बाक़ी, कुंठित साहित्यकार कब नहीं होते हैं, तब भी थे, आज भी हैं। वे अनर्गल आरोप लगाते रहते हैं। रेणु जी की इतनी इज़्ज़त थी कि हर अहम साहित्यकार—पटना या पटना से बाहर का—कॉफ़ी हाउस में उनकी मेज़ पर आकर बैठता था, चाहे अज्ञेय, रघुवीर सहाय और निर्मल वर्मा हों या कुमारेन्द्र पारसनाथ सिंह और मैनेजर पाण्डेय।

आज मैंने पढ़ा कि प्रसिद्ध आलोचक वीरेन्द्र यादव की नई किताब आई है : 'उपन्यास और देस', जिसमें उन्होंने लिखा है कि 'मैला आँचल' आज़ादी के बाद के उपन्यासों में उन्हें श्रेष्ठतम लगता है। इतने बड़े कथाकार हैं रेणु, लेकिन पूर्णिया के ही लेखक मधुकर गंगाधर कुंठावश उन्हें 'हॉकर' कहते थे। इस तरह कहने से घटिया बातें सच नहीं हो जातीं, बल्कि अपने ही दौर की तलछट में छूट जाती हैं। बाद में कोई उन्हें नहीं पूछता।

दिनकर को मैंने ही नहीं, मेरे साथी कवि अरुण कमल ने भी देखा है और उन्होंने तो उन पर कविता भी लिखी, जिसमें वर्ष 1970 का ज़िक्र है। दिनकर जब पटना मार्केट में आते, तो लोग उनके सम्मान में रास्ता छोड़ देते, ख़ामोशी छा जाती और जन-समुदाय ठहरकर उन्हें देखता रह जाता। कविता की आख़िरी पंक्तियाँ हैं :

*लोगों के हृदय के रास्ते कवि आ रहा है*
*सब रास्ते केशों-बरौनियों से बुहारे हुए*
*हृदय के रास्ते धोकर पसारे हुए*
*एक वृन्त सहस्त्र दलपत्र सँभारे हुए*
*यह बात सन् सत्तर की होगी।*

## 75

आलोकधन्वा से मैंने पूछा : "अज्ञेय के बारे में आपकी क्या राय है?"

बोले : "अज्ञेय की 'शेखर : एक जीवनी' हमने पढ़ी, उससे प्रभावित हुए। उनके लिए मन में बहुत गहरा सम्मान था, क्योंकि यह छवि थी कि उन्होंने आज़ादी के आन्दोलन में हिस्सा लिया और लिखना शुरू किया, तो 'शेखर' जैसी कृति लिखी। सम्बन्धों में उनकी रुचि थी और प्रकृति से गहरे जुड़े हुए थे। 'कलगी बाजरे की', 'हरी घास पर क्षण-भर', 'नाच' और 'अरे यायावर रहेगा याद' जैसी उनकी कविताएँ मुझे पसन्द हैं; मगर 'असाध्य वीणा' नहीं, क्योंकि उसका 'कॉन्सेप्ट' मेरी समझ में नहीं आया। प्रकृति-चित्रण से हम बहुत प्रभावित होते और यह देखते कि कविता सामाजिक दृष्टि से कैसी है।

बाद में अज्ञेय दूसरी ओर मुड़ गए, लेकिन शुरुआत में वह ऋषि-मुनि की तरह नहीं थे, लौकिकता थी उनमें। अभी भी उनकी ये पंक्तियाँ याद आती हैं :

*फूल कांचनार के,*
*प्रतीक मेरे प्यार के!*
*प्रार्थना-सी अर्धस्फुट काँपती रहे कली,*
*पत्तियों का सम्पुट, निवेदित ज्यों अंजली।*
*आए फिर दिन मनुहार के, दुलार के*
*—फूल कांचनार के!*

अज्ञेय की एक कविता 'कतकी पूनो' में ख़रगोशों की जोड़ी चाँदनी रात में एक क्षीण-सी नदी को छलाँगकर पार करती है, अद्‌भुत बिम्ब हैं उसमें :

*छिटक रही है चाँदनी,*
*मदमाती, उन्मादिनी,*
*कलगी-मौर सजाव ले*
*कास हुए हैं बावले,*
*पकी ज्वार से निकल शशों की जोड़ी गई फलाँगती—*
*सन्नाटे में बाँक नदी की जगी चमक कर झाँकती!*

या फिर यह बिम्ब-योजना देखिए :

*सो रहा है झोंप अँधियाला नदी की जाँघ पर :*
*डाह से सिहरी हुई यह चाँदनी*
*चोर पैरों से उझक कर झाँक जाती है।*

अज्ञेय को देखने की हमारी इच्छा हुई, जब हम दिल्ली गए 1968 के आसपास। मैं मंगलेश डबराल के यहाँ ठहरा हुआ था और उनसे पता लेकर उनके घर पहुँच गया। गर्मियों की जलती हुई दोपहर, लगभग तीन बजे, लू चल रही थी। तरुणाई गोरी नहीं होती, हम धूप और धूल-धक्कड़ में ख़ूब चलने के कारण हलके-से साँवले हो गए थे। कॉलबेल बजाते हुए डर लगा : कहीं इस घर में कुत्ता तो नहीं है! अमीर लोग शानदार कुत्ता पाल लेते हैं और वह तो ऐसे आता है, जैसे अभयारण्य में शेर आता है : फिर चाहे जिस पर हमला करे! ग़नीमत थी कि ऐसा कुछ नहीं था।

दरवाज़ा कपिला वात्स्यायन ने खोला। वह विदुषी महिला थीं। इन्दिरा गांधी जानती थीं उन्हें। उनके व्यवहार में ओहदा, दर्जा, रुतबा जैसी कोई चीज़ नहीं थी। उन्होंने स्नेह और सम्मान से मुझे बैठाया, जलपान कराया और कहा : 'अज्ञेय जी सो रहे हैं, लेकिन अब उनके जगने का समय हो रहा है। आप ज़रा इन्तज़ार कर लीजिए!'

अज्ञेय जिस कमरे में लेटे थे, उसका दरवाज़ा बैठक की ओर खुलता था। तभी उन्होंने नींद में करवट बदली और उनका चेहरा हमारी ओर हो गया। हमने फ़ोटो में तो उन्हें कई बार देखा था, सामने से देखने की बात ही और होती है, सो देख लिया। मैंने कपिला जी से इजाज़त माँगी : 'अब चलता हूँ। मन में था कि अज्ञेय जी के एक बार दर्शन करूँगा। वह इच्छा पूरी हुई। बातचीत मैं उनसे क्या करूँगा, हमने तो अभी लिखने-पढ़ने की शुरुआत ही की है।' उन्होंने इसरार किया : 'रुकिए अभी। इतनी धूप में कहाँ जाइएगा!' लेकिन मैं यह कहकर चला आया : 'पटना आधा गाँव ही है, जहाँ से मैं आया हूँ। इसलिए बसों का तो मुझे मालूम नहीं है कि कौन कहाँ जाती है। पेड़ों के नीचे-नीचे चला जाऊँगा।'

बाद में रेणु जी ने उनसे मुलाक़ात करवाई। अज्ञेय, रेणु को बहुत मानते थे। जब भी पटना आते, उनसे मिलते, उनके घर जाते, साथ घूमते, कॉफ़ी हाउस में बैठते, हम भी उनसे कुछ दूर दूसरी मेज़ पर बैठते, क्योंकि उनकी बहुत इज़्ज़त करते। एक बार पतझड़ के मौसम में वह रेणु जी के साथ पेड़ों के नीचे से गुज़र रहे थे, ऊपर से बीच-बीच में पत्ते झरते थे। मेरे साथ एक युवा कवि भी था, लेकिन 'डोल्ट' था वह।"

मैंने सवाल किया : "'डोल्ट' माने क्या होता है?"

आलोक जी कहते हैं : "'डोल्ट', यानी जो सिर्फ़ मूर्ख न हो, बल्कि अपनी मूर्खता में उदग्र भी हो, जिसे सामने वाले का बिलकुल लिहाज़ न हो। उसने अज्ञेय को ख़ुश करने के लिए अपनी हथेलियों पर कुछ पत्ते रखकर उनकी ओर बढ़ाए और कहा : 'देखिए, वृक्ष ने हर्षित होकर पत्ते गिराए!' ऐसे कवि अपनी कविताओं में भी इस तरह की बेतुकी बातें करते हैं, जैसे उन्होंने कोई नायाब चीज़ खोज निकाली हो। मैंने देखा, अज्ञेय ने यह हरकत नापसन्द की, हालाँकि कोई जवाब नहीं दिया। वह मौन रहने वाले आदमी थे। बकबक नहीं करते थे। आप पाँच घंटे साथ रहते, तो वह साढ़े चार घंटे चुप रहते। कोई

चिन्तक लगते थे देखने में और शालीन।"

मैंने जानना चाहा : "कुछ लोग आरोप लगाते हैं कि वह सामने वाले को अपमानित करने के लिए चुप रहते थे। क्या ऐसा कुछ महसूस किया आपने?"

आलोक जी का जवाब है : "यह ग़लत बात है। अज्ञेय जी क्यों अपमानित करते? ऐसा क्या था उनके पास कि वह दूसरों को अपमानित करते! वह प्रकृति, वास्तुकला और दर्शन को बहुत गहराई से जानते थे। 'शान्तिनिकेतन' में पढ़ाया भी था उन्होंने।

वह गांधी मैदान देख रहे थे, रेणु उन्हें बता रहे थे पटना के बारे में। मैं उनसे थोड़ी दूरी बनाकर चल रहा था, ताकि उन्हें यह न लगे कि मैं भी उस 'डोल्ट' के साथ उनके पीछे-पीछे आ रहा हूँ।

अज्ञेय जी 'कॉफ़ी हाउस' से निकले, तो रेणु जी ने उनसे मेरा परिचय करवाया : 'ये बिलकुल नये कवि हैं, अच्छा लिखते हैं, मैं पसन्द करता हूँ इन्हें।'

बाद में अज्ञेय जी ने 'चौथा सप्तक' में शामिल करने के लिए मुझे ख़बर भिजवाई, लेकिन हमने उसमें दिलचस्पी नहीं ली, हम अपनी ही दुनिया में खोए हुए थे। मंगलेश डबराल की एक कविता के मुहावरे में कहूँ, तो हम कविता के 'स्कूल जाने वाले पैदल बच्चे' थे, जिन्हें महापुरुषों की अगवानी के लिए हिदायतें दी जाती हैं कि जूते पहनकर और हाथ-पैर के नाख़ून कलात्मक ढंग से काटकर आओ!...तो अज्ञेय की दुनिया में हम फ़िट नहीं हो सकते थे, हालाँकि हिन्दी कविता के उन्नयन में उनकी भूमिका बड़ी है। उनमें अलग-अलग विचारधाराओं के कवियों को मंच प्रदान करने की लोकतांत्रिक चेतना थी। वह अच्छे सम्पादक थे...वृक्ष लगाना जानते थे।

वह दौर ही दूसरा था। रेणु जी जयप्रकाश नारायण और डॉ. राममनोहर लोहिया जैसे समाजवादियों के बहुत घनिष्ठ थे, लेकिन मुझे याद है : पटना में उनका दो कमरों का फ़्लैट था। एक में लतिका जी रहती थीं और दूसरे में वह और उन्होंने अपने सिरहाने कोट में लाल गुलाब लगाए हुए जवाहरलाल नेहरू की एक बहुत ख़ूबसूरत तस्वीर लगा रखी थी।

अज्ञेय लोकप्रिय थे, लेकिन उनकी बनिस्बत अन्य कवि हमारे बीच ज़्यादा लोकप्रिय थे। शमशेर जी की साठवीं वर्षगाँठ इलाहाबाद में धूमधाम से मनाई

गई। उसमें रघुवीर सहाय आए और 'दिनमान' में उस समारोह पर रपट लिखने के लिए साथ में मंगलेश डबराल को भी लाए। मंगलेश ने उस उपलक्ष्य में शमशेर की मशहूर कविता 'टूटी हुई, बिखरी हुई' पर एक लेख लिखा था।

बाद में शमशेर दिल्ली आ गए। हम लोग रात में उनसे मिलने जाते। वह घरेलू थे, क़स्बाई थे और छाए हुए थे हम लोगों की चेतना पर। पारिवारिक बोध होता था त्रिलोचन और शमशेर से मिलने पर।"

## 76

आलोकधन्वा से मैंने अनुरोध किया : "एक दिन आपने बताया कि आप और आपके साथी कवि शमशेर बहादुर सिंह के दीवाने थे। उनके बारे में कुछ बताइए!"

बोले : "शमशेर का सौन्दर्य-बोध 'पॉपुलिस्ट' (लोकप्रियतावादी) नहीं है। वह 'पॉपुलिस्ट' कवि नहीं हैं। राहत देने वाले कवि नहीं। एक बड़ा कवि राहत नहीं देता। एक बड़ा कवि तो बड़ा दार्शनिक ही होता है। शमशेर के यहाँ 'विज़डम ऑफ़ ब्यूटी' (सौन्दर्य का विवेक) ही नहीं, बल्कि सौन्दर्य के विवेक की जद्दोजहद है। उनके पास एक सर्वथा भिन्न काव्य-भाषा थी, जो उन्होंने छायावाद और उर्दू कविता, दोनों के गहरे और संश्लिष्ट प्रभाव से हासिल की।

उनको पढ़कर हम जानते हैं कि सौन्दर्य को देखना, दरअसल उसे 'एक्सप्लोर' करना है। जिन हालात में वह खड़े थे, उनमें तो बहुत लोग खड़े होते हैं, लेकिन सब उस तरह से कहाँ देख पाते हैं—स्त्री को, प्रकृति को, नश्वरता और अमरता को। काल को उनके अलावा किसने चैलेंज किया :

*काल,*
*तुझसे होड़ है मेरी : अपराजित तू—*
*तुझमें अपराजित मैं वास करूँ।*

यह काम कोई और करता है, तो निराला करते हैं। इसलिए उन पर जिस एक कवि का बहुत असर रहा, वह केवल महाप्राण निराला हैं। निराला भटकने वाले कवि थे, शमशेर भी भटकते हैं और निराला को ही याद करते हैं :

*भूलकर जब राह—जब-जब राह... भटका मैं*
*तुम्हीं झलके, हे महाकवि,*
*सघन तम की आँख बन मेरे लिए*

शमशेर और बर्टोल्ट ब्रेष्ट की कविता में आपको समानता मिलेगी, क्योंकि जिसे कहते हैं 'दुर्निवार आशा'—अंग्रेज़ी में कहेंगे 'होपिंग अगेंस्ट होप'—ये उसके कवि थे। उन्होंने इस तरह देखा और जिया जीवन को। 'टाइम' और 'स्पेस' का कविता में बहुत महत्त्व है कि किस समय आप क्या कहते हैं। इतिहास में जो घटित हो रहा है, व्यक्ति की भूमिका उसके बग़ैर नहीं बनती। यह कोई निजी प्रतिभा की बात नहीं है और शमशेर जानते थे इसे। इसलिए उनके यहाँ झंझावात भी है, आह्वान भी है। जैसे लेनिन ने कहा था : 'अभी शुरू करो... बिलकुल अभी...तब नहीं, जब आटा आएगा।'

शमशेर में जो बिम्बधर्मिता है, वह बिलकुल अलग है और सिर्फ़ निराला की याद दिलाती है। दोनों की कविता से एक-एक अंश आमने-सामने रख देता हूँ, आप समझ जाएँगे इस बात को :

*कौन तम के पार?—(रे, कह)*
*अखिल-पल के स्रोत, जल-जग,*
*गगन घन-घन-धार—(रे, कह)*

—निराला

*सघन*
*पर्दे*
*गगन के-से :*
*हमीं हैं वो*
*हिल रहे हैं*
*एक विस्मय से*

—शमशेर

हिन्दी में कविता लिखने का ऐसा साँचा बना दिया गया है कि कोई थोड़ा-सा अलग प्रयोग करता है, तो लोगों को दिक़्क़त होने लगती है। शमशेर को आप देखिए—छोटे आकार की कविता हो या कुछ लम्बी—अपनी हर रचना में वह एक नया शिल्प लेकर आते हैं।

उन्हें सौन्दर्य का कवि कहकर 'आइसोलेट' किया गया, लेकिन सौन्दर्य तो जीवन का ही न है या उससे अलग कोई चीज़ है? फिर भी उन्हें 'बाबू', यानी 'एपॉलिटिकल' (ग़ैर-राजनीतिक) बनाकर रखा लोगों ने, जैसे वह एक बाजा हों, उन्हें भी बजा लो थोड़ी देर। उनकी बेचैनी और तकलीफ़ को, 'रेस्टलेसनेस' को नहीं समझा गया, जितना कि समझा जाना चाहिए था। ग्वालियर में मज़दूरों के जुलूस पर गोलियाँ चलाकर 12 जनवरी, 1944 की जिस शाम को ख़ूनी बना दिया गया, उस पर उनकी कविता किस क़दर विचलित करती है :

*य' शाम है*
*कि आसमान खेत है पके हुए अनाज का।*
*लपक उठीं लहू-भरी दराँतियाँ,*
*—कि आग है :*
*धुआँ-धुआँ*
*सुलग रहा*
*गवालियार के मजूर का हृदय।*

शमशेर 'सोशलिस्ट इंटरनेशनलिज़्म' से बहुत प्रभावित थे। उसके बिना 'अम्न का राग' जैसी कविताएँ वह नहीं लिख पाते। निराला और शमशेर के सामने एक बड़ा प्रश्न था : मानव-जीवन की सार्थकता कैसे होगी—हमारे काम से कैसे मूल्य पैदा होंगे? बड़े कवि बड़ा फलक इसीलिए लेते हैं। एक दृश्य जो अभी जारी है, उससे वे चीज़ों को जुटाते हैं—कविता जद्दोजहद की हो या सौन्दर्य की। उनमें प्रकृति से गहरा लगाव है, सौन्दर्य की गहरी प्यास है।

अर्नेस्ट हेमिंग्वे की बात याद आती है कि विशेषणों से भाषा मज़बूत नहीं होगी, 'विज़िबल' (दृश्यमान) नहीं होगी। सवाल है कि 'हाउ टु डील द अदर'। जैसे स्त्री अच्छी है, सुन्दर है, गोरी है—यह आप तब तक नहीं बता पाएँगे, जब तक कि उसका व्यवहार सामने नहीं लाएँगे। वह बारजे पर चढ़ रही है, केश सँवार रही है, उसका आधा चेहरा आपकी तरफ़ है—उसकी गतियों में उसका सौन्दर्य दीप्त होगा।

नामवर सिंह बड़े आलोचक थे। 'छायावाद' को उन्होंने अच्छी तरह से समझा। दुर्लभ है वह, मगर सौन्दर्य के किसी बड़े कवि के मूल्यांकन की भाषा उनके पास नहीं थी। शमशेर जैसे बड़े कवि के संसार में जाने की उनसे अपेक्षा की जाती थी, लेकिन उन्होंने क्या किया? उस तरफ़ गए नहीं।

उन्होंने शमशेर की 'प्रतिनिधि कविताएँ' की छोटी-सी भूमिका लिखी, जिसकी शुरुआत में ही मुक्तिबोध के कथन को उद्धृत करके कहा : 'गम्भीर प्रयत्नसाध्य पवित्रता के कारण शमशेर की अभिव्यक्ति के प्रभावशाली भवन में जाने से डर लगता है...उस पवित्रता में शायद ख़लल पड़े। इसलिए बाहर-बाहर की ही परिक्रमा।'

गोया नामवर जी का मतलब था : शमशेर की कविता एक भूलभुलैया है, रंगमहल है, उसमें हम कैसे जाएँ? संघर्ष के बड़े फलक पर वह जाना नहीं चाहते थे। उनकी थकान को राहत मिली 'कविता के नये प्रतिमान' में और उसी राहत पर उन्होंने डेरा डाल दिया।"

## 77

निराला और शमशेर के रचनात्मक रिश्ते पर आलोकधन्वा कहते हैं : "दुख एक ऐसी चीज़ है, जो दो कवियों को जोड़ती है। 'सफ़रिंग' ले जाती है शमशेर को निराला के पास और फ़ैज़ के पास भी। निराला की पंक्तियाँ याद कीजिए :

*जब कड़ी मारें पड़ीं, दिल हिल गया,*
*पर न कर चूँ भी कभी पाया यहाँ*

यह भाषा ही अलग है। निराला ने हिन्दी कविता की भाषा को बदल दिया। भाषा क्या है? भाषा तो ज़िन्दगी है, भाषा 'सर्वाइवल' है, जद्दोजहद है। ये बिलकुल अलग-अलग नहीं हैं। इसीलिए बड़े कवि इन्हें एक अन्विति में देखते हैं। फ़ैज़ के अशआर हैं :

*सब क़त्ल हो के तेरे मुक़ाबिल*[1] *से आए हैं*
*हम लोग सुर्ख़रू हैं कि मंज़िल से आए हैं*

*उठ कर तो आ गए हैं तिरी बज़्म से मगर*
*कुछ दिल ही जानता है कि किस दिल से आए हैं*

1. सामने, बराबर।

*हर इक क़दम अजल[1] था हर इक गाम[2] ज़िन्दगी*
*हम घूम फिर के कूचा-ए-क़ातिल[3] से आए हैं*

फ़ैज़ के यहाँ विभाजन के दुखान्त हैं, क्योंकि हमारी पूरी क़ौम ख़ून की नदियों में धकेल दी गई थी।"

मैंने पूछा : "लेकिन विभाजन पर निराला समेत प्रगतिशील आन्दोलन के सभी प्रमुख कवि चुप हैं। कुछ नहीं कहते?"

बोले : "यह बात मुझे अच्छी नहीं लगती। केवल अज्ञेय की कुछ कविताएँ मिलती हैं, मगर वे भी गहन और सशक्त नहीं हैं। शमशेर के यहाँ सीधे-सीधे विभाजन का ज़िक्र भले न मिले, पर वह उसे मंजूर नहीं करते। वह सिर्फ़ हिन्दी के नहीं, बल्कि हिन्दुस्तानी के कवि हैं—गंगा-जमुनी तहज़ीब के कवि।

निराला और फ़ैज़ की तरह शमशेर के यहाँ भी आधुनिक ज़माने की विडम्बनाएँ हैं। ये कवि बताते हैं कि आधुनिक समय में प्रेम मिलता तो है, लेकिन ट्रेजेडी, विडम्बनाओं और दुखान्तों के बग़ैर नहीं मिलता।"

मैंने कहा : "आप सही कह रहे हैं। निराला के अलावा यह कौन लिखता कि प्रेम बीत गया है और हृदय पर अमावस्या रात का अँधेरा बह रहा है :

*स्नेह-निर्झर बह गया है!*
*रेत ज्यों तन रह गया है।...*

*अब नहीं आती पुलिन पर प्रियतमा,*
*श्याम तृण पर बैठने को निरुपमा।*
*बह रही है हृदय पर केवल अमा;*
*मैं अलक्षित हूँ; यही*
*कवि कह गया है।"*

आलोक जी जवाब देते हैं : "अन्दर जब प्रेम नहीं हो, तो आप बहुत देर तक उसका निर्वाह नहीं कर सकते—अभिनय में भी आप सपाट हो जाएँगे। प्रेम की जो कमी है, वह दुनिया से आपको दूर ले जाती है—दुनिया धीरे-धीरे आपके सामने से ओझल होने लगती है—जो कुछ घटित हो रहा है, उसका प्रभाव कम होता जाता है।

---

1. मौत। 2. क़दम। 3. क़ातिल की गली।

निराला, फ़ैज़ और शमशेर ने तमाम मुश्किलों के बावजूद दुनिया से अपने लगाव को क्षीण नहीं होने दिया। जैसी ज़िन्दगी हम आज जी रहे हैं, उसमें रचना क्या अकेले किसी के लिए सम्भव है? कोई जो बड़ा कवि होता है, उसके पीछे उसका कारवाँ होता है। वह एक लड़ाई के बीच आता है—एक ख़ास तरह की विचारों की लड़ाई और नागरिक अधिकारों की भी लड़ाई।

शमशेर जिस तरह देखते हैं चीज़ों को, उनके यहाँ जो बिम्ब हैं, उनमें प्रकृति की सुन्दरता है, मनुष्य और उसके काम की सुन्दरता है। उन्होंने बिम्ब किसी वायवीय दुनिया से नहीं उठाए। 'उषा' शीर्षक कविता में एक स्त्री की घरेलू ज़िन्दगी के बिम्ब को विशाल कैनवस से जोड़ दिया :

*प्रात नभ था बहुत नीला शंख जैसे*

*भोर का नभ*

*राख से लीपा हुआ चौका*
*[अभी गीला पड़ा है]*

शमशेर सौन्दर्य को समझते हैं और 'क्लास स्ट्रगल' को भी और इनमें वह एक अनिवार्य अन्तरसम्बन्ध देखते हैं। उनकी ये कविता-पंक्तियाँ एक कॉमरेड की मृत्यु पर लिखी गई हैं—जितना अच्छा आदमी गिरता है, उसको धरती उसी तरह उठाती है और उसे उतना ही आप 'फ़ील' करते हैं :

*तरु गिरा जो*
*झुक गया था*
*गहन छायाएँ लिये"*

## 78

आलोकधन्वा से मैंने पूछा : "शमशेर के सौन्दर्य-बोध पर आप क्या सोचते हैं?"

बोले : "शमशेर के यहाँ सौन्दर्य एक मानवीय मूल्य है। वह किसी 'कमॉडिटी'

के नहीं, सौन्दर्याभिव्यक्ति के कवि हैं। उनकी सौन्दर्य-दृष्टि मनुष्यता की मदद करती है, वह 'कमॉडिटी' नहीं है। सौन्दर्य भी हमारी आत्मा की ही भूख है, कविता की नैतिक भूख है। स्टालिन का बयान याद आता है कि कवि-लेखक 'मानव-आत्माओं के इंजीनियर' हैं।

कौन कवि लिखेगा हिन्दी में : *'एक नीला दरिया बरस रहा है'*—इतना नीला है कि दरिया है। बारिश नहीं हो रही, दरिया बरस रहा है। आसमान ही आपके बहुत क़रीब आ गया है। शमशेर जो बिम्ब लाते हैं, उनसे उनके अन्तरतम और प्रकृति का सत्य सजीव हो उठता है—बिम्ब और उसका सौन्दर्य अलग से क्या होता है—कुछ नहीं होता।

प्रगतिशील आन्दोलन के जो पाँच बड़े कवि थे, वे हमारी उदात्त हिन्दी कविता के पूर्णकालिक कवि थे। उन्होंने संघर्ष के बीच ही सौन्दर्य के विराट फलक बनाए। शमशेर पूर्णतर कवि हैं। ऐसा नहीं है कि किसी ख़ास जगह पर टिके हुए और वहीं सारी ऊर्जा और समय ख़र्च कर रहे हैं। उनकी कविता 'सागर-तट' की ये पंक्तियाँ देखिए :

*यह समन्दर की पछाड़*
*तोड़ती है हाड़ तट का—*
*अति कठोर पहाड़।*

उनके यहाँ ज़िन्दगी के बाहर के बिम्ब नहीं हैं—प्रकृति के भीतर जो उसका एक ताक़तवर और उत्ताल रूप है और मनुष्य का कठोर 'सर्वाइवल'—दोनों को वह एक-दूसरे के बहुत क़रीब लाते हैं—इस अभिन्नता में जो महाकाव्यात्मक संवेग हैं, उन्हें निराला और शमशेर ने व्यक्त किया।

शमशेर के यहाँ आशा और उल्लास के भी अनूठे और प्रचुर बिम्ब हैं : कत्थई, पीले और भीने गुलाबों की बहार है, गेंदे की भरी-पूरी 'स्वर्णारक्त' क्यारियाँ हैं :

*तैरती आती है बहार*
*पाल गिराए हुए*
*भीने गुलाब—पीले गुलाब*
*के।*

यादगार कमनीयता से वह कत्थई गुलाबों की छवियाँ आँकते हैं :

*कत्थई गुलाब*
*दबाए हुए हैं*
*नर्म नर्म*
*केसरिया साँवलापन मानो*
*शाम की*
*अंगूरी रेशम की झलक,*
*कोमल*
*कोहरिल*
*बिजलियाँ-सी*
*लहराए हुए हैं*

इस तरह निराला के जितने क़रीब वह गए और जैसी सान्द्र उत्कंठा से उन्हें पुकारा, कोई क्या पुकारेगा? शमशेर 'कवियों के कवि' कहे गए—अज्ञेय भी इससे सहमत हैं—लेकिन निराला से वह न जुड़ते, तो अज्ञेय वाली धारा में बह सकते थे। इसका एक बड़ा कारण यह भी था कि वह साम्यवादी विचारधारा से 'कमिटेड' रहे।

शमशेर उसी 'कम्यून' से आते और उसी कारख़ाने तक जाते हैं। अपना काव्य-सत्य पाने के लिए वह इन सारी जगहों पर भटकते और चाहते हैं कि उनकी कविता वैश्विक हो जाए—यह तभी होता, जब उसमें सारे राग मिलते और दुनिया-भर के उनके प्रिय राजनीतिज्ञ, लेखक और कवि-कलाकार भी, जैसे 'अम्न का राग' में शेक्सपियर, कालिदास, लिंकन, तोल्स्तोय, निराला, नेरुदा, फ़ैयाज़ ख़ाँ, बिटाफ़ेन, पाल राब्सन और उदयशंकर वग़ैरह मिलते हैं।

उनकी प्रगाढ़ सौन्दर्य-चेतना के बावजूद कोई यह नहीं कह सकता कि वह अपने समय की पीड़ाओं से नहीं जुड़े और उनमें एक प्रखर सत्यनिष्ठा नहीं थी। ये चीज़ें भी हैं उनके यहाँ और बहुत दुर्लभ और 'इंटेंस' अन्दाज़ में :

*जी को लगती है तेरी बात खरी है शायद*
*वही शमशेर मुज़फ़्फ़रनगरी है शायद*

*आज फिर काम से लौटा, हूँ बड़ी रात गए*
*ताक़ पर ही मेरे हिस्से की धरी है शायद"*

## 79

आलोकधन्वा से मैंने सवाल किया : "शमशेर के यहाँ जो स्त्री है, उसे आप कैसे देखते हैं? क्या उसका अपना कोई व्यक्तित्व या वजूद नहीं है, उसकी आवाज़ नहीं सुनाई पड़ती?"

बोले : "जिस स्त्री से शमशेर प्रेम करते हैं, वह पराधीन तो नहीं है। उसकी प्रमुख उपस्थिति है उनके यहाँ। वह छाई हुई है उनकी चेतना पर। उसे वह सम्पूर्णता में देखते हैं। स्त्रियाँ ही तो सब कुछ करती हैं, उनके बिना यह पृथ्वी बेकार है। जो थोड़ा-बहुत मैंने लिखा, उसमें भी हर जगह स्त्रियाँ हैं। वे रोती हैं, तो पुरुष नहीं रोते हैं क्या? आँसू पर क्या सिर्फ़ स्त्रियों का हक़ है? उन आँसुओं को जज़्ब कौन करता है?

शमशेर की कविता में प्रेम का ही नाटक है, उसका सबसे अन्तरंग मानवीय संसर्ग, जो बहुत ऊष्मा लिये हुए और मार्मिक है। प्रेम की एक 'सिम्फ़नी' है :

*सलाम!...*
*मेरे दर्द से हमकलाम*
*न हो!*
*जा, अब सो,*
*न रो।*
*तू मेरी बेबस बाँहों पर, सर रख कर, ओ,*
*न रो!*

नामवर सिंह प्रेम की इस नदी को किनारे तक जाकर देखते और उससे प्रभावित होते हैं, मगर उसमें डूबते नहीं हैं; जबकि शमशेर इससे कभी अलग नहीं होते। कितना बड़ा फ़ासला है! वह इतने बड़े कवि हैं कि मेरे शब्दों में :

*इस बात का महत्त्व और उत्सव*
*कभी धूमिल नहीं होगा कविता में*

फूल से पंखड़ी का जो झरना है, प्यार का जो बिछोह है, शमशेर उसे क़बूल नहीं करते :

*लौट आ ओ धार*

*टूट मत ओ साँझ के पत्थर*
*हृदय पर*

*(मैं समय की एक लम्बी आह*
*मौन लम्बी आह)*

*लौट आ, ओ फूल की पंखड़ी*
*फिर*
*फूल में लग जा*

शमशेर 'कवियों के कवि' माने गए, लेकिन हमारी लोक-परम्परा, संस्कृति और गीत-संगीत का निषेध नहीं करते, बल्कि बहुत राग और उत्कंठा से उसके पास जाते हैं। हमें सोचना चाहिए इस पर। ऋतुओं के बदलने का हमारे दिलो-दिमाग़ और देह पर क्या असर पड़ता है, इसे वह जानते हैं। उनके एक गीत में बनारसी रंग है, जिसमें नायिका कह रही कि शाम से ही मुझे नींद सताने लगती है। यह उस मौसम में होता है, जब हम शिशिर से वसन्त की ओर जाते हैं। नींद सताती है, यानी मनुहार का 'डिस्कोर्स' अधूरा रह जाता है :

*निंदिया सतावे मोहें सँझही से सजनी।*
*सँझही से सजनी॥1॥*

*प्रेम-बतकही*
*तनक हू न भावे*
*सँझही से सजनी॥2॥*
*निंदिया सतावे मोहें...*

*छलिया रैन*
*कजर ढरकावे*
*सँझही से सजनी॥3॥*
*निंदिया सतावे मोहें...*

*दुअि नैना मोहें*
*झुलना झुलावें*
*सँझही से सजनी॥4॥*
*निंदिया सतावे मोहें...।"*

मैंने जवाब दिया : "आपने जो कहा, वह इस गीत की एक व्याख्या हो सकती है, मगर मुझे लगता है कि वसन्त के आगमन के चलते मदालस होने की जो स्थिति या ख़ुमार है; वह प्रेम करने की प्रेरणा है, न करने की नहीं। इसलिए 'प्रेम-बतकही/तनक हू न भावे' लिखकर शमशेर इसका ठीक विपरीत अर्थ ध्वनित कर रहे हैं और यह भी कि प्रेम की बातें नहीं, स्वयं प्रेम ही स्पृहणीय है—यही इस गीत की ख़ूबसूरती और लज़्ज़त है।"

उन्होंने कुछ सहमति जताई, फिर मैंने पूछा : "एक दोस्त का इसरार है कि शमशेर की कविता 'उषा' में ऋग्वेद की 'उषा स्तुति' की रचनात्मक प्रतिध्वनि है, जिसमें वैदिक ऋषि ने आह्वान किया है—'हे उषा देवी! तुम आओ। इस मर्त्य जगत् को अपनी विभा से आलोकित करो। तुम चन्द्रमा के रथ पर चढ़कर आओ, जिसमें सूर्य की रश्मियों के घोड़े हैं। तुम्हारा स्वर्ण रंग (हिरण्य वर्ण) है' :

*उषो देव्यमर्त्या वि भाहि चन्द्ररथा सूनृता ईरयन्ती।*
*आ त्वा वहन्तु सुयमासो अश्वा हिरण्यवर्णां पृथुपाजसो ये॥*

('ऋग्वेद', 03.061.02)

इस बारे में आपका मंतव्य क्या है?"

आलोक जी कहते हैं : "ऋग्वेद की 'उषा स्तुति' का यह बिम्ब-विधान बहुत सुन्दर और अविस्मरणीय है। शमशेर की कविता की आख़िरी पंक्तियों के आधार पर शायद कहा जा सके कि दोनों में कोई रिश्ता है :

*नील जल में या किसी की*
*गौर झिलमिल देह*
*जैसे हिल रही हो।*

*और...*

*जादू टूटता है इस उषा का अब*
*सूर्योदय हो रहा है।*

इसके बावजूद यह सर्वथा आधुनिक रचना है। शमशेर जी की मौलिक उद्भावना। इसकी ख़ास बात यह है कि कलाकृति अगर बहुत सशक्त है, तो वह आपके 'परसेप्शन' को बदल देगी। मिसाल के तौर पर ब्रिटेन में एक बड़े चित्रकार हुए विलियम टर्नर, जिन्हें 'पेंटर ऑफ़ लाइट' कहा गया। उन्होंने सूर्यास्त के अद्भुत चित्र बनाए और उसके पहले लन्दन में टेम्स के किनारे लोगों ने जो सूर्यास्त देखे थे, उनका अर्थ ही बदल दिया—अपनी विस्मयकारी पेंटिंग से लन्दनवासियों को चुप कर दिया—सबके भीतर वह सूर्यास्त उतर गया। हमारे यहाँ शमशेर ने यही काम किया—लोगों के लिए उषा का अर्थ ही बदल दिया।"

मैंने प्रश्न किया : "शमशेर की एक कविता है :

*सूना-सूना पथ है, उदास झरना*
*एक धुँधली बादल-रेखा पर टिका हुआ*
*आसमान*
*जहाँ वह काली युवती*
*हँसी थी।*

इस पर क्या कहना चाहेंगे?"

आलोक जी जवाब देते हैं : "इतनी अच्छी कविता है कि इस पर क्या हम कहेंगे? चुप ही रहना चाहिए।

अलग से यह ज़रूर कह सकते हैं कि सुन्दर चेहरे का कोई 'कॉन्सेप्ट' नहीं होना चाहिए। किसी को कौन सुन्दर लगता है, उसका कोई अन्त नहीं। जो काले लोग आए, उनका कोई जवाब नहीं है। जिसको जो सुन्दर लगेगा, वह उसके लिए दिल लुटाएगा। मजनूँ ने लैला के लिए जान दी। जो सौन्दर्य-मूल्य हमने बनाए, वे बहुत पिछड़े हुए हैं। सुन्दरता तो दिल की चीज़ है। सिर्फ़ चेहरे से सौन्दर्य का मतलब नहीं। जो काम आपने किया है, उससे वह निर्धारित होगा।"

## 80

मैंने आलोकधन्वा से पूछा : "निराला की जीवनी के आधार पर डॉ. विनय कुमार का निष्कर्ष है कि एक दौर में वह 'साइकोटिक' (Psychotic) हो गए थे। आप क्या कहना चाहेंगे?"

बोले : "मशहूर डॉक्टर हैं वह और अच्छे रचनाकार भी हैं। लेकिन डॉक्टरों का नज़रिया अलग है और हमारा अलग। हम तो रात-दिन दिमाग़ों को समझने का ही काम नहीं करते, बल्कि उन्हें बनाते-बिगाड़ते हैं। रामविलास जी ने मुक्तिबोध के लिए लिखा कि वह 'स्किट्ज़ोफ्रेनिक' थे। लेकिन यह अकेलापन है इन कवियों का, जो ख़ास तरह के 'परसेप्शन', विचारों और 'स्टैंड' के चलते होता है।

मुक्तिबोध की दुनिया किसी के भी काव्य-संसार से बिलकुल भिन्न थी। यह कहते हुए भी दर्द होता है कि वह हमारे बीच के आदमी नहीं थे। जो बात वह कहना चाहते थे, उसमें 'परसेप्शन' ही 'डॉमिनेट' करता था। केवल विचार से तो 'सिन्थेटिक' क़िस्म की कविता लिखी जाती है।

विचार को आप कहीं से उधार ले सकते हैं, लेकिन बड़ी कविता 'परसेप्शन' से लिखी जाती है, जिसके लिए दुनिया में जाना होता है। दुनिया बड़ी है, वह सिर्फ़ कविता नहीं है, पर उसमें कविता है।

47 साल की उम्र में मुक्तिबोध कभी चैन से नहीं बैठे। जिस भाषा में उन्होंने लिखा, उसमें हिन्दी में कविता लिखी नहीं जाती थी। उन्हें तरह-तरह के शक होते थे, जैसे : खाने में ज़हर मिला है या घर से लगी बावड़ियों में कोई रहस्य है। जो चीज़ें जीवन में उनके पक्ष में या ख़िलाफ़ होतीं, वे और उनसे जुड़े लोग उनके मन में बहुत गहरे पैठ जाते थे।

यह 'साइकोटिक' या 'स्किट्ज़ोफ्रेनिक' होना नहीं है, बल्कि कविता को जो कवि असाधारण ऊँचाइयों पर ले जाते हैं, वे मृत्यु को जानते हैं। जो ज्ञानी होता है, वह मृत्यु को पहचानता है। सार्त्र, कामू और काफ़्का को मालूम था कि मृत्यु क्या है!

यह 'साइकोटिक' होने के बजाय बोध का घनत्व है, 'इंटेंसिटी ऑफ़ सफ़रिंग' (यातना की तीक्ष्णता) है—यह जिसमें होगी, उसका व्यवहार भिन्न हो जाएगा,

भाषा भिन्न हो जाएगी। यह शमशेर में भी है, जिन्होंने लिखा :

*तरु गिरा जो*
*झुक गया था*
*गहन छायाएँ लिये*

कौन बताएगा, उस पेड़ की छायाएँ किस गहनता में गई थीं, जिसे आपने काट दिया? इस तरह की कविता लिखने वाले कौन हैं हिन्दी में? कोई नहीं है।

मुक्तिबोध एक ऐसा 'हॉरर' दिखाते थे, जिसका सारा कारोबार तलघर में चलता है। वह हमारे समय के तलघरों में चल रहे क्रान्तिकारियों के 'एनकाउंटर्स' देखते थे—उनकी कविता में उसके चित्र आते हैं। एक ऐसी व्याकुल पुकार वहाँ है, जैसी हमें नेरुदा के यहाँ सुनने को मिलती है :

*मुझे वे कालकोठरियाँ दिखाओ, जिनमें तुम्हें रखा गया*
*वे कोड़े, जिनसे तुम्हारी खाल उधेड़ी गई*
*वह तख़्त, जिस पर तुम्हें फाँसी दी गई*
*मैं आ रहा हूँ, तुम्हारे मृत मुख से बोलने।*

मुक्तिबोध के यहाँ आशा और निराशा के परे हमेशा एक संघर्ष है, जो आत्म-संघर्ष की भाषा में व्यक्त हो रहा है। *'टु बी ऑर नॉट टु बी'* या जीवन और मृत्यु के द्वंद्व में जीवन कभी मृत्यु के सामने धराशायी नहीं हुआ, क्योंकि जब आप जानते हैं कि आपका रास्ता सही है, तो उस पर चलते हुए थकते नहीं हैं। मुक्तिबोध जब कहते हैं : *'एक पैर रखता हूँ कि सौ राहें फूटतीं'*—तो उसका मतलब यही है कि निर्विकल्पता नहीं है। हम चल सकते हैं और रास्ता है चलने के लिए—सैकड़ों राहें हैं, जो सैकड़ों जगहों पर ले जाएँगी और सैकड़ों तरह के लोगों से मिलवाएँगी।"

## 81

आलोकधन्वा से मैंने पूछा : "मुक्तिबोध और रघुवीर सहाय में आप क्या रिश्ता देखते हैं?"

बोले : "मुक्तिबोध, शमशेर, नागार्जुन, त्रिलोचन और केदारनाथ अग्रवाल—ये पंचनद हैं आधुनिक कविता के और यह बात विष्णुचन्द्र शर्मा ने कही है। निराला महाप्राण हैं और इन सबके लिए प्रेरणा-स्रोत और प्रकाश-स्तम्भ हैं। ये ऐसे कवि हैं, जिनमें सारे तत्त्व मिल जाएँगे आपको। ये नहीं होते, तो हिन्दी कविता का विकास नहीं हो पाता।

द्वितीय विश्वयुद्ध में फ़ासीवाद के ख़िलाफ़ जो मित्र-सेना बनी, उसमें राजाओं की सेनाएँ नहीं थीं; बल्कि वे राष्ट्रों की, 'रिपब्लिक्स' की सेनाएँ थीं—ऐसे राष्ट्र, जो लोकतंत्र को पसन्द करते थे और तानाशाही के ख़िलाफ़ थे। उस लड़ाई में सोवियत संघ की लाल सेना अगुआ थी। सबसे कम आबादी वाले राष्ट्र ने सबसे ज़्यादा उत्सर्ग किया और हिटलर को बर्लिन तक खदेड़ा। जिस तलघर में वह नरक चलाता था, उसी तलघर में जाकर उसने आत्महत्या की। उस दौर में मुक्तिबोध जो सवाल उठाते हैं कि 'पार्टनर, तुम्हारी पॉलिटिक्स क्या है?', वह सिर्फ़ उनका नहीं, बल्कि अन्तरराष्ट्रीय सवाल था। इसलिए जितने बड़े रचनाकार हुए, उनमें एक लोकतांत्रिक संवेग था। मुक्तिबोध और रघुवीर सहाय के संघर्ष को इसी रौशनी में देखना चाहिए।

कई बार आश्चर्य होता है कि सोवियत संघ के नागरिकों ने बहुत बड़े लोगों की किताबें पढ़ी थीं—उन पर तोल्स्तोय, गोगोल, पुश्किन, दोस्तोयेव्स्की, चेखव और गोर्की जैसे लेखकों का प्रभाव था और उनके पास एक विकसित थिएटर था। तोल्स्तोय इतने सशक्त लेखक थे कि ज़ारशाही उनसे डरती थी। वह चाहते थे कि जो राज्य या शासक-वर्ग है, उसमें और काम करने वाले लोगों में बराबरी और संवाद हो। तो लेखकों में यही मानववादी 'एप्रोच' देखनी चाहिए। सबसे बड़ी चीज़ यही है कि मानव-समाज की चिन्ता किसको है।

विद्वान कितने लोग होते हैं? 'इंट्यूशन' ही न आदमी को बड़ा बनाता है! साक्षर आदमी ही ज्ञानी होगा, यह कहना ग़लत है। लकड़ी का काम, लोहे का काम, चिड़ियों का काम, जंगल कैसे बचाएँगे—यानी मनुष्य का जो 'सर्वाइवल' और श्रम है, 'परसेप्शन' उससे आता है। ज्ञान की दुनिया में अक्षर बहुत बाद में आते हैं।

मुक्तिबोध सत्य के दोनों आयामों में जाते हैं—शासक वर्ग के रूप को सामने रखते हैं कि वह कितना हिंस्र और मानवद्रोही है, बर्बर है—शोषण के तंत्र के भीतर तक जाते हैं, पंजे भिड़ाते हैं बर्बरता से, अपराधी मस्तिष्क से जूझते

हैं। बहुत ताक़तवर कवि हैं, साधारण नहीं हैं वह। दूसरी ओर वह जनता के पास भी जाते हैं। जनता ही उनका विकल्प है : श्रम करने वाली, असत्य और आतंक से, नरक से जूझने वाली जनता। इसलिए वह एक विरल और बड़ी करुणा के, बड़े विवेक के कवि हैं।

उन्होंने कहीं लिखा है कि *'कुएँ की मुँडेरों से कूदकर बहुएँ आत्महत्या कर रही हैं।'* जिस सामन्तवाद से मुक्तिबोध लड़े, वह गया कहाँ है? उसी क्रूरता से बलात्कार हो रहे हैं। वह गई कहाँ है? वह यहीं है। वह लौट-लौटकर आ रही है। यह कोई मनोरोग नहीं था उनका। जो लोग मनोरोग तक रुक जाएँगे, वे इसके सत्य को नहीं देख पाएँगे। कामू, काफ़्का और सार्त्र साम्राज्यवाद के नरक के ख़िलाफ़ खड़े हुए, जैसे कि मुक्तिबोध। वह जो आतंक दिखाते हैं, उसके कारण लोग उनसे दूर हटते हैं, ब्रह्मराक्षस और बावड़ियों वग़ैरह से डरते हैं; वे यह नहीं समझते कि मुक्तिबोध शोषण के तंत्र और उसके सभी तरीक़ों की विचार-यात्रा करते हैं।

रघुवीर सहाय, केदारनाथ सिंह और कुँवर नारायण, तीनों मानववादी और 'सोशल डेमोक्रेट' हैं, समतामूलक समाज के हिमायती और अहिंसा के प्रवक्ता हैं। इसके चलते इनमें एक अन्तरसम्बन्ध है। ये विडम्बनाओं से पलायन करने वाले कवि नहीं हैं, बल्कि तीनों शोषण के तंत्र को अपनी तरह से भेदते हैं। लोकतंत्र के रास्ते में जो बड़े सवाल आते हैं—इतिहास के बड़े प्रश्न—उन्हें ये उठाते हैं। इनमें केदार जी प्रकृति के बहुत निकट जाते हैं।"

यहाँ मैंने याद दिलाया : "कुछ लोग आरोप लगाते हैं कि केदारनाथ सिंह कलावाद की ओर झुके हुए थे?"

आलोक जी कहते हैं : "कलावाद बेकार का प्रश्न है। कविता लिखने जा रहे हैं न आप, तो बिना कला के कैसे काम चलेगा? कला नहीं होगी, तो आपका काम बिखर जाएगा। कला सिर्फ़ शिल्प नहीं है, वह सत्य तक जाने का एक रास्ता भी है। बिना कला के जीवन-मर्म तक कविता नहीं पहुँचेगी। बहुत 'डेलीकेट आर्ट' के बिना उदात्तता को आप कैसे ज़ाहिर करेंगे? मनुष्य के मन में जो भावोच्छ्वास है, लालित्य और वात्सल्य है, प्रणय और रोमांस है, उसे आपको ज़ाहिर करना होगा; तभी जीवन-संगीत और सारे प्रगाढ़ छन्द आपके पास आएँगे।

भाषा से कोई कवि बड़ा नहीं हो जाता : बड़े अनुभव से ही न बड़ी भाषा बनेगी! जो गहरा जीवन-संगीत और सौन्दर्य-बोध होता है; वह मानव-श्रम, इतिहास-बोध और विभिन्न कलाओं के ज्ञान से पैदा होता है, उसके पीछे भी एक विचार-यात्रा होती है। प्रकृति उसका उद्गम है, लेकिन प्रकृति भी मानव-श्रम के बिना कैसी हो जाएगी!"

## 82

आलोकधन्वा से मैंने निवेदन किया : "आप लगभग बीस वर्ष मशहूर कथाकार फणीश्वरनाथ रेणु के बहुत क़रीब रहे, तो उनसे अपने रचनात्मक रिश्ते के बारे में बताइए!"

बोले : "हमारे प्रथम गुरु राजकमल चौधरी थे और दूसरे रेणु। एक दिन राजकमल जी ने मुझसे पूछा : 'आप चलेंगे रेणु जी के यहाँ?' मैंने कहा : 'चलना तो चाहता हूँ, मगर उनके यहाँ एक कुतिया पली हुई है, उससे डर लगता है।' वह हँसे : 'कुत्ते तो सड़क पर चलते रहते हैं, उनसे क्या डरना?' मैंने जवाब दिया : 'सड़क वाले कुत्तों से नहीं, पाले हुए कुत्ते से डरता हूँ।' उन्होंने भरोसा दिलाया : 'डरो नहीं! मैं तो भैरव का पुजारी हूँ और उनका वाहन कुत्ता ही था।'

पटना में राजकमल चौधरी किराए के घर में रहते, जिसमें एक छप्पर भी था। उस पर एक लतर नीचे तक चली आई थी, जिसमें गोल कद्दू फले थे—एक उन्होंने दिया मुझे, रेणु जी को भेंट करने के लिए, जो वहाँ से महज़ आधा किलोमीटर दूर राजेन्द्रनगर में एक फ़्लैट में रहते, जिसमें जाने के लिए घुमावदार सीढ़ियाँ थीं। हम लोग वहाँ पहुँचे, तो राजकमल जी ने उनसे बांग्ला में पूछा : 'लतिका जी कहाँ हैं?' वे लोग आपस में बांग्ला और मैथिली में बातें करते थे।

लतिका जी बंगालन थीं। फेफड़ों की बीमारी के दौरान जब रेणु जी अस्पताल में भर्ती रहे, तो वह वहाँ नर्स थीं और उनकी सेवा की। यही रिश्ता प्यार और फिर शादी में बदल गया। बाद में उन्होंने नर्स का काम छोड़ दिया और शिक्षिका हो गईं। टूटी-फूटी हिन्दी बोलती थीं। एक बार रेणु जी की दिनचर्या के बारे

में मुझसे बोलीं : 'या तो पढ़ेगा या लिखेगा। लिखे भले नहीं, पढ़ेगा ज़रूर, सोएगा केवल चार घंटे। बेचैन होगा, तो बाहर निकल जाएगा।'

लतिका जी आईं और हमें अन्दर कमरे में ले गईं। हम सोफ़े पर बैठे। मुझसे कहा : 'नौमी (कुतिया) से मत डरिए! वह कुछ करती नहीं, सिर्फ़ देखती है कि कौन मिलने आया है, बीच में एक-दो बार आएगी और सूँघ-साँघ के चली जाएगी या रेणु जी के पास चुपचाप बैठी रहेगी।'

राजकमल चौधरी ने रेणु जी से मेरा परिचय कराया, तो उन्होंने पूछा : 'आप गीत लिखते हैं या कविता?' मैंने जवाब दिया : 'शुरुआत गीत से ही की थी, लेकिन सफलता नहीं मिली। कारण यह है कि सुर-ताल हम बहुत नहीं जानते हैं।' रेणु बोले : 'आपको देखने से तो नहीं लगता है कि आप सुर-ताल नहीं जानते होंगे!' असल में, मैं बड़े बाल रखता और देखने में कलाकार जैसा लगता था, इसलिए उन्होंने ऐसा कहा होगा। तब राजकमल जी ने उनसे मेरी सराहना की : 'अच्छी कविता लिखता है ये। 'ब्लैक आउट' में मैंने सुना है इसको।'

रेणु जी पटना में कॉफ़ी हाउस में बैठते, जहाँ लेखक, पत्रकार, नेता, सांसद, विधायक सब मिलने आते। कई मेज़ों को जोड़कर एक मेज़ बना ली जाती। रेणु जी भारतीय समाजवादी धारा से जुड़े थे और जयप्रकाश नारायण, आचार्य नरेन्द्रदेव, डॉ. राममनोहर लोहिया और दिनकर का बहुत सम्मान करते। अज्ञेय, रघुवीर सहाय, सर्वेश्वरदयाल सक्सेना, धर्मवीर भारती और रामवृक्ष बेनीपुरी के बहुत आत्मीय थे। ये लोग पटना आते, तो उनसे ज़रूर मिलते। दिनकर बहुत लोकप्रिय और सम्मानित थे, उनके आने पर पूरा कॉफ़ी हाउस ही खड़ा हो जाता। जेपी और दिनकर को रेणु जी गुरु मानते और उनके विरुद्ध एक शब्द नहीं सुन सकते थे।

कॉफ़ी हाउस में उनसे मिलने विश्वेश्वर प्रसाद कोइराला भी आते, जो नेपाल के पहले प्रधानमंत्री रहे, समाजवादी और अच्छे कथाकार भी थे। भैरव प्रसाद गुप्त ने 'नयी कहानियाँ' में उनकी कहानी 'रंगरूट' छापी थी। जवाहरलाल नेहरू उन्हें सारनाथ में राजनीतिक शरण न देते और उनकी सहमति न होती, तो नेपाल में लोकतंत्र की स्थापना की लड़ाई कामयाब नहीं हो पाती, जिसमें रेणु ने भी हिस्सा लिया था। जेपी अमेरिका से पढ़कर आए थे, बहुत विद्वान और नेहरू के गहरे मित्र थे। वह कभी नेहरू के ख़िलाफ़ नहीं बोलते और न रेणु उनके विरुद्ध कभी एक शब्द सुनते थे। कोट में लाल गुलाब लगाए

नेहरू जी की तस्वीर उनके सिरहाने लगी ही रही और बाद में सम्पूर्ण क्रान्ति आन्दोलन के दौरान भी किसी की हिम्मत नहीं थी कि कहे : इसे हटा दीजिए! वह तस्वीर भारती जी ने 'धर्मयुग' में छापी थी।

'पेटी फ़ाइट' (निम्नस्तरीय झगड़े) की 'टॉक' (बातचीत) में रेणु जी की दिलचस्पी नहीं थी। कोई अच्छी बात कहिए, तो उसमें वह रुचि लेते। अपने कानों को उन्होंने ऐसा बनाया था कि इस तरह की बातें जब होतीं, तो वह बाथरूम में चले जाते और देर से लौटते। उनके भीतर एक गहरा मौन था, जिसे आप सृजन का संयम कह सकते हैं।"

मैंने सवाल किया : "रेणु जी समाजवादी थे और आप मार्क्सवादी विचारधारा से जुड़े रहे हैं। उनसे संवाद में कभी यह मतभेद उजागर होता था?"

आलोक जी कहते हैं : "हाँ। दिनकर जी के यहाँ पहली बार रेणु जी ही मुझे लेकर गए थे। वहाँ उनके इसरार पर मैंने अपनी कविता 'जनता का आदमी' सुनाई। उससे वह बहुत प्रभावित हुए। एक बार मुझसे उन्होंने पूछा : 'आपकी कविता तो मैं सुनता हूँ। उसमें आपने ऐसे-ऐसे बिम्ब दिए हैं कि आश्चर्य होता है :

*मैं क्यों नहीं लिख पाता हूँ वैसी कविता*
*जैसी बच्चों की नींद होती है,*
*खान होती है,*
*पके हुए जामुन का रंग होता है,*
*मैं वैसी कविता क्यों नहीं लिख पाता*
*जैसी माँ के शरीर में नये पुआल की महक होती है,*
*जैसी बाँस के जंगल में हिरन के पसीने की गन्ध होती है,*
*जैसे ख़रगोश के कान होते हैं,*
*जैसे ग्रीष्म के बीहड़ एकान्त में*
*नीले जल-पक्षियों का मिथुन होता है,*
*जैसे समुद्री खोहों में लेटा हुआ खारा कत्थईपन होता है,*
*मैं वैसी कविता क्यों नहीं लिख पाता*
*जैसे हज़ारों फ़ीट की ऊँचाई से गिरने वाले झरने की पीठ होती है?*

ये सब कैसे जानते हैं आप?'

मैंने जवाब दिया : 'हम तो उसी तरह गाँव के हैं, जैसे कि आप हैं।'

उन्होंने प्रश्न किया : 'नदी है आपके गाँव में?'

मेरे हाँ कहने पर वह बहुत ख़ुश हुए। मैंने कहा : 'आप गाँव चले जाते हैं, तो मैं आपको बहुत 'मिस' करता हूँ।'

रेणु जी बोले : 'आपको बुरा लगता है, मैं समझ सकता हूँ, मगर गाँव तो आप भी जाना चाहते होंगे! वहाँ कौन नहीं जाना चाहेगा? आप अपनी कविता में प्रकृति के इतने क़रीब जाते हैं, *'पके हुए जामुन का रंग'* लिखते हैं, तो बन्दूक़ वग़ैरह क्यों लाते हैं? यह ठीक है कि आप उसे चलाने की बात नहीं करते, लेकिन आपके मित्र माओ का पोस्टर चिपकाते हैं कि 'राजनीतिक सत्ता बन्दूक़ की नली से निकलती है।' बन्दूक़ का रास्ता तो कोई रास्ता नहीं है। आप लोग चीन के ख़िलाफ़ भी कुछ नहीं कहते, जबकि आपने देखा ही : चीन अगर हमला नहीं करता, तो नेहरू जी का उस तरह निधन नहीं होता।'

मैंने जवाब दिया : 'आप तो दिनकर जी को बहुत मानते हैं, मगर वह भी रौद्र रस के कवि हैं?'

रेणु जी मुझे बहुत मानते थे। अपने हाथ में मेरा हाथ लेकर समझाने लगे : 'उसे रौद्र रस कहना सही नहीं है। दिनकर जी ने 'महाभारत' की एक नई व्याख्या की है कि आप 'जस्टिस' को नहीं मानेंगे, तो युद्ध होगा, लेकिन युद्ध से भी तो विनाश ही होगा! इसी निष्कर्ष पर वह पहुँचते हैं।

खेती-किसानी, कारीगरी और मज़दूरी वग़ैरह के इतने सारे काम हैं, जिन पर हमारा जीवन टिका हुआ है, उनमें बन्दूक़ की तो कोई भूमिका नहीं है। धान का खेत बन्दूक़ तो नहीं लगाती। जो आपको ठीक लगे, वह लिखिए, कही हुई बातों पर मत जाइए! यह बन्दूक़ तो आपको कहीं नहीं ले जाएगी।' "

## 83

आलोकधन्वा से मैंने पूछा : "आपके ज़ेहन पर रेणु के व्यक्तित्व और रचनाशीलता का प्रभाव कैसा पड़ा?"

बोले : "रेणु जी अपने प्रिय लेखकों को पढ़ते बहुत थे और चेखव, मिखाइल शोलोख़ोव और रसूल हमज़ातोव को ख़ास तौर पर पसन्द करते; लेकिन वह विद्वान नहीं, कलाकार थे। कलाकार और विद्वान होना—ये दोनों अलग-अलग चीज़ें हैं।

वह लम्बे, छरहरे, साँवले, सुदर्शन, सौम्य, सज्जन और मिलनसार व्यक्ति थे। घनी और घुँघराली लटों के बीच उनका बहुत कोमल और 'सेंसुअस' चेहरा आकर्षक और प्रभावशाली था। घर में शान्तिपुरी धोती और कुर्ता पहनते और बाहर कुर्ता-पाजामा। बीएचयू के विद्यार्थी-जीवन में पैंट-शर्ट पहने हुए उनकी एक फ़ोटो मिलती है। एक बहुत सुन्दर तस्वीर है, जिसमें प्रधानमंत्री इन्दिरा गांधी अपने हाथों से रेणु जी को पद्मश्री दे रहीं और दोनों एक-दूसरे को अपलक देख रहे हैं। हालाँकि इन्दिरा जी ने जब इमरजेंसी लगाई, तो उसके विरोध में रेणु ने पद्मश्री का अलंकरण सरकार को वापस कर दिया था।

उन्हें कई बार मैंने सूप में चावल बीनते देखा। खाना बनाने में लतिका जी की मदद करते। उनका खानपान, रहन-सहन, चाल-ढाल सब बंगाली था। वह शौक़ीन थे, पर उनमें विलास नहीं, सुरुचि थी। पूर्णिया जनपद में उनका गाँव औराही हिंगना है, जो बंगाल से सटा हुआ इलाक़ा है। बांग्ला साहित्य के वह अच्छे जानकार थे और उनके लेखन पर उसकी छाप है।

इस अर्थ में हम उन्हें बांग्ला लेखकों की परम्परा में मान सकते हैं। रवीन्द्रनाथ और शरतचन्द्र तो 'लीजेंडरी' हैं, उन्हें पढ़े बिना आप उपन्यास को जान ही नहीं पाएँगे, उन्होंने साधारण भाषा में असाधारण चरित्रों की रचना की। विश्व स्तर के इन कथाकारों में बाद में विभूतिभूषण वंद्योपाध्याय, ताराशंकर वंद्योपाध्याय, माणिक वंद्योपाध्याय जैसे लेखकों की जो धारा आती है, उसमें हैं रेणु। बांग्ला के बड़े लेखक सतीनाथ भादुड़ी पूर्णिया में ही रहते थे। रेणु उनसे मिलने जाते और बहुत प्रभावित थे।

बांग्ला लेखकों की अनिवार्य विशेषता है कि वे अपने सामाजिक परिवेश और किरदारों से घुल-मिलकर रहते हैं। रेणु भी अपने पात्रों के बीच रहना पसन्द करते। यही वजह है कि बंगाल की नई पीढ़ी में नागार्जुन और रेणु, दोनों लोकप्रिय थे। नागार्जुन उन्हें बहुत मानते और उनके गाँव औराही हिंगना आते रहते। दोनों ग्रामीण किसान परिवार के थे। मैंने एक तस्वीर देखी है, जिसमें वे साथ-साथ गीले पाँक में खड़े होकर खेत में धान रोप रहे हैं।

रेणु बीएचयू में पढ़े, लेकिन पढ़ाई अधूरी छोड़कर 1942 के 'भारत छोड़ो आन्दोलन' में स्वाधीनता संग्राम सेनानी के रूप में भाग लिया। लोग समझते कि वह पूर्णकालिक कलाकार थे, मगर उन्होंने आकाशवाणी, इलाहाबाद में कुछ समय नौकरी भी की। फिर पटना में 'जनता' नाम के अख़बार में पत्रकार रहे। उसमें वह अपने अंचल की रपटें लिखते। साहित्य की एक विधा है रिपोर्ताज़, जिसमें उन्होंने अख़बार में लिखना शुरू किया। अपने गाँव से उन्हें इतना लगाव था कि चार-छह महीने पटना रहते, फिर औराही हिंगना चले जाते।

वह 'फ्रंटलाइन' के लेखक थे। यह धारणा सही नहीं है कि वह अँधेरे में लालटेन में, गिरि-गह्वर या एकान्त में बैठकर सृजन कर रहे थे; बल्कि आधुनिक भारत की जो नींव रखी जा रही थी, उस पर उनकी पूरी नज़र थी। वह काग़ज़ी बुद्धिजीवी नहीं, 'एक्टिविस्ट' लेखक थे। जनता के पक्ष का कोई ऐसा आन्दोलन उनके जीवन में नहीं हुआ, जिसमें उन्होंने रुचि न ली और सशरीर भाग न लिया हो। वह गाँवों में किसानों के अत्यन्त कठिन जीवन को जानते थे। उन्हीं लोगों की छवियाँ उनकी आँखों में रहतीं। वह चाहते, तो बनारस, इलाहाबाद, दिल्ली में बस जाते, लेकिन गाँव के बिना जी नहीं सकते थे।

स्वाधीन भारत में रेणु एक नए समाज की अपेक्षा रखते और समता का स्वप्न देखते। वह नहीं चाहते थे कि हमारे 'सर्वाइवल' के, जीने के जो स्रोत और साधन हैं, उन पर ग़लत आदमियों का क़ब्ज़ा हो। उन्होंने गाँव या शहर को एकांगी तरीक़े से नहीं देखा, बल्कि दोनों के बीच 'ट्रैफ़िक' को जानते थे। वह शहर में गाँव का 'इनोसेंस' देखना चाहते और गाँव जब जाते, तो उन लोगों से मिलते, जिन्हें प्रशासन और पुलिस प्रताड़ित करती।

रेणु अपने समाज से कान लगाने वाले लेखक थे। बोलते बहुत ही कम और दूसरों को सुनते बहुत ज़्यादा। हमारे यहाँ जैसे 'ऑर्गेनिक' और बेचैन वह लेखक थे, वैसे आलोचक नहीं हुए।

उनका पहला असर मुझ पर यह हुआ कि वह देखने में वैसे ही कलाकार लगे, जैसे हमारे गाँवों में होते हैं। कोई अच्छा पेंटर, नर्तक, मृदंग बजाने वाला या सुदूर पूरब से हमारे यहाँ जो सारंगी बजाने आते और गाते :

> *कमरथुआ हे भाई!*
> *बाबा बिराजे मोरंग देश में।*

रेणु कोलकाता, आसाम या उड़ीसा में समुद्र-तट पर स्थित जगन्नाथपुरी या कोणार्क मन्दिर से आए हुए पुजारी या कलाकार जैसे लगते—इतने सुन्दर और भव्य थे। उनकी मशहूर प्रेम कहानी 'रसप्रिया' आपने पढ़ी होगी—आप उन्हें देखते, तो लगता कि कमर में गमछा बाँधकर, हाथों में मृदंग लेकर बजाने वाले 'मिरदंगिया' स्वयं रेणु हैं—अन्तर केवल इतना था कि कलाकार लिखते नहीं और रेणु जी लिखते थे।"

## 84

उस दिन यशस्वी कथाकार फणीश्वरनाथ रेणु की जयन्ती और उनके जन्मशती वर्ष के पूरा होने का दिन था। आलोकधन्वा उनकी स्मृति के प्रसंग में आगे कहते हैं : "रेणु एक 'पब्लिक पर्सन' थे—ऐसा नहीं हो सकता था कि वह पटना के किसी मोड़ पर खड़े हों और लोग उन्हें पहचानें नहीं। कम उम्र में ही वह 'लीजेंड' बन गए थे। पटना कॉस्मोपॉलिटन तो था नहीं, उस ज़माने में कुल मिलाकर क़स्बाई जीवन था हमारा—हम उन पर गर्व करते और उनसे सीखते भी। कभी उनको किसी पर क्रोधित होते, कभी किसी से 'हार्श' बात कहते, किसी की शिकायत करते मैंने नहीं देखा। वह बहुत गम्भीर थे—उनकी रचना-प्रक्रिया और अभिव्यक्ति में एक नव-स्वाधीन समाज की विकास-धारा को समझने की निष्ठा थी।"

मैंने कुछ अचरज ज़ाहिर किया : "पटना में सब उन्हें जानते थे?"

आलोक जी का जवाब है : "हाँ। मेरा मतलब है कि राजनीतिक और साहित्यिक लोग, पत्रकार और 'एक्टिविस्ट' तो सभी उनको पहचानते थे। बिहार के मुख्यमंत्री कर्पूरी ठाकुर उन्हें जानते थे। गृहमंत्री रामानन्द तिवारी और 'मिलिटेंट' नेता नक्षत्र मालाकार कॉफ़ी हाउस में उनसे मिलने आते। मालाकार अपने इलाक़े में पंचायतों को मज़बूत करते और ज़्यादातर मामलों को कोर्ट में नहीं जाने देते। वह लोक पंचायतें करने और महाजनों को त्वरित सज़ा देकर ग़रीबों को न्याय दिलाने के लिए मशहूर थे। सामाजिक न्याय में रेणु जी की गहरी रुचि थी। इसलिए आप देखिए कि यही नक्षत्र मालाकार उनके उपन्यास 'मैला आँचल'

में एक जुझारू राजनीतिक कार्यकर्ता चलित्तर कर्मकार के रूप में आते हैं, जिन्हें क्रान्ति का दूसरा नाम माना जाता है।

रेणु बड़े उपन्यासकार थे—बहुत चिन्तनशील और कल्पनाशील—मगर उनके उपन्यासों और कहानियों में जो चरित्र हैं, वे सब सच्चे हैं और उनके आसपास के जीवन से आते हैं। किसी पात्र को उन्होंने गढ़ा नहीं, लेकिन यह ज़रूर है कि लिखना उनका अपना है। उनकी भाषा भी निरी साहित्यिक नहीं थी, बल्कि बेहद सादगी से उन्होंने अपने गाँव की ज़बान में संवाद लिखे।

'मैला आँचल' में बावनदास सच्चे गांधीवादी हैं, छोटे क़द के साधारण-से व्यक्ति और मितभाषी। वह नहीं चाहते कि नव-स्वाधीन भारत में हमारे गाँव में इलाज और खाने के अभाव में किसी को दुख झेलने पड़ें या कोई ऐसा काम हो कि हमें लज्जित होना पड़े। एक दिन गाँव में अवैध व्यापार करने वाली गाड़ी के रास्ते में वह लेट जाते हैं। ठेकेदार उन पर गाड़ी चढ़ा देते हैं और उनकी मृत्यु हो जाती है। मैं रेणु जी से पूछता था : 'क्या बावनदास सचमुच थे?' वह कहते : 'हाँ, हमारे गाँव में वह थे और उनकी इस तरह मौत की घटना भी वास्तव में हुई थी।' उनके उपन्यासों से मालूम होता है कि अन्याय से सच्चे, साधारण और भोले लोग लड़ते हैं और उन्हें चुनौती सामन्ती और धनिक वर्ग से मिलती है।"

मैंने पूछा : "क्या बावनदास की हत्या की यह बहुत भयावह और विचलित करने वाली घटना आज़ाद भारत में गांधी की हत्या का रूपक नहीं है?"

बोले : "केवल रूपक नहीं है, बल्कि ताक़तवर लोगों ने गांधी को मारा और उनकी राह चलने वाले बावनदास जैसे आदर्शवादी जन-सेवकों को भी मारा। हिंसा को लेकर सन्देह था रेणु जी के मन में, क्योंकि हिन्दुस्तान में ऐसी लड़ाइयों का हश्र देखा था उन्होंने। इसलिए इस दिशा में सोचने पर उन्हें रास्ता नहीं मिलता था। दूसरे, बड़े-बड़े नेता चुनाव जीतते और अपने इलाक़े के काम नहीं करते, तो उससे वह बहुत निराश होते। गांधी की हत्या और भारत-पाक विभाजन पर वह बात नहीं करते थे, क्योंकि इन चीज़ों को भूल नहीं पाते और इनके ज़िक्र से बेचैन हो जाते। उनके भीतर जो मौन था, उसमें सृजन की बातें तो थीं ही, भारत-विभाजन के दुख भी थे।"

मैंने सवाल किया : "कुछ आलोचक मानते हैं कि आज़ादी के बाद जिस

तरह का भारतीय समाज बन रहा था, उससे बावनदास का ही नहीं, रेणु का भी स्वप्न-भंग होता है? यह भी कहते हैं कि अपनी रचनाओं में रेणु स्वयं कहीं-न-कहीं हैं। एक इंटरव्यू में उनसे पूछा गया कि 'मैला आँचल' में आप किस रूप में हैं', तो बोले : 'बग़ल के गाँव से आकर जो आदमी नारा लगाता है :

*यह आज़ादी झूठी है*
*देश की जनता भूखी है—*
वह मैं हूँ।'

इस पर आप क्या कहना चाहेंगे?"

आलोक जी कहते हैं : "एक ख़ास सन्दर्भ में रेणु ने यह बात सही कही, मगर मेरे ख़याल से यह पूरा सच नहीं है। वह गहरी निष्ठा और प्रतिबद्धता के लेखक ही नहीं, बल्कि समाज-विज्ञानी भी थे। नव-स्वाधीन भारत में किसान-मज़दूर कैसा जीवन जी रहे हैं और उन्हें कैसा सम्मान मिलता है, यह उनकी चिन्ता तो थी ही; जो सबसे बड़ी चीज़ उनमें थी कि वह अपने स्वप्नों को ख़ारिज नहीं करते थे। गहरी उम्मीद थी उन्हें कि हमारी आज़ादी विफल नहीं जाएगी, नेहरू और दूसरे समाजवादियों जैसे बड़े-बड़े नेता हैं हमारे। वह बहुत ज़्यादा पढ़े ही नहीं गए, बल्कि हम लोगों पर उनका गहरा असर था; क्योंकि वह कुछ दुर्लभ कथाकारों में रहे, जिनमें संगीत-भरी उम्मीद थी।

मनुष्य के भीतर जीने का जो संगीत है और प्रेम का जो संगीत है, उसके लिए यह ज़िन्दगी बहुत ही छोटी है। रेणु को लिखने-पढ़ने की थोड़ी-सी ज़िन्दगी मिल पाई, कम उम्र में असमय निधन हुआ; मगर उनकी शख़्सियत में ऐसा जादू था कि गाँव और शहर का कोई इनसान हो या विद्वान, उन्हें भूल नहीं सकता।

दुनिया तो बहुत बदल गई, अब यह रेणु की दुनिया नहीं है; मगर शरद की चाँदनी रातों में खुले आसमान के नीचे हमने उनके साथ बैठकर संगीत सुना, जो ऐसा अनुभव है कि लगता है : रेणु जी अभी गए नहीं। इसी तरह फिर उनसे भेंट होगी।"

## 85

आलोकधन्वा से मैंने पूछा : "मशहूर आलोचक लोठार लुत्से ने रेणु जी की कहानी 'आत्मसाक्षी' का जर्मन भाषा में अनुवाद किया और उनका इंटरव्यू भी लिया। उन्होंने सवाल किया : 'इस कहानी का पात्र गनपत शुरू में गांधी का भजन गाता है : 'रघुपति राघव राजा राम।' फिर कम्युनिस्ट उसे कॉमरेड बना लेते हैं, लेकिन कई वर्षों बाद पार्टी से मोहभंग हो जाने पर वह कबीर का 'निर्गुण' गाने लगता है। क्या यह गांधी के बजाय कबीर मार्ग का समर्थन है?' रेणु जवाब देते हैं : 'कबीर और गांधी, इन दो लोगों ने सबसे ज़्यादा जनता को जगाया। इसलिए मेरे साहित्य में दोनों ही आते हैं। कबीर के आने का मतलब यह नहीं है कि गांधी से बिछोह हो गया, बल्कि मैं तो सोचता हूँ : क्या पता, 'मैला आँचल' के बावनदास से फिर मेरी भेंट हो जाए!' इस पर आप क्या सोचते हैं?"

बोले : "मेरी समझ से रेणु जी की लोकप्रियता के तीन प्रमुख कारण हैं। एक तो प्रेमचन्द के बहुत दिनों बाद गाँव का जीवन इतने पारदर्शी और आत्मीय तरीक़े से सामने आया। वह अपने पात्रों से घुल-मिलकर रहते थे, इसलिए कहीं आपको अपने समाज के लिए 'आउटसाइडर' नहीं लगेंगे।

दूसरे, वह वैचारिक स्तर पर संसदीय लोकतंत्र में विश्वास करने वाले, उसे अहमियत देने वाले लेखक और प्रवक्ता थे। उन्हें लगता था कि हिन्दुस्तान जैसे इतने विशाल देश में गांधी जैसा नेता अहिंसा के माध्यम से सफल हुआ, लिहाज़ा उनका अनुसरण होना चाहिए।

तीसरे, वह वर्ण-व्यवस्था में बिलकुल यक़ीन नहीं करते और मानते थे कि इस भेदभाव की वजह जीने के संसाधनों का विकास न किया जाना है। रोज़गार मुहैया नहीं होते, इसलिए लोग आपस में लड़ रहे हैं। जातिगत, साम्प्रदायिक और किसानों-मज़दूरों पर की जाने वाली राजकीय हिंसा से वह विचलित हो जाते।

रेणु जेपी के अनुयायी ज़रूर थे, मगर उन पर नेहरू का भी प्रभाव है। जेपी अहिंसा और जनता के आन्दोलन में विश्वास करते, और किसी चीज़ में नहीं; लेकिन वह पूरी दुनिया में पूँजीवादी ताक़तों के बारे में नहीं बोलते, जबकि

उनकी तुलना में नेहरू बहुत 'डायनेमिक' थे। रेणु में किसी तरह की कूपमंडूकता नहीं थी, बल्कि उनके चिन्तन का वितान विस्तृत था। वह आलोचनात्मक यथार्थवाद की धारा के लेखक हैं। उनके लेखन में ज़िन्दगी की रवानी बहुत है। अन्ततः कोई जानना चाहे कि मूल रूप में वह क्या हैं, तो एक 'डायनेमिक ह्यूमनिस्ट' हैं।"

मैंने प्रश्न किया : "रेणु जी को शोहरत इसलिए भी मिली कि प्रेमचन्द से उनका रचना-संसार भिन्न है और उनकी कथा-भाषा ज़्यादा सजल और काव्यात्मक है?"

आलोक जी कहते हैं : "शायद आप मान सकते हैं ऐसा, लेकिन प्रेमचन्द 1936 में चले गए और रेणु साहित्य की दुनिया में 1950 के आसपास आए। दोनों का समय अलग है और लोकप्रियता भी अलग तरह की है। प्रेमचन्द के पात्र वैचारिक रूप से बहुत सम्पन्न और जीवन्त हैं और वर्ग-संघर्ष को आगे ले जाते हैं।

उनके बरअक्स रेणु एक ओर विद्यापति, तो दूसरी तरफ़ रवीन्द्रनाथ और शरतचन्द्र जैसे बांग्ला उपन्यासकारों से बहुत प्रभावित हैं। गाँवों की स्त्रियों के बारे में उनका लेखन पढ़िए, तो इस प्रभाव की गहनता महसूस होगी। 'रसप्रिया', 'संवदिया', 'तीसरी क़सम, अर्थात् मारे गए गुलफ़ाम', 'आदिम रात्रि की महक', 'ठुमरी', 'पंचलाइट' और 'लाल पान की बेगम' जैसी उनकी कहानियाँ महाकाव्यात्मक हैं।

उन्होंने जीवन भी कलात्मक और संगीतमय जिया। संगीत और कलाओं के वह बहुत प्रेमी और जानकार थे। रात-रात-भर खड़े होकर गीत-संगीत सुनते, नृत्य देखते। एक बार दशहरे में कथक की मशहूर नृत्यांगना सितारा देवी आईं। बिहार में संयुक्त सोशलिस्ट पार्टी की सरकार थी। इसलिए ऐसे सांस्कृतिक आयोजनों में रेणु जी अक्सर मुख्य अतिथि होते और उनके बैठने का ख़ास इंतज़ाम होता। लेकिन वहाँ उनका मन नहीं लगता और वह नौजवानों की टोली में हमारे पास आ जाते, कहते : 'वहाँ कहाँ बैठेंगे, यहाँ आप सब लोग हैं।' हम लोग एक-दूसरे पर जान छिड़कते।

कोई विशेष इच्छा होती, तो रेणु जी सिर्फ़ मुझसे कहते। पौ फटने को हुई और नृत्य सम्पन्न हुआ, तो मेरे नज़दीक आकर बोले : 'आप साथ चलिए,

मेरा मन है कि सितारा देवी को क़रीब से देखूँ।' वह ग्रीन रूम में थीं। मैंने आयोजकों से बात की कि रेणु जी बड़े लेखक हैं, मेहमान नृत्यांगना से मिलना चाहते हैं। वह इतने प्रभावशाली और मधुर लगते कि उन्हें कौन मना करता! नीचे से ऊपर तक उनके सुन्दर और कोमल व्यक्तित्व को देखकर सितारा देवी भी चकित रह गईं। 'तीसरी क़सम' जैसी यादगार कहानी ऐसे ही अनुभवों से जनमी होगी।

रेणु का अनुभव-संसार हम लोगों से कहीं अधिक समृद्ध था—उनके गद्य में कविता बहुत है—लोकगीतों के पद और संगीत है। उनके इलाक़े के स्त्री-पुरुष जो गाते थे, उस लोक-संस्कृति से ये गीत लेकर वह आए, जैसे बरसात का गीत है :

*एहि प्रीति कारन सेत बाँधल,*
*सिया उदेस सिरी राम हे।*
*सावन हे सखी, सबद सुहावन,*
*रिमिझिमि बरसत मेघ हे!...*

रेणु प्रकृति ही नहीं, पशु-पक्षियों से भी बहुत प्यार करते और बग़ैर किसी भेदभाव के। लोग कौए को उपेक्षा की नज़र से देखते हैं, मगर उसमें सब कुछ नीरस ही नहीं है। वह सिर्फ़ काँव-काँव नहीं करता, बल्कि एक ख़ास तरह की ध्वनि में भी बोलता है, जो दिल को छूती है और जिसे 'कुड़रना' कहते हैं। इसका मतलब है कि हमारा प्रिय आएगा। एक नायिका कह रही है कि आज हमारे आँगन में चन्दन के वृक्ष पर कौआ कुड़र रहा है। अगर हमारा मिलन हो जाता है, तो मैं तुम्हारी चोंच सोने से मढ़वाऊँगी। उन्हें विद्यापति का यह मैथिली गीत बहुत पसन्द था :

*मोरा रे अँगनमा चानन केरि गछिया, ताहि चढ़ि कुररए काग रे।*
*सोने चोंच बाँधि देव तोहि बायस, जओं पिया आओत आज रे।*
*गावह सखि सब झूमर लोरी, मयन अराधए जाउँ रे।*
*चओ दिसि चम्पा मओली फूलली, चान इजोरिया राति रे।*
*कइसे कए हमें मदन अराधव, होइति बड़ि रति साति रे॥"*

**86**

आलोकधन्वा से मैंने सवाल किया : "'रेणु का भारत' किताब के लेखक और गम्भीर अध्येता मृत्युंजय पाण्डेय के अनुसार डॉ. नामवर सिंह ने कथाकार एवं 'हंस' के सम्पादक राजेन्द्र यादव से एक इंटरव्यू में कहा है कि 'मैला आँचल' 'एंटी-कम्युनिस्ट' उपन्यास है। क्या आप सहमत होना चाहेंगे?"

बोले : "मुझे नहीं मालूम कि नामवर जी ने कहाँ कही है यह बात और क्यों कही है! रेणु जी तो उन ताक़तों की हमेशा आलोचना करते थे, जो लोकतांत्रिक और 'सेक्युलर' नहीं हैं। जो मंज़िल कम्युनिस्टों की है, वही उनकी भी थी—इस मानी में कि वह भी समतामूलक समाज चाहते थे। वह जनता के बीच रचे-बसे थे, इसलिए किसानों-मज़दूरों और आम मध्यवर्गीय लोगों से उनका जो रिश्ता है, उसमें प्यार बहुत ज़्यादा था। नामवर जी भीष्म साहनी को तो मानते थे, लेकिन रेणु को लेकर उन्हें लगा होगा कि वह मार्क्सवादी नहीं हैं या सोचने का वैज्ञानिक तरीक़ा उनके पास नहीं है।

रेणु सिद्धान्तवेत्ता नहीं थे, मगर जो लेखक समाज के क़रीब जाकर देखता है, वह बग़ैर सिद्धान्त के भी सत्य लिखेगा। उन्होंने अपनी आँखों और अनुभव से जो देखा, वह लिखा। उनकी यात्रा का तरीक़ा दूसरा था, शैली दूसरी थी और वह देशज या आंचलिक शब्द ज़्यादा इस्तेमाल करते थे। इससे नामवर जी को परेशानी होगी।

यह बिलकुल ज़रूरी नहीं है कि एक लेखक से सभी लोग न्याय कर पाएँ। दिनकर, अज्ञेय, रघुवीर सहाय और निर्मल वर्मा जैसे कवि-लेखक रेणु को ऊँचा दरजा देते थे। बिहार में लेखकों का जो समूह तैयार हुआ, उसके प्रतिनिधि लेखक थे वह।

जिन लोगों को लगता है कि रेणु क्रान्तिकारी नहीं थे, उन्हें पता नहीं है कि नेपाल में राजशाही को हटाने के लिए उन्होंने हथियार लेकर भी लड़ाई लड़ी। ख़ुद तो हथियार नहीं चलाए, मगर उन्हें मुहैया कराए, जो वहाँ राजतंत्र समाप्त करने के संघर्ष में शामिल थे। हथियार देना भी बड़ी बात है, उसमें ख़तरा रहता है। रेणु महज़ इक्कीस बरस की उम्र में 'भारत छोड़ो आन्दोलन' में शरीक होकर जेल गए, इमरजेंसी में जेपी के साथ पुलिस दमन के शिकार हुए

और स्वाधीन भारत में भी जेल गए। इससे पता लगता है कि उनका बुनियादी स्वभाव विद्रोही का था।

रेणु में कोई वैचारिक छुआछूत नहीं था, बल्कि वह देखते थे कि उनके समकालीनों का लेखन कैसा है। मुझको वह अपने घर के प्रतिभाशाली बच्चे की तरह पेश करते। कम्युनिस्टों से नफ़रत होती, तो मुझे क्यों पसन्द करते? उन्होंने मुझे कभी उग्रवादी वग़ैरह नहीं माना, कहते थे : 'आप इतनी कोमल कविताएँ लिखते हैं, इनमें बन्दूक़ कहाँ से आ जाती है!' "

मैंने पूछा : "आपको यह अन्तर्विरोध अजीब नहीं लगता कि रेणु ने एक ओर नेपाल की सशस्त्र क्रान्ति में सक्रिय योगदान किया, दूसरी ओर आपको बन्दूक़ से बरजा?"

आलोक जी जवाब देते हैं : "इसकी वजह आत्मीयता ही थी। मैं भोलेपन और दीवानगी से भरा, बड़े-बड़े बाल रखे हुए और दुबला-पतला था। उस ज़माने में एक धारा सत्ता के विरुद्ध भूमिगत सशस्त्र संघर्ष कर रही थी, बम फूटते और मारकाट होती। उनको अन्देशा था कि यह लड़का कहीं उसमें न चला जाए! सिद्धान्त रूप में वह लड़ाई के रास्ते को नहीं, बल्कि 'मास एक्शन' को सही मानते थे। उन्हें लगता था कि जब कोई विकल्प नहीं बच जाएगा, तो मजबूरी है हथियार। इसलिए वह बीच वाला रास्ता लेते—न तो साम्यवादियों का पूरी तरह विरोध करते, न समर्थन।

रेणु की समाजवाद से जान-पहचान थी। बिहार में जयप्रकाश नारायण के नेतृत्व में 'सम्पूर्ण क्रान्ति' आन्दोलन में उन्होंने हिस्सा लिया। तब मैं मार्क्सवादी धारा में शामिल हो रहा था, जहाँ सब कुछ साफ़-साफ़ दिखाई पड़ता था। आज भी उसी धारा के प्रति मेरी गहरी निष्ठा है। हिन्दी और मैथिली के अच्छे कवि-पत्रकार सुकान्त सोम जैसे कई लोग हमारे साथ थे। सरकार के ख़िलाफ़ हम विद्यार्थी और नौजवान भी सभा करते, लेकिन उसमें कम भीड़ होती।

लोकनायक या जेपी बेहद लोकप्रिय थे। उनकी सभाओं में अपार जनसमूह उमड़ता, जिनमें नागार्जुन, रेणु, सत्यनारायण, गोपीवल्लभ, सतीश आनन्द जैसे कवि-लेखक सम्मिलित होते। हमारा 'स्टैंड' था कि हम बेशक उन्हें समर्थन देंगे, लेकिन 'क्रिटिकल सपोर्ट' करेंगे। हम उन सभाओं में नहीं जाते थे, क्योंकि वहाँ यह शपथ दिलाई जाती : 'लोकनायक को साक्षी रखकर सम्पूर्ण क्रान्ति

के लिए शपथ लेता हूँ।' हमको शपथ वग़ैरह अच्छी नहीं लगती थी।"

मैंने अचरज ज़ाहिर किया : "...लेकिन नागार्जुन कैसे जाते थे?"

आलोक जी कहते हैं : "वह इतने बड़े, लोकप्रिय कवि थे कि उनसे कौन कहता कि आप शपथ लीजिए?"

मैंने प्रश्न किया : "बाद में उन्होंने 'सम्पूर्ण क्रान्ति' पर व्यंग्य करते हुए क्यों लिखा : *'खिचड़ी विप्लव देखा हमने'*।"

आलोक जी का उत्तर है : "जेपी चाहते, तो स्वाधीन भारत में कोई भी पद ले सकते थे, मगर वह 'चरखा समिति' में आकर बैठ गए। उन्हें रैमॉन मैगसेसे पुरस्कार भी मिला, लेकिन उसका कोई मतलब नहीं था उनके लिए। देश को लेकर गहरा दर्द था उनमें और उनका त्याग निश्चय ही बड़ा था। 1977 में इन्दिरा गांधी जब चुनाव हार गईं, तो नागार्जुन चाहते थे कि सरकार में ऐसे लोग आएँ, जो जनता की तकलीफ़ों से वाक़िफ़ हों; मगर जेपी ने मोरारजी देसाई को प्रधानमंत्री बनवा दिया। अब उन जैसे व्यक्ति के प्रति जनवादी लोगों में निष्ठा कैसे हो सकती थी?

बाबा तो पार्टी को देखकर नहीं, बल्कि सत्य जिस तरह उनके सामने आता था, उसके मद्देनज़र कविता लिखते थे। शायद आप जानते न हों कि 'खिचड़ी विप्लव' लिखने के लिए लोगों ने उनकी पिटाई भी की थी। कविता में वह बीसवीं सदी के भारतीय इतिहास के 'रेगुलर रनिंग कमेंटेटर' हैं : हिन्दी में उनके जैसा कोई और कवि नहीं है।

यह महज़ संयोग नहीं है कि जेपी ने बाबू जगजीवन राम जैसे जिस बड़े और ज़मीनी नेता को प्रधानमंत्री नहीं बनने दिया, अंग्रेज़ी में उनकी जीवनी विद्वान समालोचक नलिन विलोचन शर्मा ने लिखी है और उन्होंने ही रेणु के उपन्यास 'मैला आँचल' को प्रतिष्ठित करने वाला पहला लेख लिखा।

वैचारिक रास्ता अलग होने के बावजूद रेणु हमारी शालीनता और व्यग्रता से बहुत प्यार करते। कोई महत्त्वपूर्ण साहित्यकार पटना आए, तो उनकी यह इच्छा ज़रूर रहती कि उनसे मुझको मिलवाएँ। इसके लिए वह मुझे शहबाला[1] की तरह सजाते। दिनकर और अज्ञेय से पहली बार उन्होंने ही मेरी भेंट करवाई।"

---

1. वह छोटा बालक, जो विवाह के समय दूल्हे के साथ जाता है।

## 87

आलोकधन्वा से मैंने पूछा : "आपकी नज़र में रघुवीर सहाय कैसे कवि हैं? उन पर कभी-कभी आरोप लगाया जाता है कि वह तंत्र का विरोध तो करते हैं, पर उसका कोई विकल्प सामने नहीं रखते?"

बोले : "रघुवीर सहाय बड़े कवि हैं—इसमें कोई दो राय नहीं है। वह एक राजनीतिक कवि हैं। गहरा वैचारिक मन्थन है उनके अन्दर। वह सिर्फ़ 'आयरनी' का इस्तेमाल नहीं करते, बल्कि गहरी पीड़ा और दायित्व-बोध जगाते हैं। उनकी कविता में एक नाटक है, जो उसे बड़ा बनाता है। नव-स्वाधीन भारत में जो एक विषम समाज बन रहा था, उसके अन्तर्विरोधों को वह उजागर करते हैं। वह एक तरह के समाजवैज्ञानिक भी थे। स्त्री के पक्ष में लिखी गई उनकी कविताएँ आत्मा को झकझोरती हैं। नामवर सिंह की किताब 'कविता के नये प्रतिमान' के केन्द्र में हैं रघुवीर सहाय। वह कहते थे कि रघुवीर सहाय ने सबसे ज़्यादा सीखा नागार्जुन से, बाद के कवियों ने उतना नहीं सीखा :

*मखमल टमटम बल्लम तुरही*
*पगड़ी छत्र चँवर के साथ*
*तोप छुड़ाकर ढोल बजाकर*
*जय-जय कौन कराता है।*

यह काव्य-भाषा कहाँ से आई? नागार्जुन की परम्परा से आई। किसी ने कहा था कि रघुवीर सहाय के यहाँ शहर छाया हुआ है, प्रकृति को बहुत कम जगह मिली है। प्रकृति कम ज़रूर है, मगर है। 'पानी के संस्मरण' जैसी कालजयी कविता लिखी उन्होंने :

*कौंध। दूर घोर वन में मूसलाधार वृष्टि*
*दुपहर : घना ताल : ऊपर झुकी आम की डाल*

ऐसे अद्‌भुत बिम्ब हैं उनके यहाँ। उनकी एक-एक कविता कंठस्थ है अच्छे कवियों को। वह बहुत मशहूर हैं : जहाँ हैं, वहाँ से हटाए नहीं जा सकते। यह कहना काफ़ी नहीं है कि वह संसदीय लोकतंत्र के कवि हैं, इससे बढ़कर उनमें एक गहरा इतिहास-बोध था : आज़ादी की लड़ाई के पहले और बाद का जो पूरा समय गुज़रा—उससे बहुत जुड़े हुए थे वह। महात्मा गांधी की

हत्या के पहले ऐसा कुछ माहौल बना और अख़बारों में भी यह छप रहा था कि उनकी हत्या हो सकती है। इस पृष्ठभूमि में आप देखिए, तो 'रामदास' शीर्षक कविता में गांधी की हत्या का भी प्रतिबिम्ब उभरता है।

रघुवीर सहाय सामासिक संस्कृति को मानने वाले एक दृढ़ धर्मनिरपेक्ष नागरिकता के कवि हैं। यथार्थवादी हैं। सत्ता से सवाल पूछने वाले, भारत की शोषित जनता के प्रवक्ता के रूप में सामने आते हैं। हमारी आज़ादी पर जिस तरह वामपन्थ की तीसरी धारा के कवियों और अन्य कई कवियों ने, फ़ैज़, मख़्दूम, साहिर लुधियानवी और हबीब जालिब जैसे शाइरों ने सवाल उठाए, जन-मानस को एक नया चिन्तन दिया, संवाद की ताक़त दी, वैसा ही रघुवीर सहाय ने किया। वह अचानक नहीं आते, उसी धारा से आते हैं, जिसमें निराला ने लिखा था :

*काले-काले बादल छाए, न आए वीर जवाहरलाल*
*कैसे-कैसे नाग मँडलाए, न आए वीर जवाहरलाल...*

*महँगाई की बाढ़ बढ़ आई, गाँठ की छूटी गाढ़ी कमाई,*
*भूखे-नंगे खड़े शरमाए, न आए वीर जवाहरलाल।"*

मैंने उन्हें याद दिलाया : "आरोप यह है कि रघुवीर सहाय विचलित तो करते हैं, पर मानव-समाज के लिए स्वप्न नहीं है उनके पास?"

आलोक जी कहते हैं : "स्वप्न क्यों नहीं है? स्वप्न है उनके पास : एक ऐसे मानव-समाज का स्वप्न है, जहाँ शासक वर्ग जनता को कुचलने में सक्षम नहीं होगा। वह तानाशाही से लड़ते हैं। अल्बेयर कामू का असर है उन पर। बन्दूक़ से सत्ता हासिल करने के समर्थक नहीं हैं। इसलिए हिन्दी का व्यापक पाठक वर्ग उनको पसन्द करता है। वह सोशलिस्ट थे, मगर उन पर दोनों तरह के प्रभाव थे। नेहरू के हिमायती नहीं थे, लेकिन गांधी को बहुत मानते थे और जयप्रकाश नारायण, आचार्य नरेन्द्रदेव, डॉ. राममनोहर लोहिया, दिनकर, रेणु, रामवृक्ष बेनीपुरी और हरिवंशराय बच्चन को भी। क्या हरज है इसमें?

देखिए, तानाशाही और संसदीय लोकतंत्र की जब बात होगी, तो हम संसदीय लोकतंत्र के साथ हैं। पर संसद और समाजवाद में जब लड़ाई होगी, तो हम समाजवाद के साथ जाएँगे, और कहाँ जाएँगे?

आज़ादी के साथ भारत का जो विभाजन हुआ, उससे हमारे देश के लगभग

सारे अच्छे नेताओं और नई पीढ़ियों के प्रबुद्ध लोगों के मन में एक बहुत बड़ी तकलीफ़ पैदा हुई। इस विभाजन से सहमत कोई लेखक नहीं था। रघुवीर सहाय भी इस सवाल को उठाते हैं। श्याम बेनेगल जैसे बड़े फ़िल्म-निर्देशक बार-बार यह सवाल उठाते हैं : 'द मेकिंग ऑफ़ द महात्मा' और 'मम्मो' में।

विभाजन ने बुद्धिजीवियों के सामने एक चुनौती पैदा की, जिसमें हम निरन्तर, आज भी एक यातना से गुज़र रहे हैं। जब मेरी कविता 'सफ़ेद रात' प्रकाशित हुई, तो नामवर जी ने एक भाषण में कहा था : 'कुछ लोगों को लगता है कि आलोकधन्वा कला में जा रहे हैं, लेकिन ऐसा नहीं है। वह पहले जहाँ थे, वहीं से बात आगे बढ़ाते हैं। उनमें वेदना है, 'सफ़रर' हैं वह।' विभाजन को मैं आज भी क़ुबूल नहीं करता। नेहरू भी यह मानते थे कि हिन्दुस्तानी क़ौम को हमने एक शरणार्थी शिविर में बदल दिया।"

## 88

आलोकधन्वा से मैंने सवाल किया : "निर्मल वर्मा के बारे में आप क्या सोचते हैं?"

बोले : "निर्मल वर्मा से हमारी दुर्लभ मुलाक़ातें हैं। 1980 के आसपास एक बार राधाकृष्ण प्रकाशन के निदेशक अरविन्द कुमार के साथ मैं नई दिल्ली में उनसे मिलने करोलबाग़ गया था। दरवाज़े पर दस्तक दी गई, तो अन्दर से उनकी आवाज़ आई : 'कौन?' अरविन्द जी ने जवाब दिया : 'काफ़्का।' निर्मल जी ने दरवाज़ा खोला। मैंने देखा : वह उस समय मुक्तिबोध पर कोई लेख लिख रहे थे। वह अक्सर गम्भीर रहते थे। कभी ठहाके लगाते उन्हें किसी ने नहीं सुना होगा। वह सामान्य नहीं थे, बल्कि किसी संकट में लगते थे, चाहे वैचारिक संकट हो या कोई और।"

मैंने जानना चाहा : "अरविन्द कुमार ने अपने को 'काफ़्का' क्यों कहा?"

आलोक जी का जवाब है : "क्यों कहा, यह तो मैं नहीं जानता, लेकिन जो कहा, वह बताया है आपको। अरविन्द जी उनके घनिष्ठ मित्र थे, क्योंकि

उन्होंने एक चेक लड़की से शादी की और चेकोस्लोवाकिया आते-जाते थे, जहाँ निर्मल जी रह चुके थे।

निर्मल वर्मा जब पटना आते, तो वैसी ही भीड़ होती, जैसी अज्ञेय और रघुवीर सहाय के आने पर होती थी। एक बार वह यहाँ आए, तो मगध महिला कॉलेज में तोल्स्तोय के उपन्यास 'आन्ना केरेनिना' पर उनका व्याख्यान रखा गया। इतने लोग उमड़े कि तिल रखने की भी जगह नहीं थी। वह बहुत ज़्यादा सम्मोहित करते। 'रेशनल' थे। दुनिया के 'क्लासिक्स' से परिचित थे। उनके पास चिन्तन की एक भाषा थी। मैं उन्हें सुनने गया, क्योंकि तोल्स्तोय का मुरीद हूँ, शागिर्द हूँ। कुछ करूँ या न करूँ, उन्हें मैं समझता हूँ। उनके बिना नहीं रह सकता।

निर्मल वर्मा बहुत अच्छे और प्रतिभाशाली कहानीकार थे। जिन लेखकों का एक बड़ा पाठक-वर्ग है, उनमें वह भी हैं। सबसे पहले नामवर सिंह ने उनकी कहानी 'परिन्दे' की चर्चा की। इससे वह मशहूर हुए, क्योंकि इस कहानी ने एक नई बेचैनी पैदा की।

बाद में मैंने अपने एक दोस्त और मार्क्सवादी कम्युनिस्ट पार्टी की राज्य समिति के सदस्य इसराइल के कहने पर उनकी कहानी 'लन्दन की एक रात' पढ़ी। यह ऐसी ज़बरदस्त कहानी है कि आपको दिखाई देगी। कई देशों के बेरोज़गारों की एक लम्बी क़तार है, जिसमें से काम के लिए बहुत थोड़े लोग चुने जाते और वे भी सबसे कम पैसों में खटाए जाते हैं। यह आज भी चल ही रहा है। निर्मल जी दिखा देते हैं कि दुनिया में आप आए हैं, तो आपको राहत नहीं है कहीं। यह दुनिया ऐसी नहीं है, जिसे एक 'रेशनल' आदमी 'सेलेब्रेट' कर सके : वह एक आत्मघाती 'लग्ज़री' होगी।

निर्मल जी ने अपने कथा-साहित्य में ऐसे लोगों पर ध्यान दिया, जो छूट जाते हैं, जिनके जीवन में अधूरापन है, लेकिन अधूरा किसका जीवन नहीं है? क्या मुक्तिबोध का जीवन अधूरा नहीं था? निर्मल बड़े सवाल उठाते हैं, उस बर्ताव को सामने लाते हैं, जो इनसान को 'सब-ह्यूमन' मानकर किया जाता है; लेकिन जिस ज़मीन पर वह काम कर रहे थे, उसे धीरे-धीरे उन्होंने छोड़ा भी। हम लोगों के अड्डों में रघुवीर सहाय आते थे, राजेन्द्र यादव और नामवर सिंह भी कभी-कभी आ जाते थे, लेकिन निर्मल बहसों में कभी नहीं आते थे।

सार्त्र और अल्बेयर कामू जिस तरह पूँजीवाद से बहस करते और टकराते हैं,

निर्मल नहीं टकराते। वे नरक की बात करते हैं, लेकिन निर्मल नरक तक जाना नहीं चाहते थे। इससे याद आता है कि हमारे पहले गुरु राजकमल चौधरी ने अपनी लम्बी कविता 'मुक्तिप्रसंग' में एक पंक्ति लिखी है : *'जटिल तो हुए, किन्तु किसी प्रतिमा बनाने योग्य नहीं हुए मेरे अनुभव।'*

शुरू में तो निर्मल वर्मा कम्युनिस्ट ही थे और चेकोस्लोवाकिया में सोवियत टैंक न घुसते, तो उनका दिमाग़ ख़राब नहीं हुआ होता। उन्हें लगा कि टैंक 'पावर' है, जो एक देश की सम्प्रभुता पर हमला कर रहा है और समाजवाद से उन्हें निराशा हुई। वह यह नहीं देख पाए कि स्टालिन दिन-रात नहीं खटते, तो हिटलर की सेना एक शिशु समाजवादी देश को कुचल देती। फ़ासीवाद से उस तरह कोई लड़ा नहीं, जिस तरह लाल सेना लड़ी। ज़ारशाही जिस मुल्क में लम्बे समय तक रही हो, उसमें पहली बार जो समाजवाद लाए हों, उन्हें कितना जूझना पड़ा होगा; जैसे कि हमारे यहाँ भी गांधी को मारा गया, जबकि वह अहिंसक थे पूरी तरह।...और अभी पता नहीं, कितनी बार और मारेंगे ये गांधी को!"

मैंने पूछा : "अगर हम मान लें कि चेकोस्लोवाकिया में सोवियत हस्तक्षेप अन्यायपूर्ण था, तो भी इसका मतलब यह तो नहीं है कि एक ग़लती का विरोध करते हुए हम स्वयं ग़लती पर ग़लती करते चले जाएँ, जैसा कि निर्मल वर्मा ने भारत में दक्षिणपन्थी ताक़तों का साथ देकर किया?"

आलोक जी कहते हैं : "वह तो ग़लती करते चले गए। दक्षिणपन्थियों ने उसका लाभ उठाया। 2002 के गुजरात दंगों के ख़िलाफ़ सारे लेखक-कवि-कलाकार और बुद्धिजीवी एकजुट थे, लेकिन निर्मल जी हमारे साथ नहीं आए। यह दुर्भाग्यपूर्ण है कि एक इतने प्रतिभाशाली लेखक ने इस तरह का ग़लत स्टैंड लिया। वह बहुत संवेदनशील थे, मगर मैं क्षुब्ध और हैरान हूँ कि एक जगह जाकर उनकी संवेदना किस ओर मुड़ गई थी?

कुम्भ में जाकर वह हिन्दू देखते थे, मगर जो किसान खेतों में हल चलाते हैं, गीले पाँक में खड़े होकर धान रोपते हैं, जो सिपाही बाढ़ में लोगों को इधर से उधर पहुँचाते हैं, जो मज़दूर खदानों से कोयला निकालते हैं, जो ड्राइवर ट्रक और रेलें चलाते हैं, उनसे ज़्यादा हिन्दू या मुसलमान कौन है? 'स्ट्रक्चर' और 'सुपरस्ट्रक्चर' परस्पर विरोधी नहीं होने चाहिए। एक तरफ़ हमारे समाज को आगे बढ़ाने में किसान-मज़दूर सबसे बड़ी ताक़त हैं, दूसरी ओर हमारी

संसद, न्यायपालिका, मीडिया, यहाँ तक कि साहित्य में उनके लिए जगह कम होती जाती है।

मुझे लगता है कि निर्मल वर्मा 'पावर पॉलिटिक्स' को देखने में हारे। 'पावर' को 'डील' नहीं कर सके। यह उनका 'सब्जेक्ट' नहीं था। शासक वर्ग और शासित के समीकरण को नहीं समझ सके। 'लन्दन की एक रात' जैसी कहानी के ज़रिए वह शोषित जनता के जीवन में प्रवेश करते हैं, मगर बड़े पैमाने पर यह काम नहीं कर पाए, जैसा कि रेणु, यशपाल और भीष्म साहनी जैसे लेखकों ने किया। विचारधारा को अमूर्तन में नहीं देखना चाहिए, क्योंकि उसका 'टेस्ट' तो वहाँ होता है, जहाँ लोग उसे 'एडॉप्ट' कर रहे हों। निर्मल वर्मा चेकोस्लोवाकिया देख रहे थे, लेकिन भारत को उन्होंने देखना नहीं चाहा, न शायद गांधी को ही समझने की कोशिश की।"

## 89

आलोकधन्वा से मैंने पूछा : "विनोद कुमार शुक्ल आपकी नज़र में कैसे कवि हैं?"

बोले : " 'डायनेमिक ह्यूमनिस्ट' हैं विनोद कुमार शुक्ल। मनुष्य, मनुष्य के लिए कितना प्रेम उड़ेल सकता है, इसके वह उदाहरण हैं। परम्परा तो अलग थी—उसमें वे चीज़ें नहीं थीं, जो वह लेकर आए। एक नई भाषा लेकर आए।

कवि तो वह अद्‌भुत और असाधारण हैं, गद्यकार भी बड़े हैं। कविता में जो वक्तव्य देते हैं, उसे वह कहानी और सचाई 'सपोर्ट' करती है, जो उनके उपन्यास में चलती है। इस लिहाज़ से उनकी कविता और गद्य में मिलन की बहुत स्थितियाँ हैं। दोनों में कई बार अन्तर करना मुश्किल है।

हमारे यहाँ आधुनिकतावादियों के एक ख़ेमे ने विनोद कुमार शुक्ल को अपना परचम बनाने की कोशिश की, लेकिन वह उनके थे नहीं। विनोद जी जहाँ हैं, बहुत ही अच्छे हैं—सौ फ़ीसदी 'जेनुइन'—'नेचुरल राइटर' हैं।

उनका अपना एक जीवन है, जो दूसरों से कुछ अलग-थलग लगता है। वह

धूनी रमाए हुए हैं—आपकी इच्छा हो, तो जाइए उनके पास। उनकी किसी से ख़तो-किताबत नहीं। वह परम एकान्त में रहते हैं। इस तरह का कोई और लेखक नहीं है हिन्दी में।"

मैंने याद दिलाया : "एक दिन आप कह रहे थे कि विनोद कुमार शुक्ल हिन्दी के एक शिखर हैं?"

आलोक जी कहते हैं : "हाँ, लेकिन किसी को शिखर वग़ैरह कहने का मतलब है कि आप मेहनत करने से भाग रहे हैं। जब तक हम लेखक के सृजनात्मक 'ऑब्जेक्टिव' को सामने नहीं लाते, ऐसे विशेषणों का क्या औचित्य है? हिन्दी में लोग विनोद जी को समझना नहीं, बल्कि पूजना चाहते हैं।

उन्होंने अपना एक 'डिक्शन' तैयार किया, हर 'मेजर राइटर' यह करता है। कई बार यह ज़रूर है कि जिस तरह के वाक्य वह लिखते हैं, वह हिन्दी की स्वाभाविक वाक्य-रचना नहीं है। फिर भी मुझे नहीं लगता कि उन्होंने कोई ऐसा वाक्य लिखा है, जो उन्हें दूसरे ख़ेमे में डाल दे।

साधारण मनुष्य, जो मेहनत की रोटी खाता है—विनोद कुमार शुक्ल उसकी गरिमा के गायक हैं। आधुनिक जीवन की त्रासदी को वह अपने ढंग से 'फ़ॉलो' करते हैं। कोई ज़रूरी नहीं कि आपकी जो पीड़ा है, उसे विनोद जी उसी तरह सामने लाएँ, जैसे आप कल्पना करते हैं।

कहीं उन्होंने लिखा, जो मुझे 'हॉन्ट' करता है कि एक बहुत पुराना, जीर्ण-शीर्ण कुआँ है, जिसकी दीवारें और जगत टूट-फूट गई—इसलिए धीरे-धीरे मिट्टी उसमें भर रही है। जिस मिट्टी को निकालकर उससे पानी हासिल किया गया था, अब वही उस सम्भावना को मिटा देगी। कितना भयावह है यह! बहुत आश्चर्य होता है विनोद जी को पढ़ते हुए कि कितना 'इन्वॉल्व' होकर वह चीज़ों को देखते हैं!

मनुष्य को जो लगातार 'सब-ह्यूमन' बनाए रखने का 'ट्रीटमेंट' है, विनोद कुमार शुक्ल इस विडम्बना का विरोध करते हैं। उन्हें पढ़ते हुए महसूस होता है कि वह सत्ता-विरोधी व्यक्ति हैं। सत्ता को वह 'टॉलरेट' नहीं कर सकते। सत्ता को जो 'टॉलरेट' करेगा, वह 'ह्यूमनिस्ट' नहीं होगा।"

मैंने सवाल किया : "विनोद जी मुक्तिबोध को सबसे बड़ा कवि मानते हैं। वह

उनसे सर्वाधिक प्रभावित हैं—अपने जीवन में और रचनात्मक सफ़र में भी। क्या आप स्वीकार करेंगे?"

आलोक जी जवाब देते हैं : "आपने उनका जो इंटरव्यू लिया है, उसका एक हिस्सा मैंने पढ़ा कि वह हरिशंकर परसाई को बड़ा लेखक मानते हैं। जबलपुर में परसाई जी से मिलने उनके घर पर मैं तीन बार गया और मैंने देखा : उनके सिरहाने एक ही तस्वीर लगी थी—मुक्तिबोध की। इसलिए ऐसा विनोद जी भी कहते हैं—तो यह स्वाभाविक है और ईमानदारी है उनकी और हो सकता है कि थोड़ा-बहुत असर भी उन पर रहा हो, लेकिन दोनों के रचना-संसार अलग हैं। विनोद जी बिलकुल दूसरी तरह के कवि और गद्यकार हैं।

वह एक क़िस्म के 'स्पिरिचुअल हंगर' को जगाते हैं। रवीन्द्रनाथ ठाकुर और विवेकानन्द के यहाँ यह चीज़ मिलती है—नैतिकता, जो ज़्यादा-से-ज़्यादा लोगों की मदद करे—एक ऐसी निष्ठा, जो दूसरों के लिए प्रेम और करुणा से उपजती है। एक 'कंसर्न' है उनका, जिससे रूबरू होकर आप एक निष्ठावान आदमी बनते हैं।

विनोद कुमार शुक्ल बिलकुल साधारण जीवन के बीच अमरत्व को देखते हैं। इस दृष्टि से आदिवासी जीवन पर लिखी उनकी कविताएँ और 'नौकर की कमीज़' और 'दीवार में एक खिड़की रहती थी' उपन्यास मुझे बहुत प्रिय हैं।...लेकिन काफ़्का में जो कायाकल्प था, वह नहीं है उनमें। वह होशोहवास में देखते हैं चीज़ों को।

दूसरी ओर, मुक्तिबोध के यहाँ 'मेटामॉर्फ़ोसिस' की एक पूरी प्रक्रिया है। सादगी से लिखने की कला उनका लक्ष्य नहीं थी, बल्कि वह दर्शन से प्रतिकृत चीज़ें लिखते, इनसान का पूरा एक नया दिमाग़ बनाते थे। एक ऐसा समाज है उनके यहाँ, जो अपने नैतिक दारिद्र्य से, 'मॉरल डिफ़ीट' से जूझ रहा है।

मुक्तिबोध अतियथार्थवादी हैं। पिकासो की 'गुएर्निका' में जो प्रवृत्ति आप देखते हैं, वह मुक्तिबोध में दिखाई देती है। वह उसी स्कूल के कवि हैं।

फिर भी मैं कहूँगा कि हिन्दी का कोई एक 'सेंटर' या 'हेडक्वॉर्टर' नहीं बनना चाहिए। वह एकायामी चिन्तन होगा, जो मुक्तिबोध तक ही रह जाएगा और प्रेमचन्द और हजारी प्रसाद द्विवेदी जैसे हमारे दूसरे बड़े लेखकों तक नहीं जाना चाहेगा।"

## 90

आलोकधन्वा से मैंने गुज़ारिश की : "मशहूर कवि नरेश सक्सेना से जुड़ा कोई जीवन-प्रसंग हो, तो हमें सुनाइए!"

बोले : "नरेश सक्सेना हमारे प्रिय कवि हैं। कोई बेसुरा ही कह सकता है कि वह श्रेष्ठ कवि नहीं हैं : उस आदमी की नज़र भी कमज़ोर होगी और हृदय भी। कई लोगों की नज़र कमज़ोर होती है, लेकिन हृदय संगीतमय होता है, जो उन्हें बेसुरा नहीं होने देता।

नरेश जी हमसे वरिष्ठ हैं, मगर उनकी आवाज़ में एक खनक है, जो सदाबहार है। सुग्गे की आवाज़ में भी खनक होती है, शायद इसलिए कि हरी मिर्च उसे बहुत पसन्द है।"

मैंने सवाल किया : "सुग्गा, यानी तोता?"

आलोक जी कहते हैं : "नहीं, तोता कुछ बड़ा होता है, सुग्गा उससे छोटा पक्षी है। वह पिंजरे में रहे या वन में, अगर उसे हरी मिर्च खाने को न मिले, तो मर जाएगा।

दिलचस्प है कि नरेश जी को खाने में हरी मिर्च न मिले, तो वह खाना छोड़ देंगे। इसके अलावा भी प्रकृति से उनके बेइंतिहा लगाव के मद्देनज़र कई बार मुझे लगता है कि वह पक्षियों की प्रजाति के कोई कवि हैं।

वरिष्ठ कवि आग्नेय जब 'मध्यप्रदेश साहित्य परिषद्' के सचिव और 'साक्षात्कार' पत्रिका के सम्पादक थे, तो उन्होंने भोपाल में 'कवि-कुम्भ' कराया। यह 1998 की बात होगी। वह बड़ा आयोजन था, उसमें हिन्दी के ज़्यादातर महत्त्वपूर्ण कवि शामिल हुए।

मैं आग्नेय जी के घर पर ही ठहरा था और नरेश सक्सेना कहीं और। एक दिन सुबह वह हमसे मिलने आए। मैं रसोई में नाश्ता बना रहा था। मैंने उनसे पूछा : 'आप क्या खाना चाहेंगे?' बोले : 'कुछ भी दो, साथ में हरी मिर्च ज़रूर देना!'

मैंने उनकी पसन्द का ख़याल रखते हुए चार-पाँच लम्बी हरी मिर्चों को दोफाड़

करके जीरा डालकर तला, ब्रेड सेंककर उन्हें पेश कीं। साथ में चाय बनाकर दी।

उन्होंने चाव से नाश्ता किया। फिर मुझसे कहा : 'मैं तुमसे बहुत प्रसन्न हूँ, आलोक! बताओ, क्या माँगते हो?'

मैंने जवाब दिया : 'क्या माँगेंगे, नरेश जी! आप हमारे 'सीनियर' कवि हैं। आशीर्वाद दीजिए कि अच्छी कविता लिख पाऊँ।'"

## 91

एक दिन मंगलेश डबराल और वीरेन डंगवाल से अपनी मैत्री के ज़माने को याद करते हुए आलोकधन्वा ने कहा : "दोस्ती को मैं एक महान कला मानता हूँ। दोस्ती इस मानव शरीर और मानव व्यक्तित्व का सबसे प्रकाशित उत्सव है। हमारे सबसे क़रीबी दोस्त ही सबसे अच्छे शिक्षक होते हैं।

जब काव्य-परिदृश्य में हमारा अभ्युदय हुआ, तो कुछ लोगों की कोशिश रही कि मंगलेश को रोको, वीरेन को रोको और आलोक को तो रोको ही! इससे ज़ाहिर है कि लिखने से आपको रोका जाए, तो यह इसलिए भी हो सकता है कि आप कुछ महत्त्वपूर्ण कर रहे हैं और उससे कुछ लोग ख़तरा महसूस करते हैं।

मौजूदा दौर में हिन्दी एकेडेमिक्स में एक तरह की काहिली नज़र आती है, जबकि हमारे समय में मेरे साथियों में बहुत बेचैनी थी। कोई ऐसा समय नहीं था, जबकि मैंने मंगलेश को कुछ लिखते-पढ़ते न देखा हो। वह रात-रात-भर जगते रहते थे। उनकी बेटी अलमा ने एक बार मुझसे कहा था : 'ये आपके दोस्त हैं। इन्हें समझाइए : ये सोते बहुत कम हैं।'"

## 92

आलोकधन्वा से मैंने पूछा : "दोस्त के तौर पर वीरेन डंगवाल आपको किस तरह याद आते और कैसे कवि हैं?"

बोले : "वीरेन और मंगलेश से अपनी दोस्ती के बारे में सोचता हूँ, तो यह नहीं लगता कि कल-परसों की बात है, लगता है कि एक युग बीत गया। इतने परिवर्तन हुए दुनिया में, भारत में और हम लोगों के जीवन में कि उन्हें सामान्य भाषा में नहीं कहा जा सकता।

हम जब नए-नए साहित्य में आए, तो हमारे बारे में माना जाता था कि ये ऐसे लड़के हैं, जिनमें बहुत तरुणाई है, जिज्ञासा है, कौतूहल है। हम जद्दोजेहद की बहुत इज़्ज़त करते। मन में जो बेचैनी है, उसे भोजन से दूर नहीं किया जा सकता। आप कौन-सा रास्ता चुनेंगे, कौन-सी किताबें पढ़ेंगे और कैसी कविता लिखेंगे, इससे यह तय होता है। एक 'हॉन्टिंग रेस्टलेसनेस' थी हममें और मेहनतकश अवाम के जो दुख हैं चारों ओर—उनमें बहुत कठिन था रास्ता निकालना।

हम 'एलीट क्लास' (अभिजात वर्ग) के साहित्यकारों के प्रति बहुत 'क्रिटिकल' थे। मैं यह मानता आया हूँ कि साधारण लोगों के सौन्दर्य में ही मेरी मुक्ति है और बड़े लोगों में पेच बहुत है। वीरेन डंगवाल बड़े-बड़े ताक़तवर लोगों से मिलने के लिए कभी लालायित नहीं रहते थे। एक बार 'समयांतर' पत्रिका में ज्ञानरंजन का बयान छपा कि 'वीरेन हमारे औलिया हैं।' वह फक्कड़ थे—फक्कड़ जो होता है, दुनियावी चीज़ों से उसका नशा टूटता नहीं है।

हम दोस्तों ने एक अनुशासन पैदा किया था : मिलने-जुलने, एक-दूसरे की कविताएँ सुनने और 'प्रॉब्लम-ओरिएंटेड' पढ़ाई-लिखाई का। हम महसूस करते कि यह ऐसा काम है, जिसे अकेले नहीं किया जाना चाहिए। लिखना तो अकेले ही होगा, लेकिन पढ़िए अपने मित्रों के साथ।

वीरेन को जब कैंसर हुआ, तो उसने कई वर्ष बहुत यातना सही और उसी के कारण उसकी असमय मौत हुई; लेकिन स्वभाव ऐसा कि वह अपनी तकलीफ़ों के बावजूद दूसरों को कभी मायूस नहीं करता था। अगर कोई पूछे कि सबसे बड़ा विस्मय और लालित्य क्या है, तो मैं कहूँगा : यह जानते हुए भी कि जीवन नश्वर और 'हायली ऐंड हॉरिबली इम्प्रेडिक्टेबल' (बहुत भयावह ढंग से अपूर्वानुमेय) है—प्रतिबद्ध और निष्ठावान लोग ज़िन्दगी को कैसे गहरे चाव से जीते हैं!

वीरेन अपने से अलग किसी व्यक्ति में अवगुण बहुत कम देखता। गुण पर

ही उसकी नज़र रहती। यह चीज़ हम लोगों ने भी उससे सीखी। वह बहुत मुश्किल से किसी को नापसन्द कर पाता। कम्युनिस्ट इंटरनेशनल के जो कुछ दुर्लभ उदाहरण मिलते हैं, उससे उसके व्यक्तित्व का मेल था।

एक चीज़—जिसके लिए मुझे आड़े हाथों लिया जाता है कि मैं लिखता बहुत कम हूँ—इसे वीरेन ही हमदर्दी से देख पाता, वह दोस्तों से कहता : 'आलोक बेहद अकेला है—यह भी कारण है कि वह कविता नहीं लिख पाता। खाने-पीने की व्यवस्था में ही उसका काफ़ी समय चला जाता है। दूसरे, जब तक जुलूस, धरना, प्रदर्शन, हड़ताल नहीं होगी, वह नहीं लिख पाएगा। वह आन्दोलन का कवि है—उसकी नई कविता वहीं से आएगी।'"

मैंने कहा : "मैं इस बात का गवाह हूँ कि आपके कम लिखने की जब भी कहीं निन्दा हुई, वीरेन जी ने ऐसी किसी कोशिश का समर्थन नहीं किया। वह हमेशा बहुत 'कंसर्न' और संजीदगी से कहते : 'आलोक का 'लीन पीरियड' चल रहा है।'"

आलोक जी कहते हैं : "वीरेन पूर्णतर मनुष्य था। मेरी अपनी ज़िन्दगी में भी बुरे लोग आए, लेकिन अच्छे लोग इतने ज़्यादा आए कि मुझ पर वे कोई असर नहीं डाल पाते और जानना तो मैं उन्हें बिलकुल ही नहीं चाहता। वीरेन की एक कविता है 'फ़रमाइशें', वही इस प्रसंग में याद आ रही है :

*कुत्ते मुझे थोड़ा-सा स्नेह दे*
*गाय ममता*
*भालू मुझे दे दे यार*
*शहद के लिए थोड़ा*
*अपना मर्दाना प्यार*
*भैंस दे थोड़ा बैरागीपन*
*बन्दर फुर्ती*

*अपनी अक़्ल से मुझे बख़्शे रहना सियार!"*

मैंने याद दिलाया : "इसी कविता की आख़िरी पंक्ति को वीरेन जी ने 'हिन्दुस्तान' अख़बार में प्रकाशित अपने एक इंटरव्यू में उन लोगों के लिए उद्धृत किया था, जो उन्हें साहित्य अकादेमी पुरस्कार दिए जाने की प्रक्रिया पर सवाल उठा

रहे थे। आप क्या मानते हैं कि वह विरोध किन लोगों ने किया और क्यों?"

आलोक जी जवाब देते हैं : "वीरेन जनता के कवि थे और यह अप्रत्याशित ही था कि वर्ष 2004 के अन्त में साहित्य अकादेमी ने नक्सलबाड़ी की 'वसन्त गर्जना' से प्रेरित और प्रभावित उन जैसे किसी कवि को पुरस्कार दिए जाने की घोषणा की। हिन्दी में ऐसी तो कोई और नज़ीर थी नहीं।

उसका विरोध घरघुसने एकेडेमिक लोग कर रहे थे। वे इस चीज़ को बर्दाश्त नहीं कर पा रहे थे कि जो कवि इतना लोकप्रिय है—जिसकी कविताओं में फ़ुटपाथों का जन-संगीत सुनाई देता है—उसे यह पुरस्कार मिल रहा है।

इसलिए उन्होंने एक तकनीकी ख़ामी निकालकर हल्ला मचाया कि निर्णायक-समिति की बैठक नहीं हुई, जबकि हुई थी। उसमें संयोजक गिरिराज किशोर और एक निर्णायक से.रा. यात्री शामिल हुए। दूसरे निर्णायक कमलेश्वर अस्पताल में भर्ती थे और तीसरे निर्णायक श्रीलाल शुक्ल की—दिसम्बर के महीने में सघन कुहरे के चलते—लखनऊ से दिल्ली की 'फ़्लाइट' रद्द हुई थी, इसलिए वह नहीं आ पाए; लेकिन इन दोनों निर्णायकों का लिखित अभिमत मीटिंग में प्रस्तुत किया गया और वीरेन को सर्वसम्मति से यह पुरस्कार दिए जाने का फ़ैसला हुआ।

हिन्दी के सत्ताशाली लोग वीरेन डंगवाल के ख़िलाफ़ एक अख़बार 'जनसत्ता' और एकाधिक पत्रिकाओं में अभियान चला रहे थे कि वह पुरस्कार को वापस कर दें। मंगलेश डबराल ने मुझे फ़ोन किया : 'तुम मत बोलो और मैं भी नहीं बोलूँगा, क्योंकि हम उसके मित्रों के रूप में बहुत विख्यात हैं।'

अशोक पांडे विदेश से लौटकर नई दिल्ली के 'गोल्डेन ट्यूलिप' होटेल में ठहरे थे। उस दौरान वहीं हम लोग मिले : वीरेन, मंगलेश, योगेन्द्र आहूजा, सुन्दरचन्द ठाकुर, अशोक पांडे और मैं।

विरोध के कारण वीरेन आहत थे और दबाव महसूस कर रहे थे। उन्होंने कहा : 'अगर आलोकधन्वा कह दें, तो मैं यह पुरस्कार लौटा दूँगा।'

मेरे यह पूछने पर कि 'तुम पुरस्कार माँगने गए थे क्या?', उन्होंने जब 'नहीं' कहा, तो मैंने समझाया : 'जब तुम माँगने नहीं गए, तो क्यों तुम्हें चोट पहुँच रही है!' तभी अशोक पांडे ने अकबर इलाहाबादी का यह शे'र सुनाया :

*दुनिया में हूँ दुनिया का तलबगार नहीं हूँ*
*बाज़ार से गुज़रा हूँ ख़रीदार नहीं हूँ*

इसी शे'र में गोया वीरेन को अपनी दुविधा का समाधान मिल गया। उसकी ख़ुद्दारी रह गई और उसे यह भी समझ में आया कि पुरस्कार लौटाने का कोई औचित्य नहीं है।"

मैंने कहा : "वैसे भी वीरेन जी इन चीज़ों से मतलब नहीं रखते थे। केदारनाथ सिंह बहुत ख़ुश होकर मुझसे कहते : 'वीरेन ऐसा कवि है, जो साहित्य की दुनिया से हमेशा बाहर की ओर जाता रहता है।'"

आलोक जी ने एक दिलचस्प वाक़या सुनाया : "जब मुझे पहले-पहल पता चला कि वीरेन डंगवाल को साहित्य अकादेमी पुरस्कार दिए जाने का एलान हुआ है, तो मैंने सचाई जानने के लिए फ़ोन किया, जो उनकी बहन बीना ने उठाया। उसने बताया : 'सुना तो मैंने भी है कि भैया को यह पुरस्कार मिलेगा।' मैंने पूछा : 'वीरेन है कहाँ? मेरी उससे बात कराओ!'

बीना ने बताया : 'भैया घर पर नहीं हैं। किसी अभयारण्य से भटककर एक गैंडे का बच्चा किसी गन्ने के खेत में चला आया है। लोगों ने उसे घेर लिया है और शायद मार ही डालें। भैया वन विभाग के अफ़सर अपने एक दोस्त के साथ उसे बचाने गए हैं।' "

## 93

वीरेन डंगवाल की कविता के बारे में आलोकधन्वा कहते हैं : "वीरेन की एक मशहूर कविता 'रात-गाड़ी' की शुरुआत इन पंक्तियों से होती है :

*रात चूँ-चर्र-मर्र जाती है*
*ऐसी गाड़ी में भला नींद कहीं आती है?*

वह कहना चाहते हैं कि ज़िन्दगी ऐसी गाड़ी है, जिसमें नींद तो पूरी या ठीक से आती नहीं है। उनकी कविताएँ आधी नींद में लिखी गई वेदनाएँ हैं।

वीरेन बहुत कम या मामूली 'प्रॉपर्टी' से बहुत ज़्यादा काम लेते हैं—क्योंकि वही शब्द चुनते हैं, जो उनकी अनुभूति और आशय के लिए सबसे उपयुक्त हों—इसलिए वे सबसे अधिक सुनाई देते हैं। यह ब्रेष्टियतन विशेषता उनकी कविता में है।

एक कविता 'पेप्पोर, रद्दी पेप्पोर!' में गर्मियाँ अपने चरम पर हैं और तीखी धूप में अशोक के पेड़ कुम्हला रहे, ऐसे में एक बच्चा 'सर्वाइवल' के लिए भटक रहा है। कितनी पीड़ा है इसमें :

*सुन पड़ती है सड़क से*
*किसी बच्चा कबाड़ी की संगीतमय पुकार*
*गोया एक फ़रियाद है अज़ान-सी*
*एक फ़रियाद है फ़रियाद*
*कुछ थोड़ा और भरती मुझे*
*अवसाद और अकेलेपन से।*

वीरेन की कविताएँ पढ़ते हुए बार-बार महसूस होता है कि वह हमारे बीच समाज के अलग-अलग किरदारों के जीवन-संघर्ष को बहुत जीवन्त तरीक़े से दिखाते हैं। समय के होने के जो 'डायरेक्ट', यानी सीधे स्रोत और उदाहरण हैं, उन्हें वह कविता में लाते और एकदम मूर्त और सजीव कर देते हैं।

वीरेन ताज़ादम कवि हैं। प्रगतिशील हिन्दी कविता के जितने गुण और मुहावरे हैं, उनकी सम्प्रेषणीयता की ताक़त को वह समझते थे। जैसे उन्होंने लिखा :

*इतने भले नहीं बन जाना साथी*
*जितने भले हुआ करते हैं सरकस के हाथी*

तो उनको मालूम था कि हम बहुत सरल भाषा में लिख रहे हैं। ख़ास बात यह है कि जितना सरल वह लिखते थे, उतना ही उनकी कविता चोट करती थी। छन्द पर उनका अधिकार था—उसके मद्देनज़र एक कविता 'मल्लाह' देखने लायक़ है—बहुत ही अच्छी—जिसमें निराला और त्रिलोचन, दोनों को मल्लाहों के सन्दर्भ में याद किया गया है। प्रकृति से उनके लगाव, तलस्पर्शी दृष्टि और अचूक अनुभव-सम्पदा के साक्ष्य से वह कहना चाहते हैं कि हिन्दी की नाव के ये ही अग्रणी नाविक हैं :

*और अक़्ल भी बड़ी तेज़ है सूँघ हवा को*
*बतला सकते हैं बरसेगा कब पानी*
*पैनी दृष्टि थाह लेती है पलक झपकते*
*डगमग लहरों के नीचे सारी गहराई*

हमारी पीढ़ी में निराला के सबसे क़रीब अगर कोई कवि गया और रहा, तो वह वीरेन डंगवाल हैं। इसमें 'एकेडेमिक्स' भी उनकी मदद करता था। शमशेर का भी उन पर बहुत असर रहा। उनके यहाँ 'साल का एक दरख़्त' कहता है :

*रंग बहुत से हैं मेरे पास...*
*मगर कूचियाँ तमाम ले गए*
*शमशेर बहादुर सिंह कत्थई गुलाब वाले*

सौन्दर्य के एक बड़े कवि को इससे ख़ूबसूरत और बेहतर 'ट्रिब्यूट' क्या लिखा जा सकता है, हालाँकि उन्होंने 'शमशेर' शीर्षक एक और अद्‌भुत कविता लिखी। इसी तरह केदारनाथ अग्रवाल पर उनकी कविता अद्‌भुत है—अद्‌भुत क्या, वही लिख सकते थे।

वीरेन की कविता के स्रोत अपरम्पार थे—कौन-सी चीज़ उन्हें तड़पा देगी, किससे वह अभिभूत होंगे, इसका कोई हिसाब नहीं था। अच्छी कविता की एक अहम ज़िम्मेदारी जीवन के प्रति आसक्ति जगाना भी है। इस लिहाज़ से वीरेन असाधारण थे और कविता में इतनी वस्तुएँ ले आए—समोसे तो समोसे, जलेबी तो जलेबी—ऐसी कि आप पढ़ लें, तो तुरत जाकर खाने की इच्छा हो :

*बड़े झन्ने से लचक के साथ*
*समोसे समेटता कारीगर था*
*दो बार निथारे उसने झन्न-फन्न!*
*यह दरअसल उसकी कलाकार इतराहट थी*
*तमतमाये समोसों के सौन्दर्य पर*
*दाद पाने की इच्छा से पैदा*

*मूर्खता से फैलाये मैंने तारीफ़ में होंठ*

*कानों तलक*
*कौन अभागा होगा इस क्षण*
*जिसके मन में नहीं आएगी एक बार भी*
*समोसा खाने की इच्छा"*

## 94

कवि-मित्र वीरेन के बारे में आलोकधन्वा का बयान है : "एक बार नामवर सिंह पटना आए, तो मुझसे बोले : 'आपके जो मित्र हैं वीरेन डंगवाल—पहाड़ से आए हुए कवियों में सबसे सशक्त हैं। इसीलिए 'श्रीकान्त वर्मा पुरस्कार' के लिए हमने उनका चयन किया।'

उन्होंने स्त्रियों को लेकर जो कविता लिखी : 'हम औरतें'—जब भी पढ़ते हैं उसको, स्त्री के लिए हमारे भीतर एक मर्म जग जाता है—इतना वह समझते थे उसके दर्द को :

*(हम औरतें)*
*रक्त से भरा तसला हैं*
*रिसता हुआ घर के कोने-अँतरों में*

अब इस तरह की चीज़ कौन लिखेगा? लोर्का लिखते थे : उन्होंने रक्तपात को देखा, इसलिए उनका 'ऑब्सेशन' था उससे।

कभी-कभी मुझे लगता है कि वीरेन पर तोल्स्तोय का प्रभाव था और ज्ञानरंजन का भी। ज्ञानरंजन जिस गहराई तक जाकर अपनी कथा-भूमि को 'एचीव' करते हैं, वह कथा-भूमि से अधिक मनोभूमि है।"

मैंने पूछा : "...और उन पर तोल्स्तोय का प्रभाव आपको क्यों लगता है?"

आलोक जी जवाब देते हैं : "इसलिए कि वस्तु-सत्ता को जितने ध्यान से आप देखेंगे, उसे उतने ही कलात्मक और प्रभावशाली ढंग से सामने ला पाएँगे। चारों ओर जो कुछ घटता, वीरेन उसको बहुत गहरे लगाव से देखते। उनकी कविता में जिजीविषा की दुर्द्धर्षता नज़र आती है। वह जानते थे कि पेड़ ही

पहाड़ों को बचाते हैं। भीषण गर्मियों में जब दूर-दूर तक देखने के लिए भी पानी नहीं, चारों तरफ़ गर्म हवाएँ चल रहीं, एक पेड़ कहाँ से पानी लाता है, उसकी जड़ें कितनी गहरी जाती होंगी, यह बताते हैं वीरेन और यादगार पंक्ति लिखते हैं कि पृथ्वी के अतल में *'समुद्रों की खोयी हुई याद'* है :

*हाँ जी, बहुत पानी है वहाँ अब भी*
*समुद्रों की खोयी हुई याद*
*खींच लाना होगा वहीं से सत्त जीवन का*
*तभी होगा खड़ा रहना*

वीरेन में एक अनियंत्रित 'इम्पल्स', यानी आवेग था, जिसे वह भाषा में न लाकर उसी तरह व्यक्त कर देता। कभी-कभी अच्छी चलती हुई गम्भीर कविता में—जहाँ कविता की पृष्ठभूमि या विषय से उसके मन में बिगाड़ पैदा होता—उसके अन्त या बीच ही में वह खिलंदड़पन करता, हुर्र-हुर्र हुरे-हुरे जैसा कुछ लिख देता। मैं और मंगलेश कहते : 'तुम ऐसा मत किया करो!' "

मैंने हस्तक्षेप किया : "मेरी अपनी समझ में—जिसे आप दोनों उनकी कमी समझते थे—यही शरारत उनकी कविता की अद्वितीयता और सौन्दर्य है, उसकी ऊर्जा और विद्रोह। आधुनिक हिन्दी कविता में ध्वनियों के ऐसे सर्वथा अभिनव और विलक्षण प्रयोग निराला और सुमित्रानन्दन पन्त के बाद शायद वीरेन ने ही किए और ये बहुत कामयाब और मशहूर हुए, जैसे 'कुछ नयी क़समें' शीर्षक कविता में उन्होंने लिखा :

*म.गां.अं.हिं.वि.वि., वर्धा की क़सम*
*ग्रुप 'अ' राजपत्रित अधिकारियों की क़सम...*
*जो चीज़ तू है, कोई और नहीं!*

या 'दुश्चक्र में स्रष्टा' कविता में वह ईश्वर के वजूद पर व्यंग्य करते हैं :

*अपना कारख़ाना बन्द करके*
*किस घोंसले में जा छिपे हो भगवान?*
*कौन-सा है वह सातवाँ आसमान?*
*हे, अरे, अबे, ओ करुणानिधान!!!"*

आलोक जी कहते हैं : "जहाँ कहीं उन्होंने विषय से बिगाड़ नहीं किया, बल्कि

अपनी कल्पनाशीलता से कोई नई चीज़ सम्भव की—'आयरनी' उनके यहाँ बहुत ज़्यादा और सशक्त है। वीरेन सामाजिक प्रवक्ता के रूप में—वर्ग-संघर्ष के बेहतर ताक़तवर कवि हैं। छन्द पर उनकी बहुत पकड़ थी। उसे लेकर बहुत दूर तक जाते—इसलिए वह लोकप्रिय कवि हुए। उनकी कई कविताएँ जब संगीतमय अन्दाज़ में, वाद्ययंत्रों के साथ गाई जाती हैं, तो और गहन और प्रभावशाली हो जाती हैं।

विष्णु खरे ने कहीं लिखा है कि 'वीरेन डंगवाल हम लोगों के बीच सबसे ताक़तवर कवि हैं।' हिन्दी की जातीय कविता का सामूहिक स्वर, उसका समूह-गान या 'कोरस' उनमें सुनाई देता है। यह कुछ वैसी ही बात है, जैसा कि मंगलेश डबराल ने कुमार गन्धर्व के सन्दर्भ में लिखा है कि 'कबीर को जो भी गाएगा, वह 'इंडीविजुअल' हो ही नहीं सकता।' कबीर की वाणी उनकी ख़ुद्दारी और उनके समय को समाज के बिलकुल आमने-सामने रख देती है।

वीरेन जब कोई कविता लिखते हैं, तो कवि और कविता में ऐसी अन्तरंगता होती है, जो जल्दी दिखाई नहीं देती। जैसे उन्होंने अपने दोस्तों की बच्चियों—भाषा और समता—पर कविताएँ लिखीं, कौन लिखता है अब इस तरह? 'समता के लिए' कविता की शुरुआत में कैसा प्यारा 'ऑब्ज़र्वेशन' है कि बच्ची ऊँट को देखकर चकित है और रोती भी जाती है, जैसे वह उसके साथ बहुत आत्मीय संवाद करके उसे आँसुओं से बाहर ले आना चाहते हैं :

*बिटिया कैसे साध लेती है इन आँसुओं को तू*
*कि वे ठीक तेरे खुले हुए मुँह के भीतर लुढ़क जाते हैं*
*सड़क पर जाते ऊँट को देखते-देखते भी*
*टप-टप जारी रहता है जो*
*अरे वाह, ये तेरा रोना*

...और अन्त में यह कविता कैसे समय में चली जाती है, जब वह बताते हैं कि ये बच्चे हमारे न होने पर भी—हमारे ही सहारे—पहुँचेंगे भविष्य में :

*हम नहीं होंगे*
*लेकिन ऐसे ही तो*
*अनुपस्थित लोग*
*जा पहुँचते हैं भविष्य तक*

आज हम दोनों आधी रात में वीरेन की कविता पर बात कर रहे हैं, तो उसकी ही बदौलत आने वाले समय में पहुँच रहे हैं—यह उसके लिखने की सार्थकता है।"

मैंने सवाल किया : "आपने वीरेन डंगवाल पर एकाग्र अपने एक वक्तव्य में कहा है : 'हम लोगों के बीच जितनी गहरी दोस्ती थी, वैसी अब दिखाई नहीं पड़ती।' इसकी क्या वजह आपको जान पड़ती है?"

आलोक जी का उत्तर है : "इसका कारण : समय बदल गया, लोग भी बदल गए, प्रेम नहीं होता, प्रेम की ज़रूरत नहीं होती। अपने समय को लेकर हमारा दायित्व-बोध और सरोकार थे। हमारी नज़र दूर तक जाती और चिन्ताएँ विश्वजनीन थीं। सामाजिक प्रतिबद्धता और राजनीति हमारे लिए अनिवार्य थी। दुनिया से हम बहुत जुड़े हुए थे।...अब 'कंसर्न' नहीं हैं उस तरह के। दुनिया से हमारा लगाव टूटा है।"

## 95

आलोकधन्वा ने 1998-99 के वे दिन याद किए, जब वह कानपुर में वीरेन डंगवाल के घर पर ठहरे थे : "वीरेन और आप मुझे विदा करने रेलवे स्टेशन आए थे।"

मैंने कहा : "हाँ, तब आप शायद दिल्ली या पटना जा रहे थे।"

बोले : "नहीं, मैं भारत भवन, भोपाल जा रहा था किसी कवि सम्मेलन में, बहुत-से कवियों के कविता-पाठ की रिकॉर्डिंग होनी थी।"

मैंने पूछा : "तो वीरेन जी आपके साथ क्यों नहीं गए?"

आलोक जी ने जवाब दिया : "नहीं बुलाया होगा वीरेन को, और क्या वजह होगी?"

फिर जैसे ख़ुद ही इस विसंगति को उजागर करते हैं : "कैसे लोग हैं ये?... कोई मतलब नहीं है इन्हें देश से। एक तरफ़ कुछ अच्छे कवि बुलाएँगे, दूसरी ओर उसी आयोजन में ऐसे कवि भी होंगे, जिन्हें वे 'अपना' बताते हैं।

'अपना' क्या होता है? आप जिस सड़क पर चल रहे हैं, वह सड़क आपने बनाई है क्या? अरे...आप जिस हिन्दी के कवि हैं, अमीर ख़ुसरो इसके पहले कवियों में थे।

इतिहास पढ़ना चाहिए। उससे ग़लतफ़हमियाँ दूर होती हैं। आपको पता चलता है कि इतिहास के सामने मैं कितना सामान्य आदमी हूँ।

कवि में जो चीज़ होनी चाहिए, वह है सच को जानने की निष्ठा। 'कंस्यूमर्स' के साथ अमूमन यह घटना घटती है कि वे जानना नहीं चाहते। वे हिसाब-किताब में 'बिज़ी' रहते हैं...कितना फ़ायदा हुआ, कितना घाटा! ज़िन्दगी इतनी असीम और सशक्त परिघटना है कि इसमें 'कंस्यूमर्स' का हिसाब-किताब नहीं चलेगा। उसमें ऐसे ही लोग जाते हैं, जैसे तैराक कूदते हैं नदी में।

ज़िन्दगी के भीतर जितना ज़्यादा कोई मनुष्य जाता है, उसे ही मालूम होगा कि गाड़ी कैसे चलती है। 'कंस्यूमर्स' गाड़ी में घूमना चाहते हैं, लेकिन उसकी 'डायनेमिक्स' को जानना नहीं चाहते। न कविता उनकी समझ में आएगी, न इनसान या बच्चे। एक बात कहने के लिए वे एक लाख वाक्य बोलते हैं, मगर बात नहीं है उनके पास।

मेरी नज़र में कविता एक वाद्ययंत्र भी है और इसीलिए मैं कहता हूँ : कैसा बजा रहे हो कि सुनाई नहीं देता है और सुनाई भी देता है, तो उसमें कर्कशता है। खोलकर देखो, कोई ख़राबी होगी उसमें।"

## 96

आलोकधन्वा से मैंने अनुरोध किया : "आप मंगलेश डबराल के घनिष्ठतम मित्र रहे। हमें उनके बारे में कुछ बताइए!"

बोले : "मंगलेश डबराल घर में अपने 'रीडिंग रूम' में—निजी लायब्रेरी के पास—दीवान पर सोना पसन्द करते थे, लेकिन जब मैं उनके घर पर रहता, तो मुझे उसी दीवान पर सुला देते और ख़ुद ज़मीन पर सो जाते। फ़र्श पर बिछी हुई कालीन जैसी चीज़ पर कोई हलका कम्बल या रजाई ओढ़ लेते।

सोवियत संघ के बिखरने के बाद शायद 1992 में मैं जेएनयू के पास से रादुगा, पीपुल्स पब्लिशिंग हाउस और मीर प्रकाशन से छपी हुई वामपन्थी साहित्य की और तोल्स्तोय, चेखव, गोर्की जैसे लेखकों की कुछ किताबें ख़रीदकर उनके घर ले गया, तो उन्होंने कहा : 'यहाँ तो जगह ही नहीं है, तुम और किताबें लेके चले आए—ये तो तुम्हारी पढ़ी हुई होंगी!'

मैंने जवाब दिया : जो किताबें अच्छी होती हैं, वे कभी पूरी तरह नहीं पढ़ी जा पातीं। उन्हें बार-बार पढ़ना होता है।

मंगलेश मुझे हमेशा लिखने के लिए प्रेरित करते, कहते : 'तुम कितने भाग्यशाली हो कि कोई नौकरी नहीं करते! तुम्हारे पास इतना ज़्यादा समय है—तुम्हें लिखने की इच्छा क्यों नहीं होती? तुम जहाँ जाते हो, देश-दुनिया और कविता से जुड़ी बातचीत बहुत अच्छी करते हो, माहौल बदल देते हो और लोगों के भीतर आशा जगा देते हो। इसलिए लिखोगे, तो अच्छा ही लिखोगे!'

मैं कहता : किशोरावस्था से ही मुझमें 'सेंस ऑफ़ एब्सर्डिटी' आने लगी थी, हालाँकि उससे मुझे स्त्रियाँ और बच्चे बचाते हैं। माँ के दुलारे, स्कूल से इतना ग़ैर-हाज़िर रहने वाले, कॉलेज छोड़ देने वाले मुझ जैसे व्यक्ति ने 'ब्रूनो की बेटियाँ' कविता लिखी, यह सोचकर ही मुझे अचरज लगता है। फिर भी निरर्थकता-बोध होता है। लिखने की मेरी इच्छा नहीं होती। कुछ भी करने की इच्छा नहीं होती। लगता है कि यह क्या काम है!

वह बोले : 'रात तो ऐसे ही बीत जाएगी—तुम्हारी बातें दुर्ग हैं—इस दुर्ग के अन्दर मैं प्रवेश नहीं कर सकता। तुम्हारा न लिखना केवल शारीरिक काहिली है। तुम्हें विद्यार्थी की तरह अपना पाठ और बढ़ई की तरह अपना शिल्प लेकर बैठना चाहिए। कोई ज़रूरी है कि कविता ही आए—गद्य लिखो, डायरी लिखो!'

मैंने कोशिश की, मगर मैं उस तरह नहीं कर पाया, जैसा मंगलेश चाहते थे। इसके बावजूद उसने आधी सदी के हमारे सफ़र में—1970 से लेकर 2020 में अपने न रहने तक—कभी भी कोई ऐसा शब्द नहीं कहा, जिसे सुनकर मैं छोटा महसूस करता।

मंगलेश जन्मजात कवि थे। वह बिना रोटी खाए रह सकते थे, लेकिन कविता या उसके बारे में कुछ लिखे बिना नहीं। उनकी औपचारिक शिक्षा तो मेरी

तरह इंटरमीडिएट ही थी, मगर उन्होंने स्वाध्याय से अपने को बहुत क़ाबिल बनाया—हिन्दी और अंग्रेज़ी, दोनों में। विश्व कविता से हिन्दी में उन्होंने व्यापक अनुवाद किए। वह भाषा के साथ क्या कर सकते थे, यह हमारे लिए आशातीत और कल्पना के परे होता था।

पहाड़ों से दिल्ली आकर उन्हें जूझना बहुत पड़ा। एक बार मुझसे बोले : 'मैंने यहाँ वे दिन देखे हैं कि सोचना पड़ता था : पत्नी और बच्चों को क्या खिलाऊँगा?' बहुत कम लोगों से उन्होंने कहा होगा कि मुझे यह कष्ट है। मैं नहीं जानता कि आज लोग उनके बारे में क्या लिख और बोल रहे हैं, लेकिन एक बात जानता हूँ कि छोटे-छोटे क़स्बों-शहरों से आने वाले रचनाकारों के लिए मंगलेश का फ़्लैट धर्मशाला की तरह था।

गद्य की उनकी एक किताब का नाम ही है 'लेखक की रोटी'। रोटी जिस कवि की सबसे बड़ी चिन्ता थी, वह इतना उदार था कि सबसे ज़्यादा रोटियाँ लेखकों ने उसके यहाँ ही खाई होंगी। मंगलेश अनवरत संघर्ष के बीच रहते थे—उनकी कविता उसी जीवन-संघर्ष की उपज थी।

मेरे बारे में उनको हमेशा लगता था कि यह आदमी हमारे बीच का नहीं है, अलग है और यह कहीं चला जाएगा—जंगल में छिपकर बैठेगा या समुद्र के किनारे। मुझे हिन्दी प्रदेश बहुत नीरस इलाक़ा लगता है—किसी बड़े साहित्यकार की इज़्ज़त नहीं की गई यहाँ—न प्रेमचन्द, न निराला, न हजारी प्रसाद द्विवेदी। बहुत 'रिएक्शनरी' है समाज। इज़्ज़त तो की गई, लेकिन 'एलीट' की की गई।

मेरा एकमात्र कविता-संग्रह 'दुनिया रोज़ बनती है' मंगलेश डबराल ने ही मेरी कविताएँ कई-कई बार सुनकर तैयार करवाया। इसमें केवल एक कविता है 'क़ीमत', जिसे मैं पूरा नहीं कर पा रहा था। मैंने उन्हें बताया : जो मैं कहना चाहता हूँ, नहीं कह पा रहा हूँ। मेरा भाव समझकर उन्होंने एक शब्द जोड़ दिया : 'ज़लील' और एक सशक्त कविता बन सकी :

*अब तो भूलने की भी बड़ी क़ीमत मिलती है*

*अब तो यही करते हैं*
*लालची ज़लील लोग।*

इसलिए यह समझना बेकार है कि मंगलेश कोमल थे और उनमें सख़्ती नहीं थी। एक और कविता 'पतंग' में वह चाहते थे कि 'भादो' में अनुस्वार लगाऊँ, लेकिन मैंने कहा : जिन्होंने भाषा बनाई है, उन्हें इसको बदल देना चाहिए। अनुस्वार लगा देने से तो मेरा अपना संगीत चला जाएगा :

*सबसे तेज़ बौछारें गईं भादो गया*
*सवेरा हुआ*
*ख़रगोश की आँखों जैसा लाल सवेरा*

मैंने उनसे पूछा : तुम इन कविताओं पर कितने 'मार्क्स' देते हो?

वह बोले : 'तुम्हारी कुछ कविताएँ ऐसी हैं कि उन पर सौ में सौ 'मार्क्स' दिए जा सकते हैं—मेरे वश में होता, तो मैं इससे ज़्यादा भी तुम्हें दे देता।' मुझको और वीरेन डंगवाल को बहुत प्यार किया उसने। असद ज़ैदी की कविता को सबसे ज़्यादा प्यार मंगलेश ने ही किया और सबसे ज़्यादा उसे समझा।

उसने बहुत प्रेम किया मुझसे और उसके जाने के बाद मैं बहुत रोया—इतना रोया, जितना किसी के जाने पर नहीं रोया—अपनी माँ, पिता और बड़ी बहन के जाने पर भी नहीं।"

मैंने 'कनफ़र्म' करना चाहा : "लिख दूँ इसे?"

आलोक जी एक नि:संशय और दृढ़ स्वर में उत्तर देते हैं : "हाँ, लिख दीजिए! कुछ लोग होते ही हैं इतने बड़े कि लिखा जाना चाहिए। भारतेन्दु हरिश्चन्द्र ने लिखा है न :

*कहैंगे सबै ही नैन नीर भरि भरि पाछे*
*प्यारे हरिचन्द की कहानी रहि जायगी।*

मुझे वह इतना प्यार करता कि मेरे ख़िलाफ़ एक भी शब्द नहीं सुन पाता था।"

मैंने अपना अनुभव सुनाया : "ऐसे एकाधिक अवसरों का मैं गवाह रहा हूँ, जब किसी ने आपकी बुराई की और मंगलेश जी ने बहुत ही सहजता से हँसते हुए—जैसे वह प्रतिपक्ष को बहुत हलका और हास्यास्पद मान रहे हों—उससे पूछा : 'अरे, भाई! हिन्दी में आलोक जैसी उत्कृष्ट कविता किसी ने लिखी है क्या?'"

आलोक जी कहते हैं : "जो लोग मुझे नापसन्द करते, उनकी समझ में नहीं आता था कि मंगलेश आलोक को इतना बड़ा कवि क्यों मानते हैं। दरअसल, जिन्होंने सबसे ज़्यादा लाभ उठाया 'लेफ़्ट' का, उनका कोई ताल्लुक़ नहीं रहा 'लेफ़्ट' से। हिन्दी में एक 'गुडी-गुडी' कविता लिखी जा रही थी और हम लोगों के ख़िलाफ़ तथाकथित वामपन्थियों ने भी अभियान चला रखा था कि ये लोग नष्ट कर रहे हैं हिन्दी कविता को—नक्सल हैं ये।

अभाव और कष्ट मैंने बहुत झेले और मंगलेश ने भी, लेकिन उसका झेलना 'फ्रूटफ़ुल' रहा, उसने लिखा बहुत और हिन्दी समाज को बहुत कुछ देकर गया।"

## 97

मंगलेश डबराल के बारे में आलोकधन्वा आगे कहते हैं : "जिन अख़बारों से मंगलेश जुड़े, वे उनके सम्पादन के कारण मशहूर हो गए—जिस स्तर के वह कवि हैं, उसी स्तर के पत्रकार और सम्पादक थे। उनका एक बहुत बड़ा संसार था, जिसमें कोई भी जाना पसन्द करता। नामवर सिंह, केदारनाथ सिंह, राजेन्द्र यादव, विष्णु खरे, वीरेन डंगवाल या मैं। मंगलेश किसी से शास्त्रीय बहस नहीं करते थे, लेकिन उनका लिखा हुआ ख़ुद एक 'क्लासिक' है। पहाड़ से महानगर आए हुए एक इनसान का संघर्ष उन्होंने दिखाया और वह अनवरत 'ग्रो' करने वाले कवि थे। उनके पास जो 'डायवर्सिटी' थी कविता की, वह बहुत बड़ी बात है।

मंगलेश अपनी रचना से कभी सन्तुष्ट नहीं होते थे। कविता का कोई एक साँचा नहीं था उनके पास। उन पर रघुवीर सहाय का आम तौर पर और ख़ासकर इस बात का प्रभाव था :

*अपनी एक मूर्ति बनाता हूँ और ढहाता हूँ*
*और आप कहते हैं कि कविता की है*

वाक्य-रचना को मंगलेश अपने समय के किसी कवि से ज़्यादा समझते थे। जिस सामाजिक अनुभव या आलोचनात्मक यथार्थ को वह लिखते, उसकी

बहुत समर्थ काव्य-भाषा उनके पास थी। वह दुर्लभ है। बहुत ही दुर्लभ। बेहद जटिल और संश्लिष्ट अनुभवों को उन्होंने सर्वथा नई भाषा दी। उनके यहाँ अन्तर्वस्तु और भाषा, दोनों का बहुत प्रसार और विविधता है। वह कहीं-कहीं स्वतःस्फूर्त कवि हैं, मगर ज़्यादातर कविता को रचते थे।

मंगलेश के यहाँ चिन्तन का गद्य बहुत ज़्यादा है—नई चीज़ों को समझने, उनकी सचाई तक पहुँचने का सौन्दर्य। वह अपनी कविता को लेकर इतने 'कमांडिंग' थे कि जो शब्द इस्तेमाल करते, उन्हें बिलकुल बदला नहीं जा सकता, उनके अलावा किन्हीं और शब्दों से उतनी बात नहीं कही जा सकती।

उनके समय की अच्छी कवयित्रियों-लेखिकाओं ने मिलकर—उनकी विदाई से विचलित होकर—एक पूरी किताब ही लिखी, जिसमें उनका यह मन्तव्य मूल्यवान है कि 'मंगलेश स्त्री-हृदय के कवि हैं।'

विष्णु खरे और वीरेन डंगवाल की कविता को मंगलेश ने एक चुनौती की तरह लिया।"

मैंने पूछा : "कुछ लोग यह मानते हैं कि विष्णु खरे की बनिस्बत मंगलेश जी में कविता ज़्यादा है?"

आलोक जी जवाब देते हैं : "कविता बचे या न बचे, लेकिन जो सामाजिक विडम्बनाएँ और 'क्राइसिस' है, उसे विष्णु खरे बराबर 'कैरी' करते थे। एक 'कैथार्सिस' है, जो उनके यहाँ ही मिलेगी। इसलिए वह चुनौती हैं सब कवियों के लिए।

महत्त्वपूर्ण कवि जो संवेदनाएँ लाते हैं, हम उनसे पहले से परिचित नहीं होते। जैसे :

*तरु गिरा जो*
*झुक गया था*
*गहन छायाएँ लिये*

शमशेर की इन पंक्तियों में जो घनीभूत बोध है, वह कल्पना से तो नहीं आ सकता। वस्तु की सत्ता या उसका जो असर पड़ रहा है कवि पर—उससे यह भाषा तय होती है। 'रामदास' को मार दिए जाने की परिस्थितियों में रघुवीर सहाय ने कितनी सरल भाषा में कविता लिखकर कितनी पीड़ा पैदा की और

एक बहुत बड़े सत्य को सामने रखा—उस भयावह यथार्थ को, जो आज और नृशंसता से घटित हो रहा है।

'संगतकार' और 'गुजरात के मृतक का बयान'—मंगलेश डबराल की दो कविताएँ ऐसी थीं, जिन्होंने पूरे देश को झकझोर दिया। उन्होंने 'पागलों का एक वर्णन' शीर्षक कविता लिखी, जिसमें वह पूछते हैं कि पागल जो दिन-भर भटकते हैं, रात में कहाँ शरण पाते होंगे और उन्हें *'रोज़मर्रा के काम पर निकलने से पहले सिर्फ़ एक कप चाय'* कहाँ नसीब होती होगी? कल्पना यहाँ आती है, मगर बहुत कम आती है। ऐसे अनुभव को व्यक्त करने के लिए उस भयावहता तक आपको जाना होता है, जैसे अमरकान्त की 'डिप्टी-कलक्टरी' और 'ज़िन्दगी और जोंक' कहानियाँ दिखाती हैं कि हम कैसे नरक में जी रहे हैं!"

## 98

आलोकधन्वा से मैंने कहा : "एक बार नई दिल्ली में साहित्य अकादेमी पुरस्कार की निर्णायक समिति की बैठक हुई। हिन्दी समिति के संयोजक थे डॉ. नामवर सिंह। विचारणीय मानी जाने वाली कृतियों के अन्तिम चयन में कविता-संग्रह दो ही थे : विष्णु खरे का 'सब की आवाज़ के पर्दे में' और मंगलेश डबराल का 'हम जो देखते हैं'। पुरस्कार सर्वसम्मति से मंगलेश जी को मिला, मगर उसकी घोषणा के पहले जब बैठक सम्पन्न ही हुई थी और निर्णायकों के साथ नामवर जी बाहर निकले, तो रास्ते में भेंट हो जाने पर एक प्रमुख कवि ने सहज कौतूहलवश उनसे पूछा : 'इस बार किसको मिला पुरस्कार? अगर बताने लायक़ हो, तो बता दीजिए!'

नामवर सिंह ने नाम लिये बग़ैर जवाब दिया : 'कवि को मिला।' इस उत्तर से लगता है कि वह या तो विष्णु खरे से नाराज़ थे या उनकी बनिस्बत मंगलेश जी के कवि को ऊँचा दरजा देते थे?"

बोले : "यह प्रसंग आपको उन्होंने सुनाया, लेकिन मुझसे एक बार दिल्ली में मुलाक़ात होने पर नामवर जी ने स्वयं कहा : 'भाई, देखिए! मंगलेश डबराल आप सबके अच्छे मित्र माने जाते हैं—बर्फ़ पर ख़ून की लकीर देखते हैं।

उनकी कविता में जो बातें हैं, वे कितनी भी अच्छी तरह से कही गई हों, लेकिन उनका मूल स्वर अवसाद है।'

मैंने उन्हें उत्तर दिया : इसके लिए आप 'कंडेम' करेंगे किसी कवि को? आपको क्या लगता है—कोई कवि उठा लाता है अवसाद अपनी कविता में? 'रामदास' कविता जब आप पढ़ते हैं, तो कैसा लगता है आपको?

नामवर जी, आप हमारे गौरव हैं। आप जैसे विद्वान से यह कहते हुए मुझे अच्छा नहीं लग रहा है, पर मेरा आपसे आग्रह है कि ध्यान से पढ़िए मंगलेश को—गहन अर्थों वाली बहुस्तरीय काव्य-भाषा हमारे समकालीन कवियों में उनके अलावा किसी के पास नहीं है। हमारे समय की विषमताओं से जूझती हैं उनकी कविताएँ। वह कोई कलावादी नहीं हैं।

हिन्दी के अकेले विश्व-कवि निराला जब कहते हैं—*'दुख ही जीवन की कथा रही'*—तो मंगलेश कहाँ जाते? दुख तो बहुत गहरा है। दुख ही गहरा है। किसने नहीं झेला दुख?...निराला में जितनी वेदना है, दिखाई नहीं देती कहीं।' "

मैंने सवाल किया : "नामवर जी ने क्या जवाब दिया?"

आलोक जी कहते हैं : "जवाब क्या देते वह, रास्ता चलते बात हो रही थी, लेकिन मंगलेश डबराल को लेकर उनका बयान बहुत 'फ़ॉर्मल' था। किसी कवि के बारे में आलोचक का रुख़ अगर औपचारिक होगा, तो वह उससे न्याय नहीं कर पाएगा। जब तक आप कवि से अन्तरंग नहीं होंगे, तब तक उसका महत्त्व और मूल्यवत्ता समझ में नहीं आएगी। आप देख नहीं पाएँगे कि कैसे वह जूझ रहा है।

अज्ञेय से जो बहस हुई, उसमें नामवर सिंह की भूमिका अप्रतिम रही। वह आलोचना को आगे ले गए। हमेशा सत्ता के विपक्ष में बैठते रहे। वैज्ञानिक चिन्तन प्रक्रिया के प्रवक्ता थे। पढ़ते बहुत थे। भारतीय ही नहीं, विश्व साहित्य को भी। 'क्रिटिकल इन्क्वायरी' जैसी प्रतिष्ठित पत्रिका में मेरी कविता 'भागी हुई लड़कियाँ' का जब अमिताभ कुमार द्वारा किया गया अंग्रेज़ी अनुवाद छपा, तो नामवर जी ने ही सबसे पहले मैनेजर पाण्डेय को यह जानकारी दी।"

मैंने याद दिलाया : "और नामवर जी मुक्तिबोध जैसे कवि को लेकर 'इनफ़ॉर्मल' भी हुए।"

आलोक जी जवाब देते हैं : "मुक्तिबोध नामवर सिंह की ईजाद नहीं थे। उन्हें तो हरिशंकर परसाई, नेमिचन्द्र जैन, अशोक वाजपेयी, श्रीकान्त वर्मा और शमशेर खोजकर लाए। उन पर जो कुछ भी अब तक लिखा गया, उसमें 'चाँद का मुँह टेढ़ा है' की शमशेर की लिखी हुई भूमिका सर्वश्रेष्ठ है। शमशेर ने ही उन्हें सबसे ज़्यादा प्यार किया और समझा। नामवर जी का योगदान यह है कि उन्होंने मुक्तिबोध और रघुवीर सहाय को 'कविता के नये प्रतिमान' के केन्द्र में रखा।

उनकी अपेक्षा रामविलास शर्मा का काम कहीं बड़ा है। वह मुक्तिबोध, शमशेर और रघुवीर सहाय से न्याय नहीं कर पाए, लेकिन प्रगतिशील आन्दोलन के तीनों बड़े कवियों पर उन्होंने अविस्मरणीय आलोचना लिखी। वह जहाँ ग़लत हैं, वहाँ ग़लत हैं, लेकिन जहाँ अच्छे हैं, वहाँ बहुत ही अच्छे हैं। वह गीत-संगीत को भी समझते थे। गिरिजा कुमार माथुर के गीतों पर उन्होंने काम किया—और किसने काम किया है गीतों पर? उन जैसा कोई दूसरा मिलेगा क्या?

रामविलास शर्मा ने अपने जीवन का एक बहुत बड़ा हिस्सा दे दिया निराला को। वह जो गद्य लिखते थे, उसकी तुलना किसी से नहीं की जा सकती। 'निराला की साहित्य साधना' का पहला भाग अनुपम कृति है। इस किताब को अनिवार्य कर देना चाहिए, लेकिन ये लोग तो 'गीता' पढ़ा रहे, निराला और रामविलास शर्मा को नहीं पढ़ा रहे हैं। मनुष्य के 'इवॉल्यूशन' या उद्‌भव को अगर समझना है, तो डार्विन को मानना पड़ेगा न, नहीं तो हम लोग कहाँ जाकर गिरेंगे? हनुमान के पास ही न जाकर गिरेंगे!

आधुनिक हिन्दी की जो नाव है, रामविलास शर्मा उसके मस्तूल हैं—जिस पर पाल बाँधा जाता है और तब नाव चलती है। कवियों के जीवन और कृतित्व पर बड़े और यादगार काम दो ही आलोचकों ने किए। हजारी प्रसाद द्विवेदी ने कालिदास और कबीर पर लिखा और रामविलास शर्मा ने निराला पर।

हिन्दी में ज्ञानरंजन के बाद जिन लोगों को सबसे ज़्यादा प्यार किया गया, उनमें मंगलेश डबराल भी थे। रघुवीर सहाय किसे मानते थे सबसे ज़्यादा—मंगलेश को। कितनी सीढ़ियाँ चढ़कर चौथे तल्ले पर मंगलेश के घर आते थे उनसे मिलने—मैंने देखा है, जब मैं वहाँ रहा था।

समय-समय की बात होती है। आख़िरी वर्षों में जब मंगलेश के पास सम्पादक की नौकरी नहीं रह गई, पेंशन भी नहीं मिलती थी और आर्थिक अभाव था,

तो कुछ लोग उनकी उपेक्षा करने लगे। उन्होंने एक बयान भी दिया कि 'आज हिन्दी का कवि होने पर मुझे अफ़सोस और शर्म है', क्योंकि 'हिन्दी में कविता, कहानी, उपन्यास बहुत लिखे जा रहे हैं, लेकिन सच यह है कि इन सबकी मृत्यु हो चुकी है; हालाँकि ऐसी घोषणा नहीं हुई है और शायद होगी भी नहीं, क्योंकि उन्हें ख़ूब लिखा जा रहा है। लेकिन हिन्दी में अब सिर्फ़ 'जय श्रीराम' और 'वन्दे मातरम्' और 'मुसलमान का एक ही स्थान, पाकिस्तान या क़ब्रिस्तान' जैसी चीज़ें जीवित हैं।"

तो इसमें उन्होंने क्या ग़लत कह दिया? लेकिन इन शब्दों के पीछे छिपे उनके दुख को ताक़तवर लोगों ने नहीं समझा और उन्हें अपमानित किया। बहुत क़रीबी लोग भी दूर हो गए थे। इन्हीं लोगों के चलते गया है मंगलेश, कोरोना के कारण नहीं।"

## 99

आलोकधन्वा ने पूछा : "रात में आपने क्या लिखा है, क्योंकि मेरे सपने में वीरेन (डंगवाल) और मंगलेश (डबराल) आए थे?"

मैंने अचरज ज़ाहिर किया : "मगर इसका मेरे लिखने से क्या रिश्ता है?"

बोले : "रिश्ता यह है कि जिन्हें हम घनीभूत ढंग से याद करते हैं, वे मिलने आते हैं न! सपने में पहले वीरेन आए। मज़ाक़ के बिना उसकी कोई बातचीत शुरू नहीं होती थी, इसलिए उसने हँसकर कहा : 'पैकेट हो, तो एक सिगरेट निकालो!'

मैंने उसे सिगरेट देकर सुलगाई, तो एक-दो कश लेकर उसने कहा : 'बहुत अच्छा है। कहाँ रह रहे हो?'

मैंने जवाब दिया : रहने से तुमको क्या मतलब है? तुम तो हमें छोड़कर चले गए!"

इतना कहकर आलोक जी रो पड़े। मेरी आँखें भी भर आईं। चुप रह गया।

थोड़े-से अन्तराल के बाद मैंने याद दिलाया : 'मंगलेश जी भी आए थे, तो उनसे आपकी क्या बात हुई?'

वह कहते हैं : "मंगलेश भोर के समय आए। वह पूर्णतर मनुष्य थे, 'सुपर ह्यूमन' थे। आए और चले गए। कोई बात नहीं हो पाई।"

फिर जैसे इस अधूरेपन और अस्पष्टता की वजह बता रहे हों : "यादें ही हैं, जो लौटकर आती हैं, इनसान कहाँ लौटकर आता है!"

## 100

कहते हैं कि आलोकधन्वा विषयान्तर करते हैं। बेशक। लेकिन मेरा अनुभव है कि जो विषयान्तर नहीं करेगा, उसका बखान जीवन्त और सुन्दर नहीं होगा, वह एक साथ विविध भाव-संवेदनाओं से रूबरू नहीं हो सकेगा और चीज़ों के अन्तरसम्बन्धों को पहचान नहीं पाएगा। समूचे विश्व की यात्रा पर तो वही ले जा सकता है, जो विषयान्तर करता हो और वही गहन और उदात्त हो सकता है। जैसे कि एक दिन मेरे कुछ पूछने से पहले ही आलोक जी बोले : "ज्ञान को संवेदना में लाने के लिए जो लम्बा रास्ता होता है, उसे मुक्तिबोध जानते थे। यह नहीं कि खड़े-खड़े अमरूद तोड़ लें। वह अमरूद लगाते थे और उसे इस लायक़ बनाते भी थे कि अमरूद तोड़ सकें। जिन देशों में पूँजीवाद विकसित हो गया, वह एक भयावह अकेलापन भी साथ में लाया। मनुष्य की आवश्यकता सिर्फ़ रोटी-दाल और व्यंजन नहीं है, बल्कि उसमें नैतिक भूख है, रोमांटिक भूख है। वह जब ख़ुद से अलग होता है, तो दुनिया के संसर्ग में अपने को लाना चाहता है। वह नदियों, पहाड़ों, झरनों, बड़ी-बड़ी लताओं और फ़सलों के पास जाना चाहता है।

एक बार वीरेन डंगवाल, मंगलेश डबराल और इब्बार रब्बी के साथ मैं लैंसडाउन से लौट रहा था। रास्ते में हमने देखा कि गेहूँ के खेत लगभग पक चुके थे और उनकी सुनहली बालियाँ दिखाई दे रही थीं। हम उनके नज़दीक गए और वीरेन तो एक खेत की चौड़ी मेड़ पर लेट गया। किसी ने कुछ कहा नहीं। गेहूँ की बालियाँ लेकर वीरेन और मंगलेश ने अपनी हथेलियों में रगड़ीं,

भूसी और दाने अलग हो गए। वीरेन खाने लगा दाने। मुझसे कहा : 'तुम भी चखो!' मैंने जवाब दिया : मैं तो गाँव का हूँ। मैं तो चखता ही रहा हूँ बचपन से। हम खेतों में जाते, घंटों वहाँ छिपकर बैठते, कच्चे चने और मटर की छीमियाँ चुराकर खाते। वे दिन तो भुलाए नहीं भूलेंगे कभी।

एक कविता याद आती है बर्टोल्ट ब्रेष्ट की : 'द चेरी थीफ़' : एक चोर अलस्सुबह उनके बाग़ीचे में आता है और बहुत ख़ुश होकर एक गाने की धुन पर सीटी बजाते हुए चेरी के पेड़ से फल चुरा रहा है। सीटी की आवाज़ सुनकर ब्रेष्ट जग जाते हैं और खिड़की से यह दृश्य देखते हैं, लेकिन उसे रोकते नहीं और वह दोनों हाथों से चेरी के फल तोड़कर अपनी जेबें भर लेता है। फल चुराते हुए प्रफुल्लित वह हो रहा है, लेकिन रस तो कवि के भीतर भी फूटता है। ब्रेष्ट प्रसन्न होते हैं उसकी प्रसन्नता से। आस्वाद फैलता है, आप दूसरों को सुख देकर सुखी होते हैं—यही तो दुनिया है, लेकिन लोग समझना नहीं चाहते, नष्ट करना चाहते हैं इसे!

धरती से ज़्यादा सुरम्य और विपुला कुछ नहीं है दुनिया में। हम लैंसडाउन गए, तो मंगलेश ने कहा : 'बोतल-वोतल छोड़ो! ओक लगाकर पियो झरने का पानी : इतना शुद्ध और मीठा है यह कि इससे कोई नुक़सान तुम्हें नहीं होगा, तुम तृप्त हो जाओगे।'...लेकिन हम तो पहाड़ों को भी तोड़ रहे हैं!

जो इलाहाबाद है, मैं पचास साल पहले वहाँ गया था : उस मौसम में, जब पूरे स्टेशन पर बेंत की टोकरियाँ दिखती हैं, जिनमें बड़े-बड़े इलाहाबादी अमरूद भरे रहते हैं। मेरी बहन उनके आकर्षण में प्लेटफ़ॉर्म पर उतर जाती थी। मैं दौड़ता था उसके पीछे कि भटक जाएगी, खो जाएगी कहीं। उन अमरूदों का स्वाद हमारी जीभ पर आजीवन रहेगा। वह कविता है न कॉन्सटैन्टीन पी. कवाफ़ी की :

*तुम कोई नया देश नहीं पाओगे*
*कोई दूसरा समुद्री किनारा नहीं*
*यह शहर हमेशा तुम्हारा पीछा करेगा।...*
*कोई जहाज़, कोई सड़क नहीं है तुम्हारे लिए।"*

यहाँ मैंने याद दिलाया : "लेकिन आपने तो पटना शहर में अपना जीवन बिताया है?"

आलोक जी कहते हैं : "उससे कोई फ़र्क़ नहीं पड़ता। हम तो दिल्ली, बरेली, कानपुर, चंडीगढ़, कोलकाता सब जगह रहे। कोलकाता जो जाएगा—अगर वह संवेदनशील होगा, तो वहीं का होकर रह जाएगा। पटना में रहते थे, मगर इलाहाबाद तो जाते ही थे। अब उन लोगों ने इलाहाबाद का नाम बदल दिया। इससे क्या फ़र्क़ पड़ जाएगा? उत्तर भारत की हमारी ज़बान हिन्दी, उर्दू के बग़ैर कैसे आएगी? हम तो हिन्दी जाति हैं, हिन्दी बोलेंगे, लेकिन वे लोग उर्दू हटाना चाहते हैं। नुक़्ता हटा रहे हैं वे, अख़बार बग़ैर नुक़्ते के छप रहे हैं। ग़ज़ल में नुक़्ता नहीं लगाएँगे, तो आप ग़ज़ल कभी नहीं लिख पाएँगे, न उसे गाया जा सकता है।

जो इतने शहर बनाए हमने, सड़कें और पुल बनाए, लेकिन साथ-ही-साथ उनमें 'एनकाउंटर' किए जाते हैं। गुंडों के गिरोह चलते हैं, वे मारते हैं एक-दूसरे को। कई बार अच्छे लोगों को मार देते हैं बुरे लोग। सफ़दर हाशमी को मार दिया। कानपुर में गणेश शंकर विद्यार्थी को मार दिया लोगों ने, क्योंकि वह दंगा रोकने निकले थे।...लेकिन कोई शहर नष्ट नहीं किया जा सकता। अगर एक बीज भी बच जाएगा, तो फिर अमरूद का पेड़ उग आएगा, पूरा बाग़ीचा हो जाएगा।

दूधिया मालदह आम जो होता है, अलौकिक ख़ुशबू होती है उसकी। आपके कमरे में रख दें, तो वह फूलों की ख़ुशबू को भी पार कर जाएगी। हमारे यहाँ पटना में गंगा-तट पर दीघा के मालदह आम के बाग़ीचे बेचे जा रहे थे। मेरे एक मित्र जनता दल यूनाइटेड के दामोदर रावत बिहार सरकार में मंत्री थे। हमको बहुत मानते हैं। एक दिन मैंने उनसे कहा : आपके पास 'पावर' भी है, पैसा भी है। मुझे पाँच करोड़ रुपए दे दीजिए! वह बोले : 'आज आपने कुछ खा-पी लिया है क्या? नशे में तो नहीं हैं?' मैंने जवाब दिया : नो। आइ एम टॉकिंग सीरियसली। पाँच करोड़ रुपयों से मैं मालदह आम के वे बाग़ीचे ले लूँगा, जिन्हें बिल्डर ख़रीद रहे हैं। वे वहाँ मल्टीस्टोरी अपार्टमेंट्स बनाएँगे। गंगा के किनारे आम के बाग़ीचे नहीं, बल्कि बहुमंज़िला इमारतें होंगी : कितना विद्रूप दृश्य होगा! रावत जी बोले : 'मैं क्या करूँ, जब विधानसभा को ही उन बाग़ीचों की कोई चिन्ता नहीं है!'

मैंने सोचा : आम का आख़िरी कोई बाग़ीचा बचा रहेगा, तो उसके फलों को भी शासक वर्ग के लोग खाएँगे या उनके कारिन्दे खा लेंगे। नहीं बचेगा आम,

तो किसी और चीज़ से दिल लगाएँगे। दिल क्या लगाएँगे, दिल तो होता नहीं है उनके पास, लेकिन खाएँगे।"

## 101

आलोकधन्वा से मैंने पूछा : "आधी सदी से ज़्यादा समय आप जन-आन्दोलनों में और सड़कों पर रहे; तो आपने कभी सक्रिय राजनीति में भाग क्यों नहीं लिया, चुनाव क्यों नहीं लड़ा?"

बोले : "चुनाव इसलिए नहीं लड़ा कि हमें अपने अस्तित्व का कभी अभिमान नहीं रहा। हमने ख़ाक ही छानी जीवन में, और तो कुछ किया नहीं! सुख की अनुभूति हम बहुत कम जानते हैं। कबीर की एक साखी है न :

*हेरत हेरत हे सखी, रहा कबीर हिराइ।*
*बूँद समानी समुंद मैं, सो कत हेरी जाइ॥*

बूँद जब समुद्र में मिल जाती है, तो अलग से उसका वजूद कहाँ रह जाता है! फूल हैं—रात में खिले और दो-तीन दिनों में मुरझा जाएँगे—ऐसा ही हमारा जीवन है। अब आप कहेंगे कि इतने दिन क्यों जिए, तो हम अपनी मैया के लिए जिए। जो करुणा हमारी माँ में है, बहनों में है और स्त्रियों में है, वह हममें नहीं है और अगर है भी, तो उन्हीं की बदौलत है। विचारधारा और कविता के लिए भी हम जीवित रहे, लेकिन उनसे ज़्यादा ऐसी स्त्रियों के लिए इतने दिन जीवित रहे।

अगर मेरी माँ जीवित रहती, तो मैं जिन दुखान्तों से तबाह हुआ, वैसा नहीं हो पाता। वह पढ़ी-लिखी तो नहीं थीं, मगर ऐसी भाषा थी उनके पास और इतना प्रेम करती थीं मुझसे। अगर माँ, पिता और शिक्षक अपने बच्चे से प्रेम करते हैं, तो ज़्यादा-से-ज़्यादा दुखान्तों से बचाएँगे उसे। माँ कहती थी : 'किसी साधारण लड़की से शादी कर लो, लेकिन हम उनकी बात नहीं मान सके। अगर मेरी माँ जैसी मेरी पत्नी होती, तो दुनिया का कोई दुख मुझे तोड़ नहीं पाता।'

जो लोग समझते हैं कि उनसे ग़लती नहीं होगी या उन्होंने बहुत 'एचीवमेंट'

का जीवन जिया है, ऐसा नहीं सोचना चाहिए। ग़लती किसी से भी हो सकती है। हर ग़लती दूसरों के लिए दर्ज नहीं हो जाती। हर ग़लती का पोस्टर नहीं बनता। जो अज्ञात है इतिहास का, वह ज्ञात इतिहास से बहुत बड़ा है। न्याय अगर बहुत कल्पनाशील न हो और उसमें समवेदना न हो, तो उससे भी ग़लतियाँ हो सकती हैं।

हम इतनी उमर के हो गए और जब किसी नौजवान को देखते हैं, तो एक तड़प उठती है कि हम फिर से नौजवान हो जाते, तो अपनी ग़लतियों को जीत लेते—जो ग़लतियाँ हमने कीं जीवन में, फिर नहीं करते।"

मैंने उनसे कहा : "चेखव ने एक पत्र में किसी को लिखा था : *'काश कि हम इसी ज़िन्दगी में अपनी ज़िन्दगी की रफ़ कॉपी फ़ेयर कर सकते!'*"

आलोक जी जवाब देते हैं : "कितनी ख़ूबसूरत और मार्मिक बात है। चेखव एक बड़े कथाकार थे, साथ ही नाटककार बहुत अच्छे। जब उनका एक नाटक मॉस्को आर्ट्स थिएटर में होने वाला था, तो रिहर्सल के दौरान निर्देशक के साथ लेखक भी रहता। इस बीच उसकी प्रसिद्ध अभिनेत्री ओल्गा निपर उनसे बहुत प्रभावित हुईं। एक दिन चेखव जब अपनी बग्घी में बैठकर जा रहे थे, तो कोचवान ने खिड़की से झाँककर बताया : 'एक मादाम इधर दौड़ती हुई आ रही हैं और आपसे कुछ कहना चाहती हैं।'

वह ओल्गा निपर थीं, बग्घी में चली आईं, कहा : 'मुझे छोड़कर मत जाइए, मैं भी चलूँगी आपके साथ।' चेखव हक्का-बक्का रह गए, उन्होंने यह दिलासा देकर मना किया : 'कल फिर भेंट होगी।' लेकिन निपर ने जवाब दिया : 'आपकी किसी बात का मुझ पर असर नहीं होगा, मुझे आपसे प्रेम हो गया है।' चेखव को तब तक टीबी हो चुकी थी और स्वयं डॉक्टर होने के चलते जानते थे कि उनके पास कम समय रह गया है। उन्होंने समझाया : 'मैं तो ज़्यादा दिन नहीं रहूँगा दुनिया में, अगर यह मर्ज़ ठीक न हुआ।' फिर भी निपर ने उनसे शादी की। उसके तीन साल बाद ही चेखव नहीं रहे।"

मैंने सवाल किया : "यह प्रसंग आपने क्यों सुनाया?"

आलोक जी कहते हैं : "इसलिए सुनाया कि आप भी जानते हैं : चेखव कितने महान कथाकार थे, लेकिन प्रेम और करुणा के मामले में तो ओल्गा निपर उनसे भी आगे थीं।

तोल्स्तोय के उपन्यास की नायिका आन्ना कारेनिना ने जब आत्महत्या की, तो वह उसमें इतने 'इन्वॉल्व' थे कि बहुत दुखी हो गए। आन्ना में एक महान क्रान्तिकारी चेतना थी। पितृसत्ता के अहंकार के कारण उसने आत्महत्या की। स्त्री के साथ जो हुआ है, वह तो बहुत अलिखित है।

तोल्स्तोय जब रूस में आए, तो वहाँ 'निहिलिज़्म' का माहौल था। उसके बरअक्स उन्होंने एक नया जीवन, नए मूल्य, न्यायप्रियता, करुणा और सकारात्मक चिन्तन को स्थापित किया, नहीं तो लोग अवसाद में चले जाते। तोल्स्तोय 'रैडिकल ह्यूमनिस्ट' थे : 'ही वाज़ ए ग्रेट राइटर ऑफ़ मॉरल हंगर।' लेनिन ने लिखा कि वह रूसी क्रान्ति के दर्पण हैं और उन्होंने 'क्रिटिकल रियलिज़्म' की नींव डाली।

उनके उपन्यासों में एक दार्शनिकता है। वह हमेशा जीवन की सार्थकता, सत्य और आज़ादी की अवधारणा को लेकर विचलित रहते—मनुष्य और मनुष्य के बीच बराबरी का रिश्ता चाहते थे। कोई ताक़त किसी का शोषण करे और उसके श्रम का मूल्य उसे न दे, इस सामन्ती रवैये का उन्होंने विरोध किया।

वह एक सन्त की तरह जाने जाते थे। 'पुनरुत्थान' के बाद उन्होंने लिखना-पढ़ना बन्द कर दिया और कई वर्षों तक एक भी शब्द नहीं लिखा। जब गोर्की ने पूछा, तो बोले : 'इसमें भी अन्ततः यश की एक लिप्सा है। यह कोई अच्छी बात तो नहीं है।' हमारा जब मन होगा, तो लिखेंगे, यश के लिए नहीं। यह गहरी बात है। लिखने की जो सच्ची निष्ठा है, उसे गौरवान्वित किया उन्होंने।

तोल्स्तोय ईसाई थे, बाइबल में उनकी आस्था थी, लेकिन ज़ार को आततायी मानते थे। करुणा किसी में होगी, तो वह शोषण के ख़िलाफ़ होगा। जो बड़े लोग आते हैं, वे इतिहास में गुणात्मक परिवर्तन ला देते हैं।

बुद्ध से हम क्यों इतने प्रभावित होते हैं? इसलिए कि आज से लगभग ढाई हज़ार साल पहले उन्होंने जो सोचा—आप कल्पना कीजिए—वह क्या बेचैनी थी? एक ज़ख़्मी हंस ने उन्हें इतना विचलित किया कि उन्होंने घर-बार, राजपाट सब कुछ युवावस्था में ही छोड़ दिया। करुणा की शक्ति देखी जाए, तो उनके जीवन और चिन्तन में दिखाई देती है। उन्होंने एक ऐसी दुनिया का नक़्शा हमारे

सामने रखा, जिसमें हम भाईचारे के साथ रह सकते हैं। राहुल सांकृत्यायन, डी.डी. कोसम्बी, डॉक्टर आम्बेडकर जैसे हमारे जितने बड़े बुद्धिजीवी थे, सब बुद्ध की शरण में चले गए।

सन्त भी वही हुए, जिनमें करुणा की शक्ति थी। गुरुनानक देव को देखिए! कहते हैं कि उन्होंने एक ग़रीब की रोटी को लेकर अपनी मुट्ठी में गारा, तो उससे दूध गिरने लगा और एक ज़मींदार की रोटी को गारा, तो उससे ख़ून गिरने लगा। अब यह कहानी सही हो या नहीं, मगर इसका मर्म है कि ग़रीब के घर में भगवान मिल सकते हैं, लेकिन अमीर के घर में नहीं मिलेंगे। ज़्यादातर सन्त कृष्ण को मानते थे—एक ऐसी शक्ति को, जो हमसे परे है, जिसमें बहुत करुणा है और जो हमारा भला कर सकती है।"

मैंने प्रश्न किया : "मगर आप तो कह चुके हैं कि आप भगवान को नहीं मानते?"

आलोक जी हँसते हैं : "कृष्ण तो एक प्रतीक हैं। कृष्ण 'महाभारत' की रचना हैं न, जो एक महाकाव्य है : लोग यह भूलते हैं। वे सोचते हैं कि महाभारत की लड़ाई कुरुक्षेत्र में लड़ी गई, लेकिन ऐसी कोई लड़ाई नहीं हुई थी।

कृष्ण हुए या नहीं हुए, यह हमारा मामला नहीं है, बल्कि यह है कि हम कृष्ण के बिना नहीं रह सकते। यह महाकाव्य की शक्ति है। अभिमन्यु की हत्या से या दान माँगने आए इन्द्र को कर्ण द्वारा कवच-कुंडल दे दिए जाने से जो हम द्रवित होते हैं, वही वेदव्यास जी की उपलब्धि हुई। इन आख्यानों में वीरता और करुणा ही तो आगे चल रही है।

अभिमन्यु का नाटक दुनिया के किसी भी कोने में खेला जाएगा, तो लोगों का ख़ून खौलने लगेगा कि सात महारथी मिलकर सोलह साल के एक लड़के को मार रहे हैं। 'महाभारत' तो एक बहुत विचलित करने वाला महाकाव्य है और उसकी ओर मैं झुकता हूँ, तो बहुत ज़्यादा झुकता हूँ।

मैक्सिम गोर्की का एक ख़ूबसूरत और सारगर्भित बयान यहाँ प्रासंगिक है : *'ईश्वर मनुष्य का बनाया हुआ है : हाथियों का ईश्वर कोई हाथी ही होगा।'* आप उसे बेड़ी पहनाते हैं, अंकुश से मारते हैं, आप थोड़े उसके ईश्वर होंगे!"

## 102

मैंने आलोकधन्वा से सवाल किया : "आप अपने को कैसे कवि के रूप में देखते हैं?"

बोले : "मैं 'जनता का आदमी' हूँ। मेरी छवि शुरुआत से ही ग्रामीण परिवेश से, किसान परिवार से आने वाले जनवादी कवि की बनी—एक ऐसा कवि, जो आन्दोलनों में रुचि रखता है, 'एक्टिविस्ट' है और नागार्जुन और रेणु को अपना आदर्श मानता है। मैं पचास साल लगातार आन्दोलनों में रहा, सिर्फ़ पटना में नहीं, देश के हर हिस्से में। 1967 में विश्वविद्यालय छोड़कर हम सड़कों पर आ गए थे, हमारे अन्दर दुनिया को जानने की बेचैनी थी, जो हमें ले आई, मैं किसी पार्टी द्वारा नहीं लाया गया।

1973 में मेरी कविता 'जनता का आदमी' का पंजाबी में अनुवाद हुआ था, मेरे बड़े भाई ने कहा कि 'तुम्हें पंजाब जाना चाहिए।' मैं अवतार सिंह 'पाश' से मिलने तलवंडी सलेम और अमरजीत चन्दन से मिलने नकोदर गया और कई दिन उनके साथ रहा। दुनिया में इतनी जगहें हैं, जहाँ आप शिक्षित हो सकते हैं, एक पाठशाला ही शिक्षित होने की जगह नहीं है। 'शिक्षित' दुनिया तो बहुत छोटी है, ग़ैर-शिक्षित दुनिया बहुत बड़ी है। इसलिए 1972 में ही मैंने 'गोली दागो पोस्टर' कविता में सवाल उठाया था :

*ज़मीन के लिए गोली दागने का अधिकार हलवाहों को है...*
*या उन दोग़ले ज़मींदारों को जो पूरे देश को*
*सूदख़ोर का कुत्ता बना देना चाहते हैं?*

मेरे लिए एक आलोचक ने कहा कि 'आलोकधन्वा की तुलना हम करेंगे, तो वाल्ट व्हिटमैन से करेंगे, क्योंकि इनमें एक सामूहिक स्वर सुनाई देता है।' लेकिन यह भी कहा गया कि 'आलोक मूलतः कवि नहीं, बल्कि 'वॉल राइटर' हैं।' यानी दीवार पर नारे लिखते चलते हैं।

मेरा जवाब है : जिस आज़ादी और लोकतंत्र के लिए भगत सिंह और चन्द्रशेखर आज़ाद ने जान दी, गांधी ने गोली खाई और नेहरू बहुत त्रासदी के बीच मरे, क्योंकि चीन ने उन्हें धोखा दिया था—उसे बचाने के लिए हम लड़ेंगे, उसके लिए चाहे दीवार पर नारे लिखें, भित्ति-चित्र और स्मारक

बनाएँ, सिनेमा बनाएँ, कविता और गीत लिखें।

आलोचकों ने कई तरह की बातें कहीं, मगर मैंने सुनने की भी कोशिश नहीं की। पाठकों ने मुझे बहुत प्यार दिया। कविता की प्रेरणा सिर्फ़ कवियों से नहीं मिलती, आपको इतिहास और दर्शन में जाना होता है, जैसे काफ़्का, कामू और सार्त्र ने अदालतें लगाईं और अपने जीवन और लेखन, दोनों से साबित किया कि पूँजीवाद का विकल्प ढूँढ़ना होगा, क्योंकि पूँजीवाद रहेगा, तो हिंसा होगी। आपको ऐसे लोगों के बीच जाना होता है, जो लोकतंत्र और न्याय को बचाए हुए हैं। ताक़त हमें उनसे मिलती है, जो 'सर्वाइवल' में हमसे आगे जा रहे हैं, लड़ रहे हैं दिन-रात।

गहरी कविता क्या होती है? कविता में हमने 'म्यूरल' बनाने की कोशिश की—विशाल भित्ति-चित्र—शिल्प का बहुत बड़ा रूप। जैसे देवी प्रसाद राय चौधरी ने पटना में शहीद स्मारक बनाया : सात शहीद विद्यार्थियों की स्मृति में एक विशाल कांस्य प्रतिमा, जो 1942 के 'भारत छोड़ो आन्दोलन' में पटना के सचिवालय भवन पर तिरंगा फहराने के लिए आगे बढ़े, पुलिस उन्हें गोली मारती है, वे गिरते हैं, लेकिन सातवाँ विद्यार्थी कामयाब होता है। उन्होंने ही चेन्नई में मरीना 'बीच' (समुद्र-तट) पर 'श्रम की विजय' का बहुत भव्य और सुन्दर मूर्ति-शिल्प बनाया।

'वॉल राइटिंग' बहुत कठिन काम है। 'इंक़लाब ज़िन्दाबाद' का नारा 1921 में कांग्रेस के अहमदाबाद अधिवेशन के लिए हसरत मोहानी ने लिखा था। उसके बाद 1929 में जब बहरी अंग्रेज़ हुकूमत को जगाने के लिए भगत सिंह और बटुकेश्वर दत्त ने असेम्बली में बम धमाका किया, तो यह नारा लगाया। यह आज भी दीवारों पर लिखा जाता है और हमेशा लिखा जाता रहेगा। पहले कहाँ था हमारे पास यह नारा?

'वॉल राइटिंग' हो या 'म्यूरल'—ये उस ख़याल को हमेशा आपके सामने रखते रहेंगे, जिसके लिए आप जीते-मरते हैं।"

## 103

आलोकधन्वा से मैंने पूछा : "आपकी मशहूर कविता 'गोली दागो पोस्टर' में पंक्तियाँ हैं :

*सरकार ने नहीं—इस देश की सबसे*
*सस्ती सिगरेट ने मेरा साथ दिया*

यह कौन-सी सिगरेट थी और उसके साथ देने से आपका क्या मतलब है?"

बोले : "चारमीनार थी—बग़ैर फ़िल्टर की। बड़े भैया डॉक्टर हैं, कहते थे : फ़िल्टर वाली पियो, कम नुक़सान करेगी। सिगरेट पीने से मेरा तनाव कम होता, उसकी महक अच्छी लगती, एक कश दिमाग़ का सारा झोल गिरा देता, लिखने का रास्ता मिलता था।

सेहत पर क्या बुरा असर पड़ता है—जाने दीजिए, दुनिया में निन्यानबे परसेंट जो बड़े लेखक हुए, उन्होंने हमसे कई गुना ज़्यादा नशा किया। अगर कोई दुनिया में आए और एक बार भी सिगरेट न पिए, तो उसका जन्म लेना बेकार है। बुरे-भले का सवाल नहीं है, क्योंकि आपको कौन चीज़ मार रही है, इसका कोई हिसाब नहीं है।

सिगरेट पहले अच्छी मानी जाती थी, मगर कोरोना जब से आया है, लोग सोचते हैं कि यह वायरस को रास्ता देने वाली चीज़ है। किसी सफ़ेद कपड़े पर देखिए, धुएँ का क्या असर होता है, उसी तरह उसका कार्बन जमता जाता है फेफड़ों पर।

तम्बाकू का नशा हल्का होता है—एक सुरूर है—शरीर को लड़खड़ा देने वाली बात नहीं। मुक्तिबोध की किताबों के कवर पर ज़्यादातर उनकी एक ही तस्वीर मिलती है, जिसमें वह बीड़ी पी रहे हैं। कोई अच्छा कवि शायद ही मिले, जो कोई नशा न करता हो।

साहिर लुधियानवी बहुत सिगरेट पीते थे। उनकी तो मशहूर ग़ज़ल ही इसकी गवाह है, जिसके ये शे'र ग़ौरतलब हैं :

*मैं ज़िन्दगी का साथ निभाता चला गया*
*हर फ़िक्र को धुएँ में उड़ाता चला गया*

*बर्बादियों का सोग मनाना फ़ुज़ूल था*
*बर्बादियों का जश्न मनाता चला गया*

जिस अभिनेता देवानन्द पर इस ग़ज़ल का फ़िल्मांकन हुआ, वह भी 'चेन स्मोकर' थे।"

मैंने सवाल किया : "मगर डॉक्टरों का मानना है कि तम्बाकू किसी भी रूप में ली जाए, उससे कैंसर हो सकता है?"

आलोक जी कहते हैं : "यह तो सच है कि एक तरह का आत्मघात ही है सिगरेट पीना, लेकिन आप नहीं भटकेंगे, यह सोचना ही बहुत बड़ी ग़लती है। बड़े-बड़े लोग भटक जाते हैं। हमारी क्या हैसियत है?"

मैंने कहा : "कविता भी तो एक क़िस्म की भटकन में ही नसीब होती है। लिखकर गोया हम सही रास्ते पर आते हैं और लिखने के लिए फिर भटकते हैं। मगर जब आप मानते हैं कि सिगरेट पीना एक तरह का आत्मघात है और यह भी लिखते हैं कि सरकार ने नहीं, सिगरेट ने मेरा साथ दिया, तो इसका मतलब यह हुआ कि सिगरेट की बनिस्बत सरकार ज़्यादा नुक़सानदेह है?"

आलोक जी का जवाब है : "हाँ, ज़्यादा ही नहीं, सरकार बिलकुल ख़तरनाक है। पर अब तो मैं पन्द्रह साल से सिगरेट नहीं पीता। 2005 के आसपास मुझे 'टीचर्स नॉड्यूल' हो गया। डॉक्टर से मिला, तो बोले : 'अभी चिन्ता की कोई बात नहीं। जब ज़्यादा परेशानी होगी, तो गले का ऑपरेशन करके 'साउंड बॉक्स' निकाल देंगे। उससे आपको कैंसर नहीं होगा।'

मैंने उनसे कहा : यह तो आप 'हॉरिबल' बात कह रहे हैं। 'साउंड बॉक्स' निकाल देना कोई जादू है क्या? मर जाएँगे, तो ठीक है, क्या दिक़्क़त है; लेकिन जब हम बोल नहीं पाएँगे, तो हमारा जीवन कैसा रह जाएगा?

ख़ैर...'टीचर्स नॉड्यूल' मेरा 'मैलिग्नेंट' नहीं था। एक छोटा-सा ऑपरेशन उन्होंने किया और कुछ दिनों बाद मैं ठीक हो गया। आवाज़ पहले जितनी

अच्छी तो नहीं रही, मगर 'नॉर्मल' है। यह हिदायत उन्होंने दी थी कि इसके बाद आप सिगरेट छोड़ दीजिए!

दूसरे, मेरी 'मेड' को सिगरेट की गन्ध से अरुचि थी और उसने निजी जीवन के अवसाद से बाहर निकलने में मेरी बहुत मदद की, इसलिए सिगरेट मैंने छोड़ ही दी। हम तो साधु हैं, साधु तो कुछ भी कर सकता है; बल्कि साधुओं ने छोड़ा हो या नहीं, हमने अपना घर भी छोड़ दिया।

शराब मैं कभी नहीं पीता। इतना ज़रूर है कि साहित्यिक दोस्तों के साथ किसी पार्टी में कभी बैठा हूँ और एकाध घूँट उन लोगों ने प्यार में पिला दिया, तो थोड़ी-बहुत सिगरेट भी पी लेता हूँ।"

मैंने प्रश्न किया : "तब क्यों पीते हैं?"

आलोक जी कहते हैं : "शराब पिएँ और सिगरेट न पिएँ, तो आदमी बहुत ठगा-सा महसूस करता है।"

## 104

एक दिन आलोकधन्वा से मैंने सवाल किया : "क्या कर रहे हैं?"

बोले : "आज अपने एक मित्र कवि-पत्रकार सत्येन्द्र कुमार की माँ के श्राद्ध में बोधगया के पास उनके गाँव चला गया। दस-ग्यारह घंटे बाद लौटा, तो बहुत थक गया था। कुछ देर से टीवी पर फ़ुटबॉल देख रहा हूँ, तो 'रिफ्रेश' हो गया।"

मैंने कहा : "स्वामी विवेकानन्द ने युवाओं को सलाह दी थी : 'आप गीता का अध्ययन करने के बजाय फ़ुटबॉल खेलकर स्वर्ग के ज़्यादा नज़दीक पहुँच सकते हैं।...आप उपनिषदों और आत्मा की महिमा को बेहतर ढंग से समझ पाएँगे, जब आपका शरीर आपके पैरों पर मज़बूती से खड़ा होगा और आप ख़ुद को बड़ा महसूस करेंगे।' निराला ने भी वेदान्त दर्शन के उनके ही विश्लेषण से प्रभावित होकर लिखा :

*...किन्तु क्या,*
*योग्य जन जीता है।*
*पश्चिम की उक्ति नहीं—*
*गीता है, गीता है—*
*स्मरण करो बार-बार—*

*महामंत्र ऋषियों का*
*अणुओं-परमाणुओं में फूँका हुआ—*
*तुम हो महान्, तुम सदा हो महान्,*
*है नश्वर यह दीन भाव,*
*कायरता, कामपरता।*
*ब्रह्म हो तुम,*
*पद-रज-भर भी है नहीं*
*पूरा यह विश्व-भार—*
*जागो फिर एक बार!"*

आलोक जी ख़ुश हुए : "जो लोग समझते हैं कि फ़ुटबॉल का कविता से क्या सम्बन्ध है, वे जानते नहीं हैं इस बात को। कोई भी चीज़ अगर 'परफ़ेक्शन' में जाती है, तो 'पोएटिक' हो जाती है।

गेंद जब ऊपर उठती और गोलपोस्ट के 'बार' के ठीक नीचे से घूमती हुई जाती है, तो उसमें गोलकीपर कुछ नहीं कर सकता। महान खिलाड़ी पेले पाँच गोल करते, तो पाँच तरह से करते थे। गोलपोस्ट में जाते हुए अन्तिम क्षणों में गेंद की गति इतनी धीमी हो जाएगी कि आपको लगेगा : 'स्लो मोशन' में कोई फ़िल्म देख रहे हैं। सब पैर और दिमाग़ के 'कॉम्बिनेशन' का कमाल है। पेले कहते थे : 'खिलाड़ी पैर से नहीं, दिमाग़ से खेलता है।'

एक बार मैं मंगलेश डबराल के घर पर फ़ुटबॉल के वर्ल्ड कप का फ़ाइनल देख रहा था। रोनाल्डो ने गोल जिस तरह से किया, वह अविश्वसनीय था। ब्राज़ील वह मैच जीत गया। मंगलेश कपड़े बदलकर 'जनसत्ता' के दफ़्तर जाने लगे, तो मैंने पूछा : 'आज तो इतवार है?' बोले : 'इतवार से क्या होता है! इस जीत पर सम्पादकीय तो मुझे ही लिखना होगा।'...और उन्होंने लिखा कि रोनाल्डो ने जिस तरह गोल किया, उससे साफ़ है कि वह जानते

हैं 'मैजिकल रियलिज़्म' (जादुई यथार्थवाद) को।

यह अनूठी बात लिखी उन्होंने—लेखन की जो शैली विकसित हुई थी वहाँ, उसे खेल में देखा। असल में, लैटिन अमेरिकी देशों में जो खिलाड़ी, कवि, उपन्यासकार और 'पॉलिटिकल एक्टिविस्ट' हुए; वे हमारे समय के सबसे प्रतिभाशाली लोग थे : फ़िदेल कास्त्रो, चे ग्वेवारा, लोर्का, पाब्लो नेरुदा, रफ़ाएल एल्बर्ती, एर्नेस्तो कार्देनाल, पेले, रोनाल्डो, डिएगो मेरेडोना...वहाँ के 'एक्टिविस्ट्स' और खिलाड़ी कवि-लेखकों को जानते हैं और कवि-लेखक 'एक्टिविस्ट्स' और खिलाड़ियों को। एक 'हारमनी' है।

फ़ुटबॉल का खेल दुनिया में सबसे ज़्यादा मशहूर है—अद्‌भुत है—उसमें इतने आयाम हैं कि प्रतिभाशाली खिलाड़ियों के गोल करने की शैली दस-दस दिनों में बदल जाती है। दुनिया में जो अच्छी चीज़ें हैं, उनमें गेंद का जवाब नहीं। गेंद जब गिरकर अपने आप उछल जाती है और आसमान में ऊपर उठकर नीचे आती है, तो बच्चा ख़ुश हो जाता है। 'पतंग' उड़ाने वाले बच्चों के लिए मैंने लिखा है कि गिरने से उन्हें थामे रहता है उनकी देह का संगीत :

*जन्म से ही वे अपने साथ लाते हैं कपास*
*पृथ्वी घूमती हुई आती है उनके बेचैन पैरों के पास*
*जब वे दौड़ते हैं बेसुध*
*छतों को भी नरम बनाते हुए*
*दिशाओं को मृदंग की तरह बजाते हुए*
*जब वे पेंग भरते हुए चले आते हैं*
*डाल की तरह लचीले वेग से अक्सर*
*छतों के ख़तरनाक किनारों तक—*
*उस समय गिरने से बचाता है उन्हें*
*सिर्फ़ उनके ही रोमांचित शरीर का संगीत*
*पतंगों की धड़कती ऊँचाइयाँ उन्हें थाम लेती हैं महज़ एक धागे के सहारे*
*पतंगों के साथ-साथ वे भी उड़ रहे हैं*
*अपने रन्ध्रों के सहारे*

डिएगो मेरेडोना जब अर्जेंटीना के लिए फ़ुटबॉल का वर्ल्ड कप ले आए, तो पूरा देश उनके स्वागत के लिए जगा हुआ था। उसके चलते अर्जेंटीना की 'इकॉनमी' सुधर गई। पश्चिम में फ़ुटबॉल इतना लोकप्रिय है कि

जब एक ग़रीब देश में आप वर्ल्ड कप जीतकर लाते हैं, तो उसकी मुद्रा मज़बूत करते हैं।

1986 विश्व कप के इंग्लैंड के साथ खेले गए क्वार्टर फ़ाइनल में मेरेडोना ने विजयी गोल किया, जिसके लिए उन पर इल्ज़ाम लगा कि उन्होंने अपने हाथ से गोल किया था। जब उनसे पत्रकारों ने पूछा, तो बोले : 'हो सकता है, हाथ से ही गोल हुआ हो, लेकिन वह ईश्वर का हाथ होगा।' इसीलिए इसे फ़ुटबॉल इतिहास में 'हैंड ऑफ़ गॉड' के नाम से जाना जाता है।"

## 105

आलोकधन्वा से मैंने पूछा : "इस लम्बे इंटरव्यू में मैंने पाया कि आप सबसे क़रीब अगर किसी के हैं, तो शहीदे-आज़म भगत सिंह के।...और जिन वर्षों में मैं आपसे संवाद में नहीं था, मुझे लगता रहा है कि भारतीय जन-मानस को जितनी गहराई से भगत सिंह ने आन्दोलित किया, हिन्दी कविता पर उतना गहन और व्यापक असर मुक्तिबोध का पड़ा। उनकी मृत्यु को भी एक शहादत की तरह महसूस किया गया।

भगत सिंह ने कहीं शेक्सपियर के नाटक 'ए मिडसमर नाइट्'स ड्रीम' की ये पंक्तियाँ 'कोट' की हैं :

> *The lunatic, the lover and the poet*
> *Are of imagination all compact.*
> 'पागल, प्रेमी और कवि की कल्पना में एक-सी सान्द्रता होती है।'

क्या आप इस कथन से सहमत होना चाहेंगे?"

बोले : "भगत सिंह एक जज़्बे की बात कर रहे हैं और 'लूनेटिक' का क्या है? लोग अपने से भिन्न किसी को देखते हैं, तो उसे 'लूनेटिक' कहने लगते हैं। मुझसे तो एक डॉक्टर ने ऐसा कहा, क्योंकि मैं चाँदनी रातों में दूर तक घूमने निकल जाता था। अब तो यह सम्भव नहीं है, शहर ख़तरनाक हो गए, बहुत ज़्यादा अपराधीकरण हो गया। 'मॉबोक्रेसी' का समय आ गया, 'लिंचिंग' का

समय। मुक्तिबोध ने इस्तेमाल किया है यह शब्द : 'मॉबोक्रेसी', यानी भीड़तंत्र।

सौन्दर्य की प्यास जो होती है, उसके चलते आप खो जाते हैं—चाँदनी रात में परछाइयाँ जैसी दिखती हैं, वैसी दिन में नहीं। वह चीज़ ही अलग है। पहले रात में चाँद जब गोल हो जाता, रौशनी बढ़ जाती, तो नगरपालिका बिजली काट देती, क्योंकि सब दिखाई देता था। हम लोग स्टेशन के पास चाय की गुमटियों पर चले जाते।

स्टेशन अद्‌भुत जगह है। वहाँ पर हर समय कहीं-न-कहीं के लिए ट्रेन खुल रही होती और बस जा रही होती है। वहीं हम लोग बैठते और दुनिया भर की बहसें करते। कोई घर नहीं लौटना चाहता था। एक-दूसरे से बहसें करते हुए हम 'ग्रो' किए हैं। टी. एस. एलियट की पंक्तियाँ हैं न :

*मैं बूढ़ा हो रहा...मैं बूढ़ा हो रहा...*
*मैं अपने पतलून के पायँचे मोड़कर पहनूँगा।*
*(I grow old...I grow old...*
*I shall wear the bottoms of my trousers rolled).*

यहाँ पहली पंक्ति तो समझ में आती है, दूसरी पंक्ति में क्या चीज़ है?"

मैंने संशय के साथ जवाब दिया : "एक ख़ास तरह की करुणा है?"

आलोक जी कहते हैं : "करुणा तो बड़ा शब्द है। वह हम लोगों के हिस्से की चीज़ नहीं है, स्त्रियाँ ही समझती हैं उसे। सन्ध्या समझती होगी कि यह एक आदमी है आलोकधन्वा, जो हर तरह से ख़ाली जा रहा है...न पत्नी है, न बच्चा, न नौकरी, न पैसे हैं इनके पास, कविता-संग्रह भी एक ही है। अब इनके इंटरव्यू की एक किताब तैयार हो रही है, तो हो जानी चाहिए।

'पतलून के पायँचे मोड़कर पहनना' बूढ़े आदमी के लिए कोई 'फ़ॉल्ट' नहीं, बल्कि बहुत स्वाभाविक मानवीयता है। सामान्य-सी चीज़ों को देखने का यह नज़रिया कविता को बड़ा बनाता है।

विष्णु खरे कहते थे : आलोकधन्वा 'ग्रेट नॉस्टेल्जिया' का कवि है, मगर वह एक बड़े अर्थ में यह बात कहते थे : आलोक ने आधुनिक सभ्यता की हिंसा को स्वीकार नहीं किया, उससे कोई समझौता नहीं किया।

कुछ लोग समझते हैं कि आलोकधन्वा में इतना 'नॉस्टेल्जिया' है कि ये रोज़-रोज़ माँ की तरफ़ जाएगा, भोला है, अनाड़ी है, बाज़ार को नहीं जानता। अब आप बताइए : माँ की ओर नहीं जाएँगे, तो किसकी ओर जाएँगे, क्या ख़ूनख़राबे की ओर जाएँगे—यहाँ तो आए दिन बस्तियाँ जलाई जाती हैं, 'लिंचिंग' होने लगती है।

आदमी इतना थक गया है : चारों ओर भयावह दृश्य हैं, नफ़रत की आँधियाँ चल रही हैं, कहीं सिर उठाने की जगह नहीं है। हमने मनुष्य को इतना थकते कभी नहीं देखा—कोरोना जैसी वैश्विक महामारी से और लड़ाइयों से, जो चल रही हैं तमाम देशों में।

सरकारें नए रोज़गार पैदा नहीं कर पा रहीं। जिनके लिए आरक्षण है, वे सबसे ज़्यादा विपन्न हैं। वे भी तो सब भारतमाता के बच्चे हैं। भगत सिंह ने तो देखा था भारतमाता को और जो लोग भारतमाता की बातें करते हैं, इनका उससे कोई सम्बन्ध नहीं है। जिन्होंने गांधी की हत्या की और अब भी उन्हें मारते रहते हैं, वे नहीं जानते कि उन्होंने किसकी हत्या की...कितने बड़े आदमी थे वह। मैं इनसे कहना चाहता हूँ : श्याम बेनेगल की फ़िल्म 'मेकिंग ऑफ़ महात्मा' देख लो कम-से-कम एक बार!

अपनी कविताओं में हम युद्ध की ओर भी गए, लेकिन उसकी ओर ही जाते रहेंगे क्या? कौन वहाँ रहना चाहेगा? क्या कोई कवि रहना चाहेगा? युद्ध क़तई प्रिय नहीं था तोल्स्तोय, चेखव, दोस्तोयेव्स्की, गोर्की और हेमिंग्वे जैसे हमारे बड़े लेखकों को, जबकि इन्हें उसका सीधा सामना करना पड़ा था।

यथार्थ का निषेध किया जाए—यह मतलब नहीं है मेरा, लेकिन दोस्तोयेव्स्की लम्बे समय तक जेल में रहे—'क्राइम ऐंड पनिशमेंट' में उन्होंने उस भयावह जीवन का वर्णन किया है। वह उन्हें पसन्द नहीं था। उन्होंने लिखा है : 'मक्खी भी नहीं चाहती कि घाव पर बैठे, वह धूप में जाना चाहती है।'

युद्ध को कोई लेखक-कवि क्यों पसन्द करेगा? उसे 'रूलिंग क्लास' ही पसन्द करता है। जो आधिपत्य करते हैं, शोषण करते हैं, जिनमें जीवन की प्यास नहीं है, वही दूसरों के जीवन को ख़त्म करते हैं।

मुझे लोग 'रोमांटिक' कहते हैं, लेकिन 'रोमांटिसिज़्म' भी दो तरह का होता है—'रिवॉल्यूशनरी' और 'डेकेडेंट'। हममें 'रिवॉल्यूशनरी रोमांटिसिज़्म' है।

इस तरह का सबसे ज़्यादा 'रोमांटिसिज़्म' निराला में था। इसलिए मैं समझता हूँ कि मुझे और 'रोमांटिक' होना चाहिए।

निराला को समझने के लिए उनकी तनहाई में जाना ज़रूरी है। बग़ैर आलिंगन, पुकार और दुख के उनके गीत पूरे नहीं होते। दुख से जब वह भर जाते हैं, तो गले लगाते हैं और गहन मानवीय संसर्ग में आते हैं। मैं नहीं जानता कि वह कितने अकेले रहे, मगर उन्होंने जो ऐसे गीत लिखे, उनसे हज़ारों लोगों का अकेलापन दूर हुआ।

बहरहाल। हम उस बात पर लौटें, जहाँ थे : गंगा तट पर चाँदनी रात का इतना आकर्षण होता था कि नदी के इस पार तो आप खड़े हैं ही और देख रहे हैं कि घाट की सीढ़ियाँ उतर रही हैं पानी में और उस ओर का धुँधला किनारा भी दिखाई देता था कि कोई नाव लग रही है वहाँ। गंगा तब रात में भी सूनी नहीं होती थी, अब सूनी होने लगी होगी शायद। तब तो मुंगेर में भी रात भर पतवार की आवाज़ आती रहती थी। कोई न कोई नाव चलती रहती थी पानी में।

कविगुरु रवीन्द्रनाथ ठाकुर तो छह-छह महीने नदी में ही रहते थे—घर से ऊब जाते, तो उन्हें नाव में ही अच्छा लगता। ऐसी ही रातों को देखकर उन्होंने लिखा :

*चाँदनी रात में सभी चले गए हैं जंगल में।*
*(ज्योत्स्ना रातेर शबाइ गेछे वोने।)*

आप किसी भी भाषा की अच्छी कविता पढ़ेंगे, तो उसे भूलना असम्भव है। जैसे ऐसी स्त्री से आपकी मुलाक़ात होगी, जो सचमुच की स्त्री है अपने सारे शबाब और ममत्व में।

एक बड़ा कवि सौन्दर्य की बात करेगा और प्रकृति के भी बहुत क़रीब जाएगा—किताबी कवि क्यों जाएगा प्रकृति के पास?"

मैंने कहा : "आपकी बातों से रघुवीर सहाय की पंक्तियाँ याद आ गईं। 'रचता वृक्ष' शीर्षक कविता में उन्होंने लिखा है :

*देखो वृक्ष को देखो वह कुछ कर रहा है*
*किताबी होगा कवि जो कहेगा कि हाय पत्ता झर रहा है।"*

आलोक जी बहुत ख़ुश हुए : "अद्भुत है। रघुवीर सहाय जानते थे इस बात को। बड़ा कवि चिड़ियों को गाते सुनेगा, नदियों को बहते देखेगा—वृक्षों में ही देखेगा हवाओं को। हवाएँ कैसे चलती हैं, वृक्ष से बढ़िया कौन बताएगा? बारिश किस ओर जा रही है, यह हवा बताती है। वायुमंडल में या इस दुनिया में—जिसमें हम ज़मीन पर पैर रखकर चलते हैं—कोई चीज़ जड़ नहीं है। कारण यह है कि पृथ्वी घूमती है—पृथ्वी नहीं घूमेगी, तो सूर्योदय नहीं होगा, शामें भी नहीं होंगी।"

## 106

आज दोपहर आलोकधन्वा से बात हुई। उनकी तबीयत थोड़ी-सी नासाज़ थी। कल शाम उन्हें बेगूसराय जाना है। भगत सिंह के शहादत दिवस पर 23 मार्च को एक कार्यक्रम में आमंत्रित हैं—जो तीन बार भारतीय कम्युनिस्ट पार्टी के विधायक और प्रगतिशील लेखक संघ के राष्ट्रीय महासचिव रहे उनके पुराने मित्र राजेन्द्र राजन हर साल आयोजित करते हैं—लेकिन गाड़ी का मुनासिब इन्तिज़ाम नहीं हो पा रहा। परेशान लगे।

मैंने अनुरोध किया : "उदास मत रहिए! बहादुरी से काम लीजिए!"

बोले : "अब इस उम्र में क्या बहादुर होंगे! 75 की उम्र में बहादुर होना तो बहुत मुश्किल है। मुट्ठी-भर शरीर रह गया है। बीते महीनों में चार बार घर में गिर पड़ा, चोट भी आई, लेकिन ज़्यादा नहीं आई। एक्सरे में फ्रैक्चर नहीं निकला। ठीक हो गए। डॉक्टर की सलाह पर एक दवा खाते हैं रोज़ रात में, तब से गिरे तो नहीं, पर मुझे हमेशा आशंका होती है कि मैं खो जाऊँगा, गिर जाऊँगा कहीं...मगर जब तक जान है, भगत सिंह के कार्यक्रम में तो ज़रूर जाएँगे। आपको मालूम है कि बेगूसराय एक ज़माने में 'बिहार का क्रेमलिन' कहा जाता था, क्योंकि विधानसभा में वहाँ से कम्युनिस्ट पार्टी के सात के सात उम्मीदवार चुनाव जीतकर आते थे!

मुन्ना कुमार सिंह—जो सी.आर.पी.एफ़. में कमांडेंट और इन दिनों पटना में पोस्टेड हैं—हमको मानते हैं बहुत, ख़याल रखते हैं। साहित्य से गहरा लगाव है

उन्हें। उन्होंने मेरे शरीर की सब जाँचें करवाईं और हँसकर कहते हैं : 'आपको कोई रोग नहीं निकला। निश्चिन्त रहिए!'

मुन्ना जी यह नहीं देख पा रहे हैं कि काल हमारे पीछे पड़ा है, पता नहीं कहाँ ले जाकर पटकेगा। वह मेरा 'पल्स रेट' और 'ऑक्सीजन लेवल' नपवाते हैं—उससे थोड़े कुछ होता है। जब बुनियादी ढाँचा कमज़ोर हो जाता है, तो कोई भी चीज़ आप पर 'अटैक' कर सकती है।"

मैंने सोचा, उन्हें इस मनःस्थिति से कविता की ओर ले आऊँ, शायद कुछ प्रसन्न हों : "आपकी बातों से निराला की एक कविता याद आ गई, जिसमें कितना गहरा और सान्द्र विषाद है, साथ ही उससे उबरने के लिए किसी अज्ञात के प्रति एक प्रणति का भाव भी :

*भग्न तन, रुग्ण मन,*
*जीवन विषण्ण वन।*

*क्षीण क्षण-क्षण देह,*
*जीर्ण सज्जित गेह,*
*घिर गए हैं मेह,*
*प्रलय के प्रवर्षण।*

*चलता नहीं हाथ,*
*कोई नहीं साथ,*
*उन्नत, विनत माथ,*
*दो शरण, दोषरण।*

यह कितनी सुन्दर और सारगर्भित बात है कि शरण भी वह उसी से माँग रहे हैं, जिसमें स्वयं युद्ध में विचलित हो जाने की मानवीय दुर्बलता सम्भव थी।

आप बार-बार निराला के पास जाते हैं और माँ के पास भी। महज़ संयोग नहीं कि ख़ुद निराला अपनी कविता में सबसे ज़्यादा माँ के पास जाते हैं?"

आलोक जी कहते हैं : "प्रेमचन्द, निराला और हजारीप्रसाद द्विवेदी जैसे लोग अब बार-बार नहीं होंगे। ये तीनों ही युग-पुरुष और एक बड़े अर्थ में क्रान्तिकारी हैं। कोई पूछ सकता है : 'आप बार-बार निराला के पास क्यों चले जाते हैं?'

वहाँ न जाएँ, तो किसके पास जाएँ? सबसे ज़्यादा कविता और उसकी गहराई तो निराला के पास ही है।

मुझे हमेशा लगता है कि निराला इलाहाबाद में हैं। आप इलाहाबाद से गुज़रिए, तो निराला की याद आएगी, नेहरू की याद आएगी, हमेशा आएगी। नेहरू कितने बड़े आदमी थे, फिर भी झुकते थे उनके सामने। जब प्रधानमंत्री बने, तो उनके लिए वज़ीफ़ा बँधवाया और महादेवी वर्मा के पास उसे भिजवाते थे, क्योंकि निराला को तो अपने लिए धीरे-धीरे ख़र्च करना आता नहीं था, वह एक ही बार में सारा पैसा उठाकर किसी ग़रीब को दे देते।"

रात में मैंने उन्हें फ़ोन किया : "आज दिन में आपको सुनते हुए सोच रहा था कि जो कविता निराला ने लिखी, वह सीधे उनके जीवन से आती है, जैसे अभी उनकी ये पंक्तियाँ याद आईं :

*क्षीण का न छीना कभी अन्न,*
*मैं लख न सका वे दृग विपन्न*

एक कवि—जिसकी ज़िन्दगी और कविता के बीच कोई फाँक न हो—अपने न रहने के बाद भी कितना जीवित होता है!"

आलोक जी बात आगे बढ़ाते हैं : "निराला के बाद के अनेक कवियों ने उनसे प्रगीतात्मकता का संस्कार अर्जित किया और अपनी कविता में बन्दनवार सजाए; लेकिन उनके यहाँ वह तश्नगी और 'सफ़रिंग' नहीं है, जो निराला में थी। 'शिशिर की शर्वरी' किसने लिखी?—निराला ने लिखी—कोई लिख नहीं सकता था :

*शिशिर की शर्वरी*
*हिंस्र पशुओं भरी।*

*ऐसी दशा विश्व की विमल लोचनों*
*देखी, जगा त्रास, हृदय संकोचनों*
*काँपा कि नाची निराशा दिगम्बरी।*

*मात:, किरण हाथ प्रात: बढ़ाया*
*कि भय के हृदय से पकड़कर छुड़ाया,*

*चपलता पर मिली अपल थल की तरी।*

इलाहाबाद में जितनी देर ट्रेन रुकेगी और खुलेगी—उस बीच मुझे निराला ही याद आते हैं। पूरा शहर एक तरफ़ और निराला एक तरफ़। शहर एक दिन नष्ट भी हो सकता है, लेकिन निराला कभी नष्ट नहीं होंगे। निराला रहेंगे। उनके बिना रहना अनैतिक है।"

मैंने कहा : "आज एक आलोचक मित्र ने मुझे तोल्स्तोय के इस अमूल्य कथन से परिचित कराया :

> *'जो आपको अच्छा लगता है, वैसा ही दूसरे लोगों से भी जबरन कराने के लिए हिंसा का इस्तेमाल करना लोगों में आपके उस अच्छे विचार के प्रति घृणा पैदा करने का सबसे अच्छा तरीक़ा है।'"*

आलोक जी ने जवाब दिया : "इसी घृणा के हम लोग भी मारे हुए हैं। पूरे देश में यही हाल है। इन्हीं लोगों ने बीएचयू से हजारीप्रसाद द्विवेदी जैसे व्यक्ति को नौकरी से निकलवा दिया, जबकि वह गुरुदेव रवीन्द्रनाथ ठाकुर के साथ रहकर और 'शान्तिनिकेतन' में वर्षों पढ़ाकर आए थे। किसी चीज़ की कोई इज़्ज़त नहीं है यहाँ, क्योंकि नेहरू के बाद जो लोग सत्ता में आए, उनका कोई संवाद नहीं है लेखकों से। साहित्यकारों को वे पहचानते भी नहीं। हम ऐसा समाज नहीं बना पाए, जिसे साहित्य और संस्कृति से प्यार होता।"

रात के बारह बज गए थे। खाने के बाद आलोक जी जो दवा लेते हैं, उससे उन्हें नींद आने लगी। आवाज़ में शिथिलता और टूटन थी। मैंने पूछा : "आप सोना चाहते हैं?"

उनका अनमना और सन्तप्त स्वर सुनाई दिया : "नींद कहाँ आती है, झपकियाँ आती हैं! थकान बहुत है, लेकिन ऐसी स्थिति नहीं कि बालक की तरह सो जाएँ—जिसको यह आश्वासन रहता है कि पास में माँ हैं, पिता हैं। सबसे अच्छी नींद तो बचपन में ही आती है।"

मुझे लगा, उन्हें और तंग करना गुनाह होगा। एक बार कथाकार शिवमूर्ति ने निजी बातचीत में मुझसे कहा था : 'सोते हुए व्यक्ति को जगाना पाप है।'

इसलिए मैंने आलोक जी को नमस्ते और 'शुभ रात्रि' कहा, मगर उनकी कविता मेरे दिल के बहुत क़रीब आ गई थी :

*रात के आवारा*
*मेरी आत्मा के पास भी रुको*
*मुझे दो ऐसी नींद*
*जिस पर एक तिनके का दबाव भी न हो*

*ऐसी नींद*
*जैसे चाँद में पानी की घास।*

## 107

शमशेर का एक शे'र है :

*तुमसे बातें रात-भर करता रहा*
*यह न समझा दिल, कोई मेहमान है!*

कुछ इस अन्दाज़ में बीते तीन महीनों से आलोकधन्वा से संवाद चलता रहा और रोज़ ही कुछ-न-कुछ बातें हुईं, मगर एक दिन ऐसा था, जबकि वह दो-चार वाक्यों से अधिक कुछ कह नहीं पाए। वह तारीख़ 10 मार्च, 2022 थी, जब भारत में उत्तर प्रदेश समेत पाँच राज्यों के चुनाव परिणाम घोषित हुए।

इसके एक-डेढ़ महीने पहले से राजनीतिक पंडित मानकर चल रहे थे कि उत्तर प्रदेश में किसी पार्टी के पक्ष में लहर नहीं है, कोई भी भविष्यवाणी करना असम्भव है, कानपुर में रहने के बावजूद ख़ुद मैं भी किसी नतीजे पर पहुँच नहीं पा रहा था; मगर एक दिन दंग रह गया, जब मेरे चर्चा करने पर सुदूर पटना में रह रहे कवि आलोकधन्वा ने कहा : "जोगी जीतेगा।"

मैंने हैरान होकर पूछा : "आप यह कैसे कह सकते हैं?"

बोले : "नहीं जीतेगा, तो मोदी का महल न गिर जाएगा!"

मुझे लगा, यह कविता के रूपकों में बात हो रही है और सचाई से ऐसी ख़ामख़याली का क्या वास्ता? 10 मार्च को मालूम हुआ कि नदी में आप गहरे उतरे हुए हों, तो उसके बहाव की दिशा बता सकते हैं।

मैंने उन्हें फ़ोन किया, तो एक रुँधी हुई-सी आवाज़ सुन पड़ी, जैसे कोई रोया हो बहुत। पूछा : "क्या हुआ?"

आलोक जी ने जवाब दिया : "यह हमारे लोकतंत्र और संविधान के ख़िलाफ़ है। भारत में लोकतंत्र की यात्रा का भयावह दृश्य। इतना अन्याय झेला आपने और फिर वही लोग आ गए! निराला ने लिखा है न : *'अन्याय जिधर, हैं उधर शक्ति!'*

फिर एक चुप्पी छाई रही। मैंने हौसले के कुछ शब्द कहने चाहे : "आप क्यों दुखी होते हैं? आप तो जानते थे कि 'इलेक्शन' का यही 'रिज़ल्ट' आएगा?"

उनके उत्तर से मैं सहम गया : "जो जानता है, उसे और कष्ट होता है। डॉक्टर जानता है कि इस रोग में मरीज़ बचेगा नहीं।"

इसके बाद कोई बात नहीं हो पाई। भारी मन से मैंने उनसे विदा ली।

आज उन्हें याद दिलाया : "बीते महीनों में एक ही दिन था 10 मार्च, जबकि आप कुछ बोल नहीं पा रहे थे?"

आलोक जी ने जवाब दिया : "गहरे विषाद के बीच कैसे बोलेगा आदमी?"

मैंने पूछा : 'उस दिन आप कह रहे थे कि डॉक्टर को ज़्यादा कष्ट होता है?'

आलोक जी कहते हैं : "हाँ, क्योंकि डॉक्टर कोशिश करता है कि कुछ ऐसा हमें हासिल हो जाए कि हम इस मरीज़ को बचा सकें।...प्रकृति और मनुष्य में तो हमेशा एक जंग चलती रही है—कैसे-कैसे भीषण झंझावातों में छोटी-सी कश्ती लेकर हमारे महान नाविक समुद्र में निकल पड़े, आगे भी निकलेंगे।"

## 108

मैंने आलोकधन्वा से पूछा : "मुक्तिबोध ने कहीं लिखा है : 'हमें नहीं भूलना चाहिए कि तानाशाह भी अचानक या ज़बरदस्ती सत्ता पर क़ाबिज़ नहीं हो जाते, बल्कि शुरुआत में तो चुनाव जीतकर ही आते हैं और शासक बने रहने

लायक़ बहुमत जुटाकर रखते हैं।' आप क्या सोचते हैं?"

बोले : "चुनाव के 'रिज़ल्ट' पर मत जाइए : वह कई तरह की भयानक सचाइयों पर निर्भर है। लोग, लोगों की मदद करेंगे, तभी यह लोकतंत्र चलेगा, जीत से नहीं चलेगा। इस समय आम लोगों की ज़िन्दगी बहुत मुश्किल में है, कोरोना के चलते भी ग़रीबी और बेरोज़गारी बढ़ी है, लोगों में एक तरह का अवसाद है, आत्म-कातरता भी है—कुछ ऐसा भाव है कि हम झेल सकते हैं इसको, मगर कुछ कर नहीं सकते। यह अच्छी बात नहीं है।

मनुष्य के मन का उसके शरीर पर असर होता है। हमारे बड़े भाई डॉक्टर हैं, कहते हैं कि अगर आपके पास इच्छा-शक्ति है, तो वह एक 'फ़िज़िकल' चीज़ बन जाती है—वह आपको व्याधियों से बचाएगी, ताक़तवर बनाएगी। जिजीविषा इतनी बड़ी चीज़ है कि डूबता हुआ आदमी तैरने लगता है और नदी पार कर जाता है।

गुण-अवगुण सबमें होते हैं, अगर आप केवल अवगुण खोज रहे हैं, तो इसका मतलब है : आप समाज नहीं बनाना चाहते। 'मॉर्बिड' लोग किसी के गुण स्वीकार नहीं करते, ये समाज को बदलने और बेहतर बनाने की राजनीति क्या करेंगे?

अर्नेस्ट हेमिंग्वे के उपन्यास 'ए फ़ेयरवेल टु आर्म्स' का एक दृश्य है कि युद्ध में जिन्हें तुरत गोली लगी है, उनमें कुछ मर चुके हैं, कुछ बुरी तरह घायल हैं, उनकी जान बचाने के लिए एक आदमी जीप की छत पर लादकर उन्हें अस्पताल ले जा रहा है और उसकी पीठ भीग रही है ख़ून से।

पूरा उपन्यास युद्ध की व्यर्थता और भयावहता से एक बहस है। उसे पढ़कर लगता है कि दुनिया में बहुत थोड़े-से काम ऐसे हैं, जो मनुष्यता के हित में किए जाते हैं, गोकि दुनिया अति प्राचीन है। उसमें एक कथन है : *'यह दुनिया बहुत अच्छे, बहुत सज्जन और बहुत बहादुर लोगों को बिना किसी भेदभाव के मार देती है। अगर आप इनमें-से कोई नहीं हैं, तो आप निश्चिन्त रह सकते हैं कि यह आपको भी मारेगी, मगर किसी ख़ास जल्दी में नहीं।'*

अपने समय में जो भी बड़े लोग हुए, उन्होंने किसी से भी ज़्यादा दुख और अपमान झेला। आइंस्टाइन ने 'सापेक्षता के सिद्धान्त' की खोज की, लेकिन उसके आधार पर बनाए गए परमाणु बम हिरोशिमा और नागासाकी पर गिराए

गए, तो उससे वह टूट गए। बिलकुल टूट गए। इतने गहरे सन्ताप में चले गए कि ट्रैफ़िक पुलिस से पूछते थे : 'तुम आइंस्टाइन का घर जानते हो?' और जब पुलिस जवाब देती कि 'हाँ, जानते हैं', तो वह कहते : 'हमें पहुँचा दो वहाँ!'

आइंस्टाइन बहुत शान्तिप्रिय व्यक्ति थे, वायलिन बजाते थे और गांधी के प्रशंसक थे। उन्होंने कल्पना नहीं की थी कि उनकी खोज का इस्तेमाल मनुष्यता पर अत्याचार और उसके विनाश के लिए किया जाएगा!"

## 109

आलोकधन्वा से मैंने पूछा : "आपसे लोगों की प्रमुख शिकायत है कि आपने बहुत कम लिखा है। एक ही कविता-संग्रह है—'दुनिया रोज़ बनती है' और शायद निकट भविष्य में एक और आएगा। क्या आपको नहीं लगता कि यह कम है?"

बोले : "इसका कारण शायद यह है कि हम 'परफ़ेक्शन' वाले आदमी हैं। बिस्मिल्लाह ख़ान जब शहनाई बजाते, तो पहले उसे फूँककर देखते थे कि कैसी आवाज़ निकल रही है। एक बार वह 'स्टेज' पर आए, तो हॉल में सन्नाटा छा गया। उन्होंने 'ऑडिएंस' से कहा : 'हमने शहनाई हाथ में ली नहीं कि आप लोग 'सीरियस' हो गए। अरे भाई, पाँच मिनट तो दो इस आदमी को—साज़ गरम करने के लिए!'

हमसे लोग कहते हैं : 'दादा, कोई चिन्ता नहीं करो, आप जो भी लिखेंगे, कविता हो जाएगी।' यह बेकार बात है। कविता के लिए लोगों के मन में बहुत 'कंसर्न', गौरव और सम्मान की भावना होती है—हमें उसको बचाकर रखना चाहिए। नाम जिसका होता है, एक कविता से या एक फ़िल्म से हो जाता है; प्रायोजित किए जाने से थोड़े होता है।

अगर कोई साज़ बजा रहा है और उसमें वह सुर नहीं है, जो हज़ारों लोगों के दिलों को झंकृत कर दे, उनकी बुनियाद को गरिमा से भर दे, तो कविता बनेगी नहीं।

कविता में अगर कोई कमी हो या सुर में नहीं हो, तो हमको अच्छा नहीं लगता है। सिर्फ़ विचार नहीं है कविता, दुख है कविता और 'परसेप्शन' उसकी प्रक्रिया है। जिस दुनिया में मैं बचपन से रहता आया, उसमें मैंने जाना कि दुख है कविता।

बीच-बीच में जीवन में कई ऐसे विरल मानवीय रिश्ते आते हैं, जो हमको पंख देते हैं, लेकिन फिर ज़्यादातर पंख गिर जाते हैं, झुलस जाते हैं, हथियारों की होड़ लगी है चारों ओर, हम इससे बाहर निकलना चाहते हैं, मगर निकल नहीं पाते। मैंने जब से होश सँभाला, मुझे कोई ऐसा वक़्त याद नहीं है, जब हिन्दुस्तान की जनता ख़ुशहाल रही हो। हमेशा कोई दुश्मन हमारे सामने खड़ा हो जाता है, जो लड़ाई का ख़र्चा भी हमसे वसूल करता है और हमें मारता भी है।

कविता की दुनिया में भी हमारा कोई 'गॉडफ़ादर' नहीं था, हमारा कोई स्वागत करने वाला नहीं था। बहुत मुश्किल से हम अपनी जगह बना सके। दुर्द्धर्ष संघर्ष से बनाई हमने अपनी जगह।

मेरे बड़े भैया—जो डॉक्टर हैं—कहते थे : 'तुममें 'सेंस ऑफ़ एब्सर्डिटी' रही, तो उससे लड़ने की ताक़त भी रही; नहीं तो तुम 'ड्रग एडिक्ट' हो जाते या 'एनार्किस्ट' (अराजकतावादी) हो जाते।' मुझमें यह समझ थी कि इतिहास और दर्शन के बाद कविता सबसे ज़्यादा संगीत और कलाओं के निकट होती है। साहिर लुधियानवी में भी 'सेंस ऑफ़ एब्सर्डिटी' है, मगर उसे वह ख़ूबसूरत और संगीतमय लहजे में बयान करते हैं :

*चन्द कलियाँ नशात[1] की चुनकर, मुद्दतों महव-ए-यास[2] रहता हूँ*
*तेरा मिलना ख़ुशी की बात सही, तुझसे मिलकर उदास रहता हूँ"*

मैंने सवाल किया : "आपने किसी इंटरव्यू में कहा था कि कम लिखकर हमने कवि-कर्म को 'आसान काम' नहीं बनने दिया?"

आलोक जी कहते हैं : "मैं कलावाद का कोई आग्रही व्यक्ति नहीं हूँ, बल्कि मेरा मानना है कि अनगढ़ शिल्प में भी बहुत आगे की कविता हो सकती है। भाषा को लेकर बहुत सजग नहीं होना चाहिए। 'कंटेंट' का 'जर्मिनेशन' (अन्तर्वस्तु

1. हर्ष। 2. दुख में डूबा, खोया हुआ।

का अंकुरण) होने देना चाहिए। कहावत है न : 'घी का लड्डू टेढ़ा भला।' इसलिए जीवन को 'रॉ' आने दो! अनगढ़ता भी शिल्प का एक बुनियादी गुण है। रन्दा मारकर ठीक कर रहे हैं, चमका रहे हैं—यह नहीं होना चाहिए। जब आप कोई नई बात कहेंगे, तो भाषा में चमक होगी ही।

कविता आपसे एक तरह का सृजनात्मक संघर्ष माँगती है। जो यह करेगा, वह कविता को आगे ले जाएगा और सामाजिक चेतना को भी। दुनिया की ज़्यादातर अच्छी कविताएँ मानवीय सम्बन्धों में जो शबाब है, संगीत है और जीवन का गहरा आकर्षण है—उन पर लिखी गई हैं। जैसे हम मेघ और बारिश को एक ही साथ बरसते देखते हैं, तो वह बहुत ही भीतर तक अनुप्राणित करने वाला दृश्य है।

कोई भी कविता मेरी होगी, तो उसमें दो-तीन चीज़ें आएँगी ही—बारिश आएगी, संगीत आएगा—मतलब, संगीत उसकी संरचना में शामिल होगा। एक 'सिम्फ़नी' होगी, जो 'कपड़े के जूते' में भी है—मेरा सौभाग्य है कि हमारे प्रिय कवि नरेश सक्सेना ने उसे समझा। तीसरे, उसमें एक ऐसा विचार होगा, जो अपने दुखों के पार जाने का दरवाज़ा या रास्ता बनता है। दुखों को पार करने की कोशिश में रास्ता है।"

## 110

आलोकधन्वा की बातों से उनके पाठक इतने अभिभूत हो जाते हैं कि वे चाहते हैं : यह संवाद कभी थमे ही नहीं।

उनकी एक प्रशंसक इन्दुबाला शंकर ने मुझे लिखा : "उन्हें सुनते ही जाने का मन करता है। वो मेरे भी प्रिय कवि हैं—इतने प्रिय कि उनसे मिलने और बात करने का मन करता है। मैं उनसे मिलने कभी-न-कभी जाऊँगी। उन तक मेरा यह सन्देश पहुँचाएँ! उनके प्रति अनोखा प्यार और सम्मान है मेरे भीतर।"

एक और सन्देश में वह लिखती हैं : "मुझे इस हद तक के संवेदनशील लोग

अपने-से लगते हैं। आलोक सर मिलेंगे, तो गले लग जाऊँगी बिलकुल अपने पिता की तरह।"

यह मज़मून तो सामने था नहीं, लिहाज़ा स्मृति के आधार पर मैंने आलोक जी से कहा : "आपके चाहने वाले आपकी कविता और इंटरव्यू से बहुत प्रभावित हैं। एक प्रशंसिका ने तो लिखा है कि वह पटना आकर आपसे लिपट जाना चाहती हैं...।"

इसके पहले कि मैं बात पूरी कर पाता, उन्होंने पूछा : "उनकी उम्र क्या है?"

हम—मैं और साथी तीन महिला प्रोफ़ेसर, दीप्ति रंजन बिसारिया, रीता पाण्डेय और नीलिमा सिंह—एक दिन अपने कॉलेज के हिन्दी विभाग से मोबाइल पर उनसे बातें कर रहे थे। स्पीकर ऑन था और वह हम सबसे सम्बोधित थे। बहुत आत्मीय और प्रसन्न।

उनके सवाल पर हम हँसने लगे। उन्होंने सुना और बोले : "यह सवाल मैंने इसलिए किया कि लिपटने वाली उम्र तो हमारी अब रही नहीं। आगामी 2 जुलाई को मेरी ज़िन्दगी का 75वाँ वर्ष शुरू हो जाएगा।"

मैंने बात पूरी की : "उनका मेसेज है कि वह आपसे ऐसे लिपट जाना चाहती हैं, जैसे बेटी अपने पिता से लिपटती है।"

आलोक जी बेहद ख़ुश हुए : "यह तो बहुत अच्छी बात है। उन्हें मेरा आशीष कहिएगा!...जिनके भी दिल में मेरे लिए प्यार है, उनसे मैं साहिर लुधियानवी के ये शब्द कहना चाहता हूँ :

*तुम अपना रंज-ओ-ग़म अपनी परेशानी मुझे दे दो*
*तुम्हें ग़म की क़सम इस दिल की वीरानी मुझे दे दो*

*ये माना मैं किसी क़ाबिल नहीं हूँ इन निगाहों में*
*बुरा क्या है अगर ये दुख ये हैरानी मुझे दे दो*

*मैं देखूँ तो सही दुनिया तुम्हें कैसे सताती है*
*कोई दिन के लिए अपनी निगहबानी मुझे दे दो"*

## 111

आलोकधन्वा फ़ेसबुक पर हैं ज़रूर, मगर अपने इंटरव्यू के सिलसिले में मुझसे अक्सर पूछते हैं : "आज आपने क्या लिखा है?"

पहले मैं कहता था : "मेरी वॉल पर आकर देख लीजिए!"

उनके स्वर में एक अकेलापन और असमर्थता-सी सुनाई देती : "वॉल पर कैसे आया जाता है, मैं नहीं जानता।"

तब मैं कुछ तरीक़ा बताता, लेकिन कोई उन्हें समझा नहीं सकता। गुरु तो वही हैं न!...हालाँकि वह बेहद लोकतांत्रिक हैं। जब भी फ़ोन करके शुरुआत में 'नमस्ते, सर!' कहता हूँ, तो उनका कोमल, सजल और उदात्त स्वर सुनाई पड़ता है : "नमस्ते, दोस्त!"

ढूँढ़ते तो हैं, पर जब मिलता नहीं, तो हारकर कहते हैं : "जो आपने लिखा हो, वाट्सएप पर भेज दीजिए!"

पढ़ने के बाद फ़ोन करते हैं : "बहुत अच्छा लिखा है आपने! 'पोएटिक' है।"

मैं जवाब देता हूँ : "मैंने कहाँ लिखा है, यह तो आपका ही है! मैं तो केवल माध्यम हूँ।"

प्रशंसा से वह दूर जाना चाहते हैं। कहते हैं : "जिसने भी लिखा हो।...आप माध्यम नहीं हैं...यू आर माय ब्रदर पोएट!"

...लेकिन यह संज्ञा वह सिर्फ़ मेरे लिए नहीं—जो भी उनसे संवाद करता है—उसके लिए इस्तेमाल करते हैं और उनके लिए भी, जो उनसे संवाद में नहीं हैं। सब उनके लिए 'ब्रदर पोएट' हैं।

ऋत्विक घटक की इस बात को अपना आदर्श मानते हैं : *"बचपन का एक टुकड़ा मैं हमेशा अपनी जेब में रखता हूँ।"*

आप जब भी उनसे बात कीजिए, एक बच्चे की-सी निश्छलता, जिज्ञासा, प्रसन्नता और कौतूहल से बातें करेंगे। पूछते हैं : "आज जो हमने कहा, उसे दोस्तों ने पसन्द किया?"

कभी-कभी मैं जवाब देता हूँ : "हाँ, बहुत स्वागत हुआ है।"

उन्हें यक़ीन नहीं आता। कहते हैं : "बड़े आश्चर्य की बात है।"

एक बच्चे की ही तरह चाहते हैं कि वह सबको और सब उन्हें प्यार करें, लेकिन यह कहाँ सम्भव है? इसलिए उन्हें शक होता है : "कुछ लोग नहीं भी पसन्द कर रहे होंगे।"

मैं जवाब देता हूँ : "यह तो बहुत स्वाभाविक बात है।"

वह कुछ उदास होते हैं, मगर उनके पास एक अद्भुत 'सेंस ऑफ़ आयरनी' और 'विट' है, जिससे वह इस पीड़ा को पार कर जाते हैं : "उन्हें लगता होगा कि हम लोग हवाई बातें कर रहे हैं, पतंग उड़ा रहे हैं!"

मैं ख़ूब हँसता हूँ। उनकी ऐसी बातों से ऊर्जा मिलती है, इंटरव्यू की थकान कम हो जाती है।

आलोक जी अक्सर रात के ग्यारह-साढ़े ग्यारह बजे तक सो जाते और सुबह जल्दी उठते हैं। यह गाँव के किसान परिवार का संस्कार है, जिसे आज तक उन्होंने तजा नहीं। कभी युद्ध की भयावह ख़बरों को टीवी पर देख लेते या किसी और समाचार या निजी अपमान की घटनाओं या उनकी स्मृतियों से विचलित होते हैं, तो उन्हें देर रात तक नींद नहीं आती। मैं बार-बार याद दिलाता हूँ : "अब सो जाइए! रात बहुत हो गई है।" तब कहते हैं : "हाँ, आप ठीक कह रहे हैं।"

उसी समय मुझे लेकर चिन्तित हो जाते हैं : "अब आप सुबह तक जगेंगे, लिखेंगे। यह ठीक नहीं है। कोई दूसरा रास्ता निकालिए! आपकी तबीयत ख़राब हो जाएगी।" मैं बताता हूँ : "दूसरा रास्ता सम्भव नहीं है, क्योंकि दिन-भर तो मुझे नौकरी करनी पड़ती है।"

वह दूसरा रास्ता सुझाते हैं : "आप रोज़ मत लिखिए! हम लोग कोई नौकरी थोड़े कर रहे हैं। फिर आपका परिवार भी है। सन्ध्या है, आपकी बिटिया है। वे लोग मेरे बारे में सोचते होंगे कि यह कौन आदमी आ गया है बीच में!" मैं उन्हें भरोसा दिलाता हूँ : "ऐसा कुछ नहीं है। आप बड़े कवि हैं। सब लोग आपको बहुत मानते हैं।"

"अच्छा!", वह चकित होकर कहते हैं : "सन्ध्या से मेरी बात कराइए!" मैं स्पीकर ऑन कर देता हूँ। उसकी किसी बात से बच्चे की तरह ख़ुश हो जाते हैं : "अरे...तुम पहले मिल गई होतीं, तो जीवन इतना जर्जर नहीं होता। तुम होशियार हो, चुप रहती हो, हम लोग बकबक करते हैं।" इससे मैं उनके व्यक्तित्व के एक दुर्लभ पहलू को जानता हूँ कि वह उनसे भी उतनी ही ममता और हमदर्दी से जुड़ते हैं, जो सीधे-सीधे साहित्य की दुनिया के नागरिक नहीं।

कल रात डेढ़ बज गए थे। जहाँ वह रहते हैं, शायद उसके ऊपर वाले फ़्लैट में खटपट हुई होगी। बोले : "थोड़ा रुकिए, कुछ आवाज़ें आ रही हैं।" मैंने पूछा : "कोई आपका दरवाज़ा खटखटा रहा है क्या?" उन्होंने जवाब दिया : "मैं अकेला रहता हूँ। इतनी रात गए कोई औरत भी खटखटाएगी, तो मैं दरवाज़ा नहीं खोलूँगा। पता नहीं, क्या करे!"

मेरा कोई हक़ नहीं है, पर मैं डरते-डरते उन्हें हिदायत देता हूँ : "मोबाइल या सोशल मीडिया पर आप किसी से भावुकता और रोमान में ऐसा कुछ मत कहिए, जिसकी ग़लत व्याख्या सम्भव हो।" वह कहते हैं : "मैं ऐसा कुछ नहीं करता। असल में, जो लोग आरोप लगाते हैं, उनकी मानसिक बनावट ऐसी है कि उन्हें लगता है : मैं वैसा करता हूँ।"

तभी उन्हें मंगलेश डबराल और वीरेन डंगवाल जैसे अपने दोस्त कवियों की याद आने लगती है, जो अब दुनिया में नहीं हैं : "उनके जाने के बाद से मैं बहुत अकेला हो गया हूँ।" माँ, दोस्ती, प्यार, बच्चों की सेहत, युद्ध से हो रहा विनाश, वामपन्थ का पराभव और क्रान्तिकारियों की शहादत—ऐसे कितने ही जीवन-प्रसंग हैं, जिनमें कोई मार्मिक उत्कर्ष आने पर उनका गला रुँध जाता है, आँसू फूट पड़ते हैं।

ऐसे क्षणों में मैं अवसन्न रह जाता हूँ, शब्द काम नहीं आते। मैंने अपनी ज़िन्दगी में कोई ऐसा कवि तो क्या, इनसान भी नहीं देखा है, जिसके पास इतने आँसू हों और जो फिर भी असाधारण और उदात्त हो—जो शहीदे-आज़म भगत सिंह के फाँसी पर चढ़ने के लगभग एक सदी बाद भी उस घटना पर बिलकुल माँ की तरह रो पड़ता हो। ऐसा कवि बड़ा नहीं होगा, तो कौन होगा?

निराला से वह सबसे ज़्यादा प्यार करते हैं। एक दिन उनके आँसुओं से विचलित होकर मैंने उन्हें केदारनाथ सिंह की यह बात बताई कि बड़ा आदमी

कम रोता है। निराला की क्लासिक कविता 'राम की शक्ति-पूजा' में राम केवल दो बार रोते हैं और दोनों ही अवसरों पर ज़्यादा नहीं, बस आँखें डबडबा जाती हैं और आँसू की दो बूँदें ढलक पड़ती हैं। बहुत ध्यान से सुनते रहे और फिर जो बोले, उससे मैं सहम गया : "उसके बाद तो भीतर की ही रुलाई होती है।"

कुछ दोस्तों की माँग है कि आलोकधन्वा से उनकी मूल्यवान कविताओं पर मैं सवाल करूँ, तो इससे वह बचना चाहते और कतरा जाते हैं। अपनी कविता पर बात करने को लेकर उनमें गहरा नैतिक संकोच है। अक्सर यही कहते हैं : "मेरी कविता पर अगर चाहेंगे, तो आलोचक, प्राध्यापक, साथी रचनाकार और कविता-प्रेमी पाठक बात करेंगे; स्वयं मुझे यह नहीं करना चाहिए।"

अगरचे किसी और मुद्दे पर ध्यान में डूबे हुए आवेग, प्रवाह या भावावेश में अपनी कविता की बाबत कुछ कहते चले जाएँ, तो और बात है। एक बार मैंने उनकी कविता से बहस शुरू करनी चाही, तो राज़ी नहीं हुए। हँसकर पूछा : "आपने किसी हलवाई को उसकी बनाई मिठाई खाते देखा है? नहीं देखा होगा और आप मुझे मेरी ही मिठाई खिलाना चाहते हैं।"

आलोकधन्वा के मन में कहीं-न-कहीं कृतज्ञता तो कमोबेश सबके लिए है, फिर भी उन्हें लगता है कि मंगलेश और वीरेन ने उनकी कविता को सबसे ज़्यादा समझा और उन्हें सबसे ज़्यादा चाहा। इस बिन्दु पर लगता है कि प्यार और न्याय एक ही चीज़ के दो नाम हैं। दूसरे शब्दों में, जो आपसे न्याय नहीं कर सकता, वह प्यार क्या करेगा?

एक दिन उन्होंने मुझे बताया : "मंगलेश डबराल ने मेरी कविता पर दो लेख लिखे। दूसरे में उन्होंने कहा है कि आलोक हिन्दी के जातीय कवि नहीं हैं, बल्कि उनकी जड़ें विश्व कविता और बांग्ला कविता में जाती हैं। शायद उनकी कविता के उत्स हिन्दी कविता की बनिस्बत पाब्लो नेरुदा, लोर्का, नाज़िम हिकमत, जीवनानन्द दास और नवारुण भट्टाचार्य के रचना-संसार में कहीं ज़्यादा हैं।"

मैंने जवाब दिया : "मंगलेश जी की स्थापना आपकी कविता की महज़ आधी तस्वीर दिखाती है और इसीलिए इस सचाई को ओझल करती है कि आप अपनी बुनियाद में ठेठ गँवई परिवेश से आए हुए किसान चेतना के कवि हैं।

आपकी रचनाओं में सौन्दर्यात्मक उदात्तता और परिष्कार से अभिभूत होकर वह उसकी ज़मीन से दूर चले जाते हैं और यह नहीं देख पाते कि ये कवि अपनी वैश्विक आधुनिकता के बावजूद गेहूँ की बाली लेकर हिन्दी कविता में आया!"

'गेहूँ की बाली' के रूपक में लिपटी सचाई से आलोकधन्वा मुतमइन होते और किसी बच्चे की तरह ख़ुश हो जाते हैं। वह एक सजल प्रसन्नता से भीगे हुए स्वर में अपनी कविता-पंक्तियाँ 'कोट' करते हैं। अब मुझे कुछ कहने की ज़रूरत नहीं, क्योंकि यह मेरे लिए कामयाबी का पल है। अपनी कविता का ज़िक्र वह नहीं करना चाहते थे, मगर मैंने उनसे करवा लिया है। मैं चुपचाप उन्हें सुन पा रहा हूँ :

*रानियाँ मिट गईं*
*जंग लगे टिन जितनी क़ीमत भी नहीं*
*रह गई उनकी याद की*

*रानियाँ मिट गईं*
*लेकिन क्षितिज तक फ़सल काट रही*
*औरतें*
*फ़सल काट रही हैं।*